给游客看的美国，例如这如梦般的佐治亚水族馆，也如梦般不真不实

佐治亚州铁路博物馆内仍能活动的蒸汽机车转向盘正提醒人们：工业并非与南部无缘

美国南部有三种颜色：绿草，蓝天，还有被历史锈蚀的血红

阿拉巴马州那处著名的纪念碑林，任凭再密，也抵不过群氓犯下的罪行

亚特兰大历史中心周围，四季如在眼前轮替

鎏金换过几层，但当年纳什维尔棉博会上最招观众的景，基本没变

佐治亚理工学院上下课的火车汽笛声，就是从这里响起

弗拉格勒大学保留了当年作为高档宾馆的明艳浮夸，很难相信现在这里是供人读书的地方

一面希望中国的工业遗产也能像斯洛斯这样留下来，一面希望这些工业别急着成为遗产

在西雅图，工业本身就是它的文化，航空工业的今昔在此交汇，说是"文脉"也很妥当

西雅图流行文化博物馆如实反映了流行音乐的"乱哄哄"

看着葛培理在夏洛特朴素的纪念馆，着实不能想象彩电里那些一呼万应的历史画面

这么大的工程当年诺亚是如何完成的，别在这里问，问就是奇迹

如果有人相信罗马时期恐龙尚未灭绝，那么角斗场里有它也就不足为奇了

旧金山华埠有股子理直气壮，让美国人觉得这里最是中国，让中国人也没把握说这就不是

在我经历的大学中，TECH给了我最多最意外的冒险与成长

美国叹号 美国句号

沈辛成 著

三百座
博物馆里的
科技与
生活

中西书局

目 录

1

序

1

成为病人

37

成为传奇

71

成为斗士

113

成为红脖子

143

成为学者

181

成为发明家

221

成为魔鬼

249

成为总统

289

跋

序

有个事儿，得先开门见山说明白：

在我看来，博物馆不必是什么知识的殿堂。

不用去管哪个国际组织或是哪本百科全书的定义，试过的人都知道，就算在一座馆里泡上一个星期，也补不齐短板，当不了专家。其实就不该有这样的念头——如果只是为了求知或是出去卖弄，博物馆压根不是一个好选项。

在信息之渊里，它们恰如海中浮岛，让你终于可以停下求生的动作，看看天，看看同行的人，然后在日升月落之间，选好下一个要去的地方。这是我心中的博物馆。

我不是个爱旅行的人，但留美八年间，我走访了三百多处博物馆和文化地点，足迹遍及全美二十六个州。看馆于我，是工作修为也是生活的燃料与养料。它们之中，许多本不是我旅途计划里的终点，而是意外探着的。去了，旅程与人生也就曲折了，宽阔了。

所以，在这本书里，博物馆也不是目的地，而是量词，度量的是路途本身。

写词条不难，把人心写动很难。我选择走难的路。神州大地上缺的不是殿堂和宝藏，缺的是好故事。我要做的，就是用一些他山之石，做好一个讲故事的人。

一转眼，距离前作《纽约无人是客》出版已逾五年。起初担心自己心境与处境皆不复从前，殃及行文，进而拖累销量。后来想想，那一年交稿后，世界都变了，我又怎么可能不变？变就变吧，如实向各位汇报便是了。

三百多处景，一一列出就太迂了，所以只从中挑选出了最值得去的八十八处。鉴于已有前作，那些位于纽约的此番就不再提了。不比此前聚焦一城，本书所列很难做到按图索骥、单次完成，况且疫病由天，人算也只能到此为止，只求这些纸面上的文与图，能帮你找回远游中交迭的热切与淡然。

本书是行游散记、文化随笔与生活志的合而为一。延续前作之法，从下述维度出发，对各个博物馆作出1—5星评价：

【建筑】博物馆建筑的观赏度，但也涉及博物馆周边社区的历史和审美价值。一些博物馆虽然本身样貌平平，但是因为所在街区富有文化特色，该项目得分就会有所提升。

【丰度】藏品的规模，主要是指藏品的数量、种类和来源。综合类艺术博物馆往往在这一项上占优，但馆中列有多种类别展品或多元陈列则也会获得高分。

【趣味】参观体验中的兴奋度，由馆中主题、陈列和互动设计的趣味性和娱乐性决定。有的博物馆精致广博却略为枯燥，有的博物馆规模不大却叫人眼前一亮，两相比较，后者会获得更高的趣味分。

【加成】根据特定爱好所产生的附加星，以平衡笔者偏好的影响。加成的类别和星级会有标注，如"城市史 ★★"或"军事 ★★★"等。

回国后的这些日子，日日案牍劳形，早已不复求学时的恣肆。疲惫不丢人，只愿读者品到的不是困倦，而是沉闷中的一丝不屈，一点力量。

一本不大不小的流水账，敬那流水中顽石般的我们。

沈辛成于上海西南某高校

二〇二一年冬

成为病人

!

突然就病了，重病，病得莫名其妙。

2013年8月14日，原是我即将离开纽约前往亚特兰大的日子。两座城市同在东岸，同属一个时区，"飞程"两小时，早上出发中午就能到。读博的漫长岁月，便是要在这次飞行之后开始。

那种未知的漫长让我既兴奋，又害怕。硕士毕业之后，对于要不要继续走学术道路这件事颇为迟疑，硬着头皮申请了五所学校，侥幸中了一所，这更令我觉得自己有"盗名"之嫌，心中惴惴不安。我走的那日，室友叔君出差不在家，这也令我不甘。以我们的交情，值得拥有一场像样的告别，本不该这样草率的。

无妨，横竖是没能离开纽约，因为我突然聋了一只耳朵。

事情为何会变成这样，我其实也想不明白。我只是做了一个再寻常不过的动作：推门进屋，把钥匙丢进一个铁盘子里。这两件金属相撞的鸣响，就从那个傍晚一直持续到了今天，再也没停下。

起初我只道是普通的耳鸣，几秒钟后就会好。我坐在床垫上，打开笔记本，播放起离开纽约前的最后一部电影。耳边的声音越来越响，嘶啦嘶啦的。我以为是窗外的雨声，起身拉开窗却没有看见什么雨水。

这是怎么回事？

既不是雨声，但却渐渐盖住了电影原有的声音。我来回转头，逐渐确认了我左侧的听觉正在失去。我心里忽然一紧。

这是怎么回事！

我想从床垫上起身，但身子却不听使唤地朝左侧下坠。我意识到我失去的不只是听觉，还有平衡。扶着墙走到厕所，用冷水拍醒自己：该怎么办，该怎么办？

那阵子我喜欢泡热水澡，于是我即刻拧开热水龙头，等不到热水可以漫过身子，我就坐了进去。想着也许水温能活化气血，冲过这一劫。坐在浴缸里，我努力把头和肩颈靠向正在喷出热水的龙头。哗哗的水声和左耳里的噪声叠加，化作了一头足以吞掉一个人所有意志的怪物，随着水雾一起蒸腾起来。我捶自己，捏痛自己，很怕那种耳根传来的麻痹会蔓延开来，就好像如果此时停止确认自己的身体与知觉，我存在于世的一切都会慢慢消失一样。

心跳得很快，是在害怕，前所未有的害怕。

从浴室出来，症状没有任何好转。镜子上的水雾在退去，眩晕的感觉在加剧，走任何一步，我都得扶着墙。没别的选择了，现在就得去医院，我这么想着。

我知道最近的医院在哪里——就在我常坐的公交线路的起点站，距离我两个街区。外面天色正在变暗，我快步朝那里进发，脚上轻得叫人心慌，地面像在起伏，我半醒半醉，险些绊着自己。

这家医院和大都会博物馆有着同样的名字，虽然经常路过，但从未正眼看过。天已经黑了下来，荧光灯的颜色从急诊室的入口透出。从外头看，医院很大，这给了我一点安慰，让我相信它是一所好医院。走进急诊室，我找到护士，拿出我的社保卡，简单描述了一下我的病情。护士无动于衷的表情让我不能确定她是否真的听懂了我为何焦急，我怕自己有些用词不准，正打算重复一遍。她说不用了。

"你现在疼吗？"

"……呃，不疼。"

"从1到10，你觉得你现在的疼痛度是多少？"

"……非要说的话，2？"

确实不疼，这本也不是疼不疼的问题，而是聋不聋的问题。

护士说："好了。到你了会叫你的。"

漫长的等待。

急诊室其实很小，两排椅子在入口前列队，一边腿要是伸得长些就能碰到对面。我坐下之前，房间里已经坐着三四个人。所有人都在静默等待，护士偶尔出入，也不见人们起身逮着护士问东问西。他们看上去也没有在疼痛中，他们在等，我也得等。我拿出手机开始发消息，将情况告知家人和少数亲密的朋友。焦虑好像可以在总量守恒的条件下转移，我慌乱的心跳也渐渐平复下来。

有一位母亲带着她的孩子进来，那个男孩见到我，两眼发出光来。

"妈，你看啊！一个中国人！"

本以为暴病已经很惨了，没想到还能像动物园里的困兽一样供人观赏品评。男孩母亲没有喝止这样失礼的行为，自然也不可能来跟我示意道歉，只是把男孩给拽走了。我这才意识到，噢对，我在这里是另类呐。

大都会医院里，从医务人员到病患基本都是黑人，一个念头闪进我的脑海：在这里坐了40分钟了也没人搭理，是不是因为我是亚洲面孔？！……很快我又告诉自己，不至于不至于，现下看起来更像是我把疼痛的等级给说低了。急诊室对候诊病人的排序，是按照病人受苦的程度来的，越是疼痛，越是能优先得到治疗。在我们几个人漫长的等待期间，就有个跛脚的中年男子冲了进来，他的痛楚都写在脸上，护士选择优先让他接受医治。

等轮到我的时候，已经过去了一个多小时。其间我先被叫到过一次，本以为可以就诊了，没想到进了入口，还有个里间，继续等。我揉捏着耳根处的穴位，反复跺着脚，好像这样可以让时间变快一样。无尽的等待让我无法冷静，我数次问起为什么我还没轮到，是不是因为我听力受损而恰好没听见？护士总是匆匆而过，一次次告知我同样的话："轮到你的时候，我们会叫你的。"

又是半小时后，我的名字终于响起。这次念它的不是护士，而是医生。他推开诊室的门，眼光直接投向在场的唯一的中国人。我的名字从他口中念出，连我自己听了都觉得陌生。不是因为他念得不准，而是近两小时等下来，再急的诊也变得不急了。听到自己的名字，仿佛不是迎来了治疗的开始，而是等来了宣判的结果——我的存在没有被无视。

替我诊治的医生是个白人，他的态度比诊室外冷冰冰的护士要好些，这令我宽慰。我把病情又描述了一遍，或许是因为看出来我不是美国人，他像对孩童说话一样哄着我：

"好的，我明白了，一般这种情况呢，都是由耳屎堵塞引起的……"

"什么？耳屎？"

他旋即要给我解释耳屎是什么，我说我知道耳屎是什么，我的问题不是耳屎引起的。

"这个嘛，你永远不能太过肯定，我们还是要先检查一下，通常病人被耳屎阻塞了自己是察觉不出的。"

我心急如焚，但也深知，此刻我说什么也没用了，必须让他先排除耳屎阻塞这个可能性。他去墙边取来一个耳道内窥镜，可灯竟然无法亮起。他反复尝试，未果，拉开门唤来护士，两人又琢磨了好一阵子，最终决定更换电池，不料却又取来一个新的内窥镜……观测开始，半分钟后他说：

"嗯，看起来不是耳屎堵塞的问题。"

"没错！"我兴奋得忘了自己是个病人，"那我们接着可以做什么？"

"急诊室能做的也只有这些了，接着你要去耳鼻喉科看专门的大夫。"

我只能把涌上头的愤怒再一口一口吞掉。这怎么能叫人不生气？等了两个小时，看了不过半分钟，查的不过是耳屎是否阻塞，现在才告诉我能做的到此为止了。我说："你这里不开处方药吗？"他说："这得专门的耳鼻喉科大夫才能开。"方才和母亲越洋电话时，她已告知我，这样的情况急需服用激素类药物。我原本指着这磨人的等待能换来一瓶药，现在看来竟是无望了。

"那您这里能帮我转过去吗？"

"这你得问前台护士。"

我走出诊室，护士告诉我，他们不帮转，需要我自己打电话预约，然后给了我一个号码。

"打这个电话是能比其他没看过急诊的病人更快得到诊治吗？"

她"嗯哼"了一声，我心想，那我今天这两小时也算没有白等。

"那今天的费用呢？我现在是没有保险的过渡状态……刚刚毕业，但还没去下一个学校。"

"账单会寄去你的地址的，大约两百（美元）吧。"

临走时，我忽然想再多问医生一句和用药相关的事……就这样，我在候诊室里又干坐了二十分钟，此间我又出现了眩晕症状。逮住医生后，我早已忘记了原来想说的问题，只跟他说了眩晕的情况。他说："那现在这样的话，你可能得了美尼尔氏综合征。"说完，他开了一份处方给我，我拿着药回了家。

回去的路上，踉踉跄跄。天已经漆黑了，纽约贫民社区特有的丛林气质包围了我。这探险一样的医院之行，预计花费两百美元，结果只弄明白了一件事：我耳聋不是耳屎造成的。

!

万念俱灰地回到家，带着侥幸拨打小纸片上的预约电话。明知道按照美国的习惯，医院里大小部门肯定都是早早下班了的，但还是得试一试。一串友善而无情的语音录答，我听了十来秒便挂断了。进而幻想着睡一觉就会好，一切都会随着阳光照耀而过去，今晚的事只是虚惊一场，我将会顺利地搭上前往亚特兰大的飞机，连机票都不必退……我这样想着。可惜，所愿没有发生。

当天晚上，病情恶化。

明明只是做了躺上床这么一个简单的动作，我竟发现整个房间都在围绕着我打转，眩晕更严重了。这并不是游乐园里令人发笑的那种旋转，而是让身体快要失去形态，如同污浊之物旋转着滑入阴沟一般。我绝望地将头转向与眩晕相反的方向，以为这样能有所好转，引来的却是更剧烈、更快速的旋转。世界如同卡住的秒针，在一个不大的区间里旋回反复，我不得不双手紧紧抓住床沿，仿佛一松开手我就会从床上滚落下去。

长达五分钟的天旋地转之后，世界又趋于平静。慢慢的我发现，只要头部保持绝对的静止，只要闭上眼睛，眩晕就会逐渐缓解。我动用我所有的医学知识形成了一种解释：前庭受损，平衡受损，发病之后我都只是步行坐起，因此并无大碍，但是躺上床的动作令体位大变，原本已在缓慢加重的病情便在这时爆发开来。

恢复了一点点冷静之后，我重新设定了目标。眼下这般，谁还能去想把病治好呢，只求今晚别再晕了，明天赶紧把病看上。那天晚上，睡个觉都用尽全力的我出了一整床的冷汗。第二天是从清晨的一串干呕开始的。其实并没有东西可呕，因为根本不是胃要叫你呕吐。从厕所爬出来后，我躺在床上给佐治亚州理工学院的导师、系主任、学术秘书，还有我原本要担任助教的任课教授发去电邮，告知他们我身体突然抱恙，无法按计划到达。在纽约的发小丢下了他痴爱的学术来看我，我在床上僵着脖子，直着脑袋，斜着眼睛，复述了我的遭遇。他问我有什么想吃的吗，我只能想到肉松泡饭。发小留下一些米粥，然后又去中国城买了肉松和活血的中成药来。

那天剩下的时间，我都在和大都会医院的接线员缠斗。

急诊室医生说能提供便捷通道的热线，而那很快被证明只是再普通不过的预约号码：你得拨打，在没完没了的音乐中等待，然后欣喜若狂地盼来接听的护士，告诉她病情，说要预约耳鼻喉科，然后被告知"等着"，然后把你转接给无人接听的分机。

那天早上，我从7点就开始拨打，电话一直无人接听，我也没什么可怨的。打到8点依旧是电话答录，9点时可算有活人的声音响起。我大喜，说要预约耳鼻喉科。对方说可以，随后她缓了一缓，告诉我下一个预约的空档是11月。

11月？！……网上说突发性耳聋的黄金诊疗期是7—10天，这要是等到三个月后，别说亡羊补牢了，连羊圈都要成文物保护单位了。

对方察觉出我的不满，便建议我直接打电话给耳鼻喉科，说没准那里会有更灵活的时间安排，也许你可以插队。我接受了她的提议，然后被她一键转去了耳鼻喉科。漫长的音乐之后，等来了一个接听的声音。我问："请问是耳鼻喉科吗？"她答："不是，你打错了。"然后一键把我弹回到总机。我回到原点，又是无休无止地等待音乐。此时恰逢医院开张，必然有大量预约涌进来，五分钟之后，既毫无进展，也不知道自己排在第几个，我就把电话挂了。

躺在床上，再次拨通电话。又是等待，好不容易总机有人接听了，我一说我要预约耳鼻喉科，便被瞬间转走，然后接起电话的人又不是耳鼻喉科的，于是再把我弹回总机。耳鼻喉科英文简写作"ENT"，我也不知道这三个字母有什么妖邪诅咒，为什么我每次张口就会化身为希绪弗斯，做最徒劳的努力。那些拒绝我的、挂断我的、把我弹回总机的人，他们的部门是这三个字母的各种组合，甚至是更为不相关的东西。

就这样持续了不知几个小时后，举着手机等候也是累，就把它放在枕边，仅剩一个健全的耳朵，里面满是那恼人的音乐。我内心开始从生气变成憎恶，憎恶这无情且无能的体系，憎恶这突然转折的命运。血液加速流动，心脏快要跳出胸口，头依旧不能动，我只能在这无尽的等待中，对着天花板怒吼，骂尽了脏话。

这简直他妈的有病！都他妈的有病！

擦掉一头汗，继续拨号，继续等待。

这次我说，请把我转去 E，N，T。令我意外，我竟然真的被转去了 ENT，还很快有人接听了！

我不敢相信我的运气。跟护士通上话之后，我反复确认："这真的是耳鼻喉科吗？我的上帝啊！"护士说："是的，这里是耳鼻喉科，你冷静点，说一下你的情况。"说完我的病情之后，我又说总机告诉我，11月才有空档，他们让我来看看你这里有没有更好的安排。护士叫我稍等，半分钟的写写算算声之后，她告诉我，最早能给我的空档是下周三。

六天，还是太久了……

绝望之余是我漫长的沉默，护士见我没声了，喊了几声 "Hello"，我生怕她要挂掉这次无比宝贵的通话，收拾了一下情绪，怯声问："真的没有更早的时间了吗？"电话那头冷冰冰地说："刚才是三个月后，现在是下周三，还不够好吗？"我忙说："没有没有，我不是这个意思，谢谢你，那就预约下周三吧。"

挂掉电话，叹出一口长气。看了一眼手机，竟然已经下午两点多了。我只是完成了一项几乎完全无助于我治病的任务，却用了六个多小时，几乎耗尽了所有心力。这狼狈的成功可喜又可悲，我一时竟不知道究竟是该纵声大笑还是放声大哭。我抓起放在床边的饼干，大把地塞进嘴里——我竟然饿了。

当晚，我的状况好转了些，但除了睡觉，我什么都干不了。晚上，叔君结束了出差回来，我醒了之后，他问起我到底都发生了什么。我说，昨天早上我先是收拾了行李,然后我用我们去超市采购的推车装了那几个纸箱子,往北走了四个街区去邮局。去的路上,好好的天气忽然下起太阳雨,我很担心箱子湿了经不起折腾,所以伞一大半都照顾了行李。这样来回邮局三趟,寄完箱子之后,走出来便是晴天了,真是哭笑不得。走累了,想搭公交回家,在车站掏钱包,猛然发现手机不在身边了,一定是刚才在邮局写地址时拿出来看最后却忘了放回去。我飞奔回邮局,经过窗口的人一番询问确认之后,手机失而复得。我回到家,打扫了客厅和我的房间,尤其是卫生间,把浴缸刷得又白又亮。最后一次清理了猫砂,最后一次给猫洗澡,她暴躁得不轻,弄得我大汗淋漓,完事我自己又洗了一遍。然后我坐公交去了发小那里,我们一起做了晚饭,当然是他们夫妇为主,我照旧负责观摩,问东问西和讲笑话。因为是为我饯行,发小做了有史以来最丰盛的一顿:炸大虾、麻婆豆腐、红烧排骨、腌笃鲜、土豆火腿色拉,最后还有一道手工的栗子蛋糕,精致而清甜,让同为上海男人的我深深惭愧。吃完饭后我们撑得不行,坐在地上一起看了一集"非诚勿扰",男嘉宾与九号女嘉宾差点就要牵手成功了,可是她还是没有答应。然后我困了,和他们正式告别后就回家了。到家后和平时一样,把钥匙丢进那个大都会博物馆买回来的铁盘子里,然后……就成了现在这个样子。

"所以现在就只能等着咯,是吗?"叔君问。

"对,等周三。"

!

转机忽然出现。

经过种种努力,我得到了去不远处的西奈山医院诊治的机会。会贵一些,但能比大都会医院提前五天,这可把我高兴坏了。那天我在发小一路搀扶之下,步行前往西奈山医院。替我医治的大夫是印度裔,我先去做了听力测试,然后又回来复述我的病情。他两手托住我的脸,先是让我笑,要我做些挤眉弄眼的表情,然后他对我说:"别担心,我会开给你大剂量的'强的松',够你吃半个月的。"我差点放声欢呼!

我多么害怕这次诊疗之后仍然是无措、无助,这下好了,目标达成。医生说:"先吃到周二,如果病情没有好转,那你再来,我们给你打针,内耳注射类固醇。"

类固醇类药物的原理是用激素促进机体造血和生长,在短时间内高效弥补病后损伤。那个周末我过得很积极,眩晕逐渐停止,食欲逐渐恢复,我开始点中餐外卖。晚上,叔君在他房间的电钢琴上弹了肖邦,我来回转了几下头,体会两耳差别。单耳听肖邦,声音单薄而遥远,难以溯源。心烦得很,我让他还是别弹了。

到了周二,吃药没能逆转病情,叔君陪我二度前往西奈山医院。

换了一位医生诊治,一些简单的问话之后,他让我到走廊上来。先是要我在不扶墙的情况下走到那头,然后又要我踩着一条直线走回来。我说:"像模特的猫步一样吗?"他说:"是的。"单是走走没什么问题,步子轻浮了点,但还算稳当,但猫步竟是完全做不到,每迈一步,身子都会忍不住摇晃,在一旁的叔君都看得离奇。我执意要走完,但医生打断了我。

"打针吧。"他说。

内耳注射类固醇的原理很简单,因为口服的激素没有起到作用,那么就直接把类固醇打到发病部位。我在护士的诊室里等待,心情有点起伏,既为相对激进的疗法感到亢奋,又为未知的结果而感到不安:要是这都不管用,下一步真不知要怎么办了。大约五分钟之后,护士走了进来,她对我说:"在打针之前,先让医院财务的人来和你谈一下。"

我心说,打针为什么还需要财务呢?护士出去的瞬间,财务就进来了。

"沈先生,我们看到你现在是没有医保的,是这样吗?"

"是,之前是学校的医保,半年前结束了。"

"这样的话就意味着,今天所产生的所有医疗费用都必须由您个人承担。"

"嗯,我知道。"

"好,接着的这项诊疗项目,我们认为有必要在执行之前先与你沟通,看一下你是否愿意在知情的情况下继续,因为这个费用不是走账单的,你必须在离开医院前支付完成。这个项目,我们不接受信用卡,只接受借记卡或者邮局汇票。"

"哦,多少钱呢?"

"药品,手术,还有问诊的费用,合计是一千六百美元。请问你是否愿意继续治疗?"

"一千六百美元?!"

"一千六百美元。"

一千六百美元,相当于人民币一万元,相当于我三个月的房租,两百顿的中餐外卖。换言之,这一针会打掉我大半年的晚饭。

"我思考一下。"

"好的,不着急。"

我对治疗的成本有心理准备,但这个数字远远超过了我的预期。费了这么大劲才看上病,如果现在因为钱而放弃,岂不是前功尽弃?钱没了可以再挣,病情拖延,坏了事不值得,如果现在选择不打针,遗憾将是终身的。沮丧、焦急和愤怒一道,化成了一脸空白。

财务坐在我的对面,她摆弄手里的文书,善意地避开我的眼神。我看着她,仿佛她就是RPG(角色扮演类游戏)里的一个NPC(非玩家控制角色),眼神中程序性地流动着关切,但你又很清楚:她于你的主线剧情而言不过是一面之缘,但不同的答案将开启不同的副本。人生里没有即存即读,我们必须为自己的每一个决定负责。

"打吧,我付钱。"

财务点了点头,出去的瞬间护士又走了进来。她把我领去了隔壁一间诊室,里面有一张诊疗椅,我躺了上去,脑中计算着一千六百美元对我一个大龄学生仔来说,到底要怎么样才能最快地挣回来。十分钟后,刚才的医生走了进来,手里拿着注射器。我多少还是害怕了起来。

"我想问一下,这针要怎么打?是穿过鼓膜打吗?"

"是的。"

"那样会不会很痛啊?"

医生没有否认:"我们会给你用麻药的。"

"那，这样的话，鼓膜上岂不是会有一个针孔，会不会影响以后的听力呢？"

"如果现在不打针，那根本也没有所谓的'以后的听力'了。以你现在的状况，预后并不理想，我建议我们继续进行。"

得到我的同意之后，护士朝我耳道里喷了两下所谓的麻醉剂，我心里正想着这样两下能有用吗，医生就俯下身来了。说时迟那时快，针管已经穿过了我的耳膜。

我第一次用这样被动的方式，认识了我身上最无法感知的一个器官，鼓膜的质地似乎比我想得要厚实，针管刺过的质感清晰可知，如同见着刀尖刺入自己的心脏却无能为力一般，那种放射性的疼痛让我暂时忘了这一针的价格。喷雾的麻醉剂还没来得及生效，我还没来得及应对令人咬牙的刺痛，药水就汩汩地流了进来。我半个脑袋都感受着这涌动的异物，每一处它流经的地方都让我不受控制地颤抖。

医生完事之后第一时间就离开了诊室，护士告诉我，不要做吞咽的动作，以免类固醇流入嘴里减损药效："你需要这样侧躺二十分钟，需要我把你的朋友叫进来陪你吗？"

"需要，需要，需要。"

不久，叔君走进来坐在了角落的椅子上。

"打完了吗？到底怎么打的？不有鼓膜吗？我没整明白啊……"

"穿过去打的……"我紧锁眉头，嘴也不敢大开大合。

"穿过去啊，我去！那你现在什么感觉啊？"

"《笑傲江湖》里的三尸脑神丹你知道吧，我现在就觉得像有尸虫在脑袋里游来游去。"

二十分钟后，冰冷的药液被我的体温暖热。我缓缓起身，感受到药液最后一次涌动，一股浓重的苦涩从喉舌背后灌入，万把块钱就这样浪费了几千。跌跌撞撞去结账，借记卡上刷掉一千六百美元。看上病了，用上药了，还实现最快就医了。够了，钱以后再挣吧。

出门后，叔君想要打个车，但却迟迟叫不到，我说没事，走路回家吧，今儿心情好，多走走。那天阳光很好，我们走了六七个街区，叔君走在前面，我起初一手搭着他的肩，后来慢慢走稳了再放开。从麦迪逊大道和96街口，走回第一大道101街口，花店越来越少，披萨的个头越来越大。我们走过石桥下的隧道，阳光的边界清晰地出现在脚下，仿佛逾越了漫长的黑暗。

！

打针后两天，我准备飞回上海。出发前，发小特意送来了速溶燕麦粥，说在飞机上吃药也要有东西垫垫肚子，免得"强的松"伤胃。叔君叫了车送我去机场，在离开前我叫他帮我在过道里拍张照，纪念一下我人生中最低潮的样子，也记录一下这个我可能不会再回的"家"。

在上海机场出口见到了母亲，拥抱之后打车直奔五官科医院。五官科医院位于上海闹市区，人多车密，喧嚣如菜市。然而就是在这样的混乱之中，又有着无与伦比的秩序与效率。挂号、问诊、测试，一项接着一项，如部队中一般纪律严明。国内的听力测试只要75元，人民币，同样的项目在美国要150美元。不同的价格，相同的测试结果：左耳听力已基本丧失——那一针一万元的类固醇也没能拯救我。

医生开了点滴，都是银杏之类活血的药。坐在输液室里，看看周围的病友，抬头看看那两小瓶药水，心中一半宽慰一半懊恼。这些是美国没有的玩意儿，他们的医护人员不到万不得已绝不输液。如今这些药能进入我的身体，却流不回我的时间里了。输液的那几个小时，有不少亲戚来探访，他们说，以为见到的我会是懵的，眼下见我一切如常，反应敏捷，看来情况也没有想象的那么糟糕。

情况当然也没多好，接下去的硬仗还是得靠自己打下去。

在接下去的七个星期里，我不停寻求新的疗法。能用的活血点滴都用上了，高压氧舱做了二十次，甚至还搞了些效用不明的鼠神经生长因子。起初母亲陪我去，后来渐渐熟练了，我也可以"单刀赴会"。在兵荒马乱中渐趋平静的日子里，我见识了各种各样的病友，他们发病的方式千奇百怪，丝毫不输我。有位大妈，中午打了个盹，起来就听不见了；有位记者大哥，上青藏高原采访，听力差了不少还以为是气压差闹的，没当回事，结果耽搁了一个半月才回来看病，黄金治疗期早已过了；有位高中生，打了一晚游戏就听不见了，起初他只当是耳机坏了，摘了耳机才发现是人出了问题；最年轻的甚至有初二的孩子，估计与课业压力也不无关系。在这些人当中，我属于发病猛烈、预后不佳的那一类。病因难测，我便也释怀了，不用再去纠结那天我到底做错什么了。

在高压氧舱里，我读了点胡适捱辰光，嘴上挂着氧气面罩，耳边一清二楚的是病友们一次次的吐息。有一天，我鼓起勇气戴上了久违的耳机，放起了音乐，竟然觉得不如想象中那么糟糕，喜悦不已。我发消息给我的大学同窗，说我竟然还可以听音乐。我们念书的时候一起搞音乐，到处演出，做了专辑，后来他成了专业的爵士音乐人。他说他得知消息后都不敢给我发消息询问，说生怕一提起耳朵这事儿我会情绪崩溃，令他不知如何面对，眼下知道了我还能惦记着听歌就放心了。他安慰我道："你知道吗，这病其实特高级，都是顶级的音乐人才会有——贝多芬、埃里克·克莱普顿，现在你也有了。"

可现实中的我一点不高级。

来自美国的账单一封封寄到，叔君替我拆了，拍了照发过来，这令我身心俱疲。首先是佐治亚州理工学院的宿舍，我申请了宿舍却没有按时报到，按合同得罚一学期房租的两倍，也就是8 000多美元。然后是大都会医院，当时护士跟我说急诊大约是200美元，账单上却写着566美元。那一晚什么都没做的急诊之夜，那无数个令人抓狂的接线电话，居然能值这个价。最令人震惊的是西奈山医院的账单。我以为我当时已经付清了，那1 600美元怎能记得不清楚，但看到账单我才意识到，1 600美元不过是那一针的药品成本，其余的各种费用加起来总共要支付6 500美元。

那几日里我被一种无力感包围了。读了小半辈子书，钱还没挣几个，一屁股债先追过来了。如果不是因为这份账单贵得离谱，我可能也不会打国际长途去与医院争个明白；如果我没有去争，也就不会知道这当中许多都是一笔糊涂账。后来才有圈内人告诉我，美国医院开的账单都是虚高一些的，因为很多没有保险的"裸奔"病人往往看了病不给钱，或者给不了钱，医院为了弥补亏损，就会把这部分的成本分摊到其他老实人身上，愿者上钩。当然，这只是我的听说。在一次次长途电话里，我把这些账款问题逐个解决，负债数额减少了许多。到最后，除了人格卑微了许多之外，其他损失不大。

相比起一针 1 600 美元的类固醇，在中国的成本只需要两毛三，外加人工费二十元。在不是高峰时间的医院，尤其是非闹市地段的，基本上到了吆喝一声，就能打上针，也不需要反复挂号。我对医生说："您知道您这一针在美国得多少钱吗？"医生说："你可快别说了，我们可不就是白菜价吗？还比人家容易出事，想想真是郁闷。"

每一次打完针，医生都会让我拿起他办公室的电话听筒，问我："能听到声音吗？"每一次我都是匆匆举起，匆匆放下，然后摇摇头。直到有一天，我忽然发现左耳有动静，我把听筒紧紧地贴近耳朵，贴到所有的空气都被挤了出去。

拨号音沉闷地传来，我开心地大笑："啊！我听见了！我听见了，拨号音！"

医生被我失而复得的欣喜逗乐了，又要我拨号，看看能不能听到摁键的声音。我试了，听不见，但能够听见拨号音被我的动作打断。她说："嗯，目前看来应该也就只能恢复成这样了，后续可以再寻找点其他疗法。"

后续的疗法中，首先是天麻炖鸽子。天麻散外风，熄内风，祛风痰，主治眩晕抽搐；鸽子耳聪目明，因此无惧路远，总能识途，两者慢炖成汤据说能恢复听力。土法归土法，这我当然也知道，但是注射了那么多针类固醇的我食欲极其亢进，飘着油香的鸽子汤，即便没有任何疗效，也是喝不够的。亲戚们"络绎"地送来，我就"不绝"地吃，少说也得有五锅下肚。

其次是超自然力量。我得病的事被本科同学知道之后，其中一位在学校论坛上有些名气的同学发了帖向网友询问疗法。后来一位素未谋面的朋友给我寄来了一箱水，是农夫山泉，红色瓶盖上贴了黄色的佛家"卍"字纹贴纸。这位友人告诉我，这些水是开了光的，如何服用按照箱子里附上的"指南"照做就行。她还顺手给了我大悲咒的CD，说是常听常念可助我度过此劫。那时的我，心里没旁的，只觉得温暖，全都照做了的。

最后是中医。我去了几家沪上有名的中医院，那都是此前从不曾涉足的地方。

医生总会先问我有没有用药、有没有点滴、有没有打类固醇，在确保了我已经穷尽了这些疗法之后，他才会放着心地对我扎针。我侧卧在床上，感受着银针一根根抵达深处，然后它们被通上电，微微震颤。我也经历过专家门诊，和一排病人一起坐着，等候着被扎成一个仙人球；也拔过火罐，切切实实感受到左耳里面仿佛有一处淤塞，当所有的血液都涌向耳根处时，那里仿佛针扎一般刺痛。最后，得感谢某位手法蹩脚的愣头青，给了我终止非传统疗法的借口。说起来也是奇妙，同样也是这些针，也是这些穴位，老医生的灸法只让我觉得酸胀，小医生却是叫我连咽个口水都觉得生疼。

　　当然我也知道，说到底，是我的心理建设完成了。一场病下来，我信了许多原本不会信的，这才知道对走投无路的人们来说，一切都可以是"救命的稻草"。或许塑造我们的从来不是能说服我们的知识，而是还没有打倒我们的境遇。一味笃信自己所信的，无非是因为还没有绝望过罢了。

!

　　美国历史上有个人也有着与我很相似的经历。不过，他比我幸运，他被治好了，据说。

　　此君是一名艾奥瓦州达文波特市某办公楼的门卫，名叫哈维·利拉德（Harvey Lillard）。利拉德一侧耳聋，据他自己说是一天弯腰提水，水桶有些重，他听见右耳一串响声，然后就单侧失聪了。有位医者上下班常常进出办公楼，一天他偶然发现了利拉德背脊上有异样的凸起，觉得耳聋或许与脊柱变形有关联，就提出给他整整脊背。一番推拿之后，利拉德的耳聋竟然好了！

　　这位医者名叫丹尼尔·帕尔马（Daniel David Palmer）。十九世纪末，在成为门派始祖之前，帕尔马干过不止一种营生。他当过养蜂人，开过杂货铺，做过教书先生。已过不惑之年的他仍有自己的热爱，那就是琢磨各种神秘的医学理论。后来他自学成才，成为了一名磁疗医师。在没有针灸的美国，磁疗比我们常见的五行针可低级多了，基本就是拿着一盒磁铁或者磁球，在病人身上擦来滚去。其理论基础也很简单：人就是一块大磁铁，生病了就是磁场乱了，用磁铁刷一下，重启一下就好了。

耳聋门卫的故事使帕尔马声名大噪，从此他开始开发新的医学理论。因为念书的时候学的是形而上学，他琢磨出了一套具有哲学色彩的说辞。1895年，他将之命名为脊骨神经学，chiropractic。这个词由两部分构成，前一半是"手"，后一半是"操作"。与其文绉绉地叫"脊骨神经学"，不如叫"手疗学"更得其真意。其治疗方式就是将各个关节捏来捏去，比如背部和肩部，其中尤以扭脖子最为叫人害怕。手疗师往往会将手放在脖颈下方，然后猛然发力，要将移位的关节恢复原状。

帕尔马宣称，人类所有的疾病，都是由脊柱变形导致，每个人天生都是健康的，但是当变形的脊柱导致大脑的讯号传递不到或者不能以正确的方式传递到身体其他部位时，疾病就出现了。所以只要调整脊柱，就能包治百病。他还宣称，他是从"彼岸世界"获得天启，才得到手疗学的。他开始自称"老爸"，想当他"儿子"的人也越来越多，他办起学校来，手疗医师们渐渐成为一股势力。1906年，艾奥瓦州通过了新的行医法律，帕尔马因无证行医入狱十七天，还赔了一笔罚款。困顿之中，他把学校传给了他的儿子小帕尔马（Bartlett Joshua Palmer）。

小帕尔马受父亲熏陶，也成了一名手疗师。青出于蓝而胜于蓝。比起老爸来，他更坚定地将形而上学、神学和医疗手段捆绑销售相结合，收效甚好。为了在民智未开的美国更好地推广手疗学，他编了好些直击人心的"心灵鸡汤"，留下名言无数："医学是研究疾病和人为何而死的，手疗学研究健康以及人为何而活""治愈，内始而外成""养生简单治病难""造就身体的能量也能治愈身体，变化从今天就开始""自然之道无需外力，不要挡道，道自成之"。小帕尔马的言论随着收音机进入千家万户，从而使手疗学走出艾奥瓦州，开始在全美站稳脚跟。

从十九世纪一〇年代到七〇年代，手疗学在全美形成了自成一派的执照发放系统，彻底走进了法律的阳光下。在此期间，手疗师们一直受到正统医学组织的排挤，尤其是成立于1847年的美国医学会。不论理论站不站得住脚，手疗师训练费用低，入行门槛低，在城郊地带很受追捧，与美国医学会长期处于抢夺饭碗的紧张状态。为了尽快走出非法地带，业内一些人放弃了帕尔马父子提出的各种形而上学主张，他们也同意借助其他医疗器械与药物,例如X光机和镇痛药等,改手疗学为整骨疗法,以此获得美国医学会的认可,融入"体制"。当然,也有相当人数的手疗师拒绝向美国医学会妥协,他们称那些被"招安"的人为可耻的"混搭者"(mixer),自己则以"纯正者"(straights)自居,这类医师拒绝任何脊柱调整之外的疗法和信念。

混搭者与纯正者信念方面最大的分歧在于疫苗问题。"纯正"的手疗医师坚信,如果一个人脊柱健康正直,那他就不会生病。既然如此,为什么要往这样的人体里注射病毒呢?小帕尔马就是坚定的反疫苗者,他甚至认为:"医生将疫苗这样的毒药注入健康人体内,影响他们的神经,作用于他们的肌肉,会使脊椎移位,导致疾病。这些受毒害的人不必一辈子都受病痛之苦,只要找手疗师将脊柱归为原位,病就会好了。"不止如此,小帕尔马还坚称,根本不存在所谓传染病,疾病之所以会在多人身上出现,是因为这些人恰巧都有特定的脊椎移位。

二十世纪中期,世界卫生组织以天花疫苗为起点,打响了疫苗阻击战。事关紧要,当然要扫清一切不利舆论。1963年,美国医学会成立"骗术委员会",严密监测并限制手疗学的谬论扩散,并且宣布:任何医师推荐病人去看手疗师都是有违伦理的,要吊销行医执照;任何设置手疗学诊室的医院,都将被取消医院资格。1966年,美国医学会正式将手疗学定为"毫无科学基础的教派"。事后证明,疫苗确实行之有效,白喉、百日咳、破伤风、麻疹、脊髓灰质炎、肺结核等这些困扰人类数百年的顽疾,皆是在此次"战役"期间近乎绝迹。

1976年,眼看着生意冷清,走投无路的五名手疗师将美国医学会、美国医师学会、美国医院联合会等十个大型行业组织告上法庭,指控他们利用垄断地位打压手疗学,违反了《修曼法案》   条1890年通过的反垄断法,旨在保护行业内的自由竞争。这场官司一打就是14年,并且有一个相当"美国梦"的结尾。1987年,法院裁定美国医学会等十名被告违反《修曼法案》第一条,非法限制了手疗医师的营生,试图控制甚至消除手疗学。美国医学会不服,上诉最高法院,结果最高法院并未听审此案。1990年,该案尘埃落定,美国医学会不得再以这样的手法打压手疗学,手疗学的壮大发展从此名正言顺。

尝到甜头之后，一些手疗医师发现，在疫苗问题上大做文章能为他们赢得更多支持者和更广阔的生存空间。尤其是他们的理论与一些农村地区的福音派基督徒不谋而合：上帝造人完美之至，何须以毒攻毒？ 2016年国际手疗学大会上，受邀成为主题演讲嘉宾的是安德鲁·韦克菲尔德（Andrew Wakefield）。此君不是别人，正是错误地将疫苗接种和自闭症联系起来的那位。其1998年的论文争议极大，已被多方质疑和证伪。韦克菲尔德是位胃肠病学家，和手疗学无甚关系。手疗学会请他来坐镇，其试图将疫苗问题扩大化的意图可以说是昭然若揭了。

　　2000年就已经被美国疾控中心宣布"绝迹"的麻疹，在2017年迎来了一轮大爆发，原因很简单：多地疫苗接种率不到50%。疫苗问题在美国越来越成为一个政治问题。由联邦政府主导的大规模疫苗接种，是州权论者上演反抗大政府戏码的最佳舞台，在神秘疗法、个人选择、医疗自由等各方舆论的角力下，疫苗接种率持续走低。美国宪法第一修正案让太多势力可以以法律之名行反智之事，那些理论本没有什么可怕的，怕就怕高高在上的科学习惯了权威为自己背书，早已失去了"下凡"舆论场与人相搏的能力。

　　一个国家生物医药的发达，到底该如何衡量呢？美国医学界最引以为豪的就是癌症病例的五年生存率。可是对那些只需要基本医疗资源却求之不得的人来说，这个数字有什么意义呢？他们只盼着有一个能看得上急诊的急诊室，一个能提供解决方案的医生，一个能够负担得起的疗法，尤其是在没有保险的时候。漂亮的数据之下，是高度专业也高度无情的产业在支撑。

　　仔细想来，普通美国人憎恶这不食人间烟火的科学也不是没有道理的。医生与病人之间，手段与目的之间，被建制化的权力隔得好远。财务人员先行摸底，看是否有能力支付，谋定而后动。这就意味着如果你负担不起，医生就不会再次进入这个房间。这样的选择，时刻都在发生，有多少人不得不选择放弃治疗，不得不选择慢性死亡，不得不选择牺牲自己保全家人。相比起来，手疗学提供了一种直截了当的另类"解法"。在这里，金钱不是门槛，仪器也不是。手疗师们接不上断了的手指，可也不会根据你的医保套餐来让你选择三根手指里该接哪两根。

！

诊所逾两千，从业人员逾四万，手疗学这样的神秘主义医学在美国土生土长，繁荣至此绝非偶然。早在十七世纪，巫医不分的各种疗法就跟随着拓荒者来到了北美大陆，他们所信所为在今天的我们看来，都很不"美国"。

就拿孕期内的各种问题来说，新英格兰人相信牛蒡子和蒲公英可以调经养血，清洁子宫；洋甘菊和珍珠花可以减轻孕吐；覆盆子叶和薯草能调和尿频；欧白芷根，也就是当归，可以减轻孕痛；香荠服用可以止血。接生时第一批看到新生儿的家庭成员，都要吃一口特制的面饼辟邪，母亲尤其要喝一口特制的啤酒，祈求母体康健。

万物皆可入药。马粪和牛粪泡水后可入药；将蜗牛烤熟之后置于一加仑高浓度的麦芽啤酒中，可治疗风湿等关节疼痛。自然世界中的素材不够用时，人也是可以用的。据说罪犯刚刚被处死的时候，他身上长出来的各种东西都可以成为极好的药材。所谓"尸药"，就是要在身体的新鲜度和魂魄的强度都"火候"最好时采。譬如，绞刑让死者魂魄七年不灭，并聚集于头颅，犯人被绞死之后，医者会纷纷抢购他的尸身。颅骨在空气中暴露一段时间之后，就会长出真菌，将它们刮下就可入药，用于止血。故而有一味药名为"颅藓"，流鼻血时，直接用鼻子吸入即可止血。

人的一身都是宝，骨头也可以入药。把人骨磨成粉，或者把人的骨头泡在酒里，外伤时服用可以治疗淤青和内出血。尸油也可以入药，单独使用可以治疗痛风和风湿；混入草药、虫子和其他动物成分，做成膏药外敷，还能治疗日常头痛和抽筋。人血可以趁热新鲜饮用，也可以烧干磨粉，用炼金化学调制之后服用。新英格兰人坚信人血可以恢复精气活力，救人于衰微之际普遍有效，甚至十八世纪美国建国前夕，该疗法仍能见于医书。这些医药观念都给了行刑的刽子手近水楼台先得月的机会，他们往往会私自囤积尸药，再在市场上高价卖出。刽子手的职业甚至具有天然的品牌效应，别人会愿意支付高于一般的价格购买，因为他们用"料"新鲜，是最好最快的搬运工。

关于这些历史的记载，都见于美国著名的"巫术之都"马萨诸塞州（又称"麻省"）的小城萨勒姆。萨勒姆因十七世纪末的一次猎巫闹剧而闻名于世，今天该城所有的博物馆和娱乐场所几乎也都与巫师巫术相关，其中唯一一处还有些许历史味道的是女巫之家[1]。这座博物馆的里里外外都尽力保留了十七世纪末新英格兰的风貌，现在看来再朴素不过的长桌简椅、瓷盘木几，曾经都是拓荒者中富庶人家才有的奢侈品。真的"家徒四壁"，就是指连壁炉周边的栅栏都买不起。女主人为了防止洒扫时炉火上身，需得把裙边沾湿了才好走动。

　　新英格兰人的生活环境足够绝望，也难怪他们什么都信。屋外的奶牛挤不出奶来，那就肯定是有女巫趁着夜色"偷走"了牛奶。要是黄油打着不顺不稠，那一定是有女巫躲在里面作祟，这时候就需要把烧得滚烫的刀尖，裹上冒着烟的泥炭，然后把刀插进黄油里，将女巫杀死。当时流行制作"巫术瓶"：将房屋里住户的头发、指甲和尿液放在陶瓶之中，再加上少许铁钉与针，密封之后翻转，置于壁炉之下，这样就能保全家平安。有时候也将逝去家人穿过的鞋子埋在地板下，这样就能把他的魂魄留住，来保护活着的人不受邪灵侵扰，保持身体健康。考古学家发现，这样的鞋子往往都是单只单只地被埋藏，或许当时的人认为英灵如果只有一只鞋子可穿，就不会轻易离开了。在麻省当时房屋的墙壁里，考古学家还发现了布做的人偶，用于施蛊，和清宫戏里常见的扎小人如出一辙。

　　和当代青年不断求问缘分一样，当时的年轻人也喜爱超自然的把戏，爱情巫术

---

[1] **女巫之家 The Witch House**
　　地点：马萨诸塞州 萨勒姆市
　　【建筑】★★★
　　【丰度】★★
　　【趣味】★★★★
　　【加成】医学史 ★★
　　萨勒姆不是个高品质的旅游城市，更像是用一整座城搭了个主题公园出来。在众多装神弄鬼的景点中，女巫之家属于朴素而庄重的。了解猎巫风波的来龙去脉，重返十七世纪新英格兰人的居家生活，这里都是最好的去处。萨勒姆夜游也很是"带感"，既能一一打卡"女巫"被处决的地点，也能听到许多写不进博物馆里的故事。

的门类繁多。他们会制作一种面饼,和面时一半面粉一半盐,再加入自己的体液,将面饼揉得又薄又大,然后静静放在火上烤,其间一句话都不能说。把饼烤熟后所呈现出来的印记、形状与声音,就是推断未来所爱之人身份的"预示"。年轻女孩们还常常聚在一起玩一个名为"鸡蛋与玻璃"的游戏,她们把蛋清置入一碗水里,蛋清所显现出来的形状预示着未来夫君的职业。若成锚形,则为水手;若成书形,则为修士。据当时一位神父对萨勒姆猎巫事件源头的调查,"被恶魔附体"的女孩就是和同伴一起做这个游戏时,看见蛋清在水中浮现出了棺材的形状,然后变得怪异的。

1692年的春天,萨勒姆市镇上两个年幼的女孩出现了呕吐、幻觉和抽搐,一个9岁,一个11岁,立刻有人传言说这个年龄的女子最容易受蛊惑,她们是被恶魔附身

图1-1　女巫之家外景,鬼气森森

了。当地的医生在看过她们的症状之后，随即表示她们确实是中了巫蛊之术。平日里多管教了她们几句的黑奴在威逼之下承认下蛊，但她坚称并非一人作案，全镇随即陷入恐慌。任何女孩，只要自称"中了巫术"，就被指认为女巫，被即刻定罪。这场风波史称"萨勒姆猎巫事件"。

女巫之家博物馆曾经是十七世纪末萨勒姆最精致的宅邸，屋主乔纳森·柯尔文（Jonathan Corwin）是当地的富商，后来从政。早在猎巫事件之前，萨勒姆大小商务、军务就都有他的身影。审判开始之前，柯尔文带人进行了好一番前期调查，有传言说，由于嫌疑人太多，可以审问她们的地方又太少，柯尔文有时会把人带到自己家里来拷问。柯尔文后来成了女巫审判特别法庭的法官，逮捕150人，绞死19人，被处以极刑被活活压死1人，这些都是他的裁断与判决。

夜游萨勒姆的导览说，市政大楼前的停车场一隅就是当年盖尔斯·科瑞（Giles Corey）被活活压死的地方，他当时被指控以灵魂出窍的方式攻击和胁迫他人行巫。年过七旬的科瑞是当地的富农，有人觊觎他家的土地，他斗殴并间接致人死亡的前科就成了软肋。被捕后，科瑞极其顽强，他深知审判一旦启动，他一定会被定罪，那样一来自己所有的家产就都会充公，所以从头到尾一声不吭，拒不提出抗辩，令审判无从开始。为了逼他就范，治安官对他施以极刑。科瑞全身赤裸躺在地上，身上放一块木板，上面放置土石，随着重量增加，最终会令人窒息而亡。每次被逼问是否提出抗辩时，科瑞都只说"再加点重量"。对科瑞的刑罚持续了两天，他也成了美国历史上唯一一个遭受压刑并死于压刑的人。

今天，人们能在巫术之外寻找猎巫风波的起因。1976年《科学》杂志曾刊文指出，一种导致麦角黑化的真菌，名为麦角菌，有可能是罪魁祸首。麦角菌常见于黑麦与小麦，人食入后会引起中毒，会出现幻觉、呕吐和抽搐的症状，与"中蛊"的几个女孩的表现吻合。可有些事就不太好用科学说清了。经历猎巫风波之后，萨勒姆历任治安官中，多人都未得善终，其死状惨烈，猝死暴毙者屡见不鲜。或许科瑞的冤魂一直没有散去，一直到二十世纪九十年代，这一职位从当地编制中被撤除，噩运才终于中断。

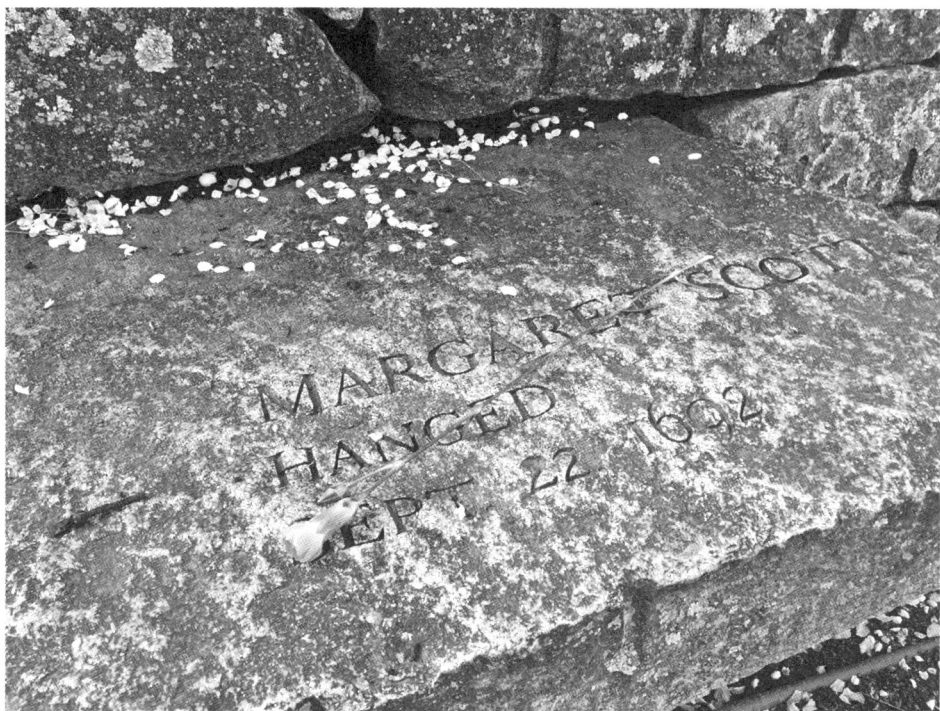

图1-2 萨勒姆的遇难者纪念碑上,始终有鲜花

　　现代医学在北美植根大约在十八世纪晚期。如果要看这一时期的美国医学,得
去费城。费城医学院创立于1787年,如今的穆特博物馆[2],则是建于1863年的费城

────────────

[2] 穆特博物馆 Mütter Museum
　　地点:宾夕法尼亚州 费城
　　【建筑】★★
　　【丰度】★★★★
　　【趣味】★★★★★
　　【加成】医学史 ★★★★
　　费城最隐蔽而出众的景点,是深度游必须打卡的地方,一定让你大饱眼福、尽兴而归。距离
　　老城的核心区域不远,步行即可到达,与独立宫相映于城市两端。该博物馆不能拍照,入口
　　须存包。

图1-3 平平无奇的穆特博物馆外景

医学院标本室。博物馆的创办者叫托马斯·穆特（Thomas Mutter），是当时口碑极佳的外科医生，他临终之际捐赠了一生所藏的1 700件医学标本和3万元现金，成为这座博物馆的起点。穆特博物馆外观上是一栋红砖白门的二层小楼，一半躲在绿荫之后，里面却是大有名堂。

博物馆采用的陈列方式极为平实，分两层，多用旧式玻璃橱窗，大一些的"镇馆之宝"会被放在过道中央。例如，进行性肌肉纤维骨化症患者的一件完整骨架。这个生前名为哈里·伊斯特拉克（Harry Eastlack）的人，1933年生，1973年卒。幼年在街边玩耍时，小哈里摔了一跤，伤了膝盖，谁能料想这一摔就摔出了一生厄运。膝盖愈合的时候，组织没有复原，反而以骨骼增生代之。从此以后，他的骨骼就不断生长，关节逐渐连成一团，肋骨变成板甲。四十年的人生苦而不短，今天他的骨架仍然因为各种骨板的牵连，呈现倾斜垂头的姿态，空空的眼窝中留着一道永恒的阴影。

另一件镇馆之宝是名为"肥皂女士"的一具尸体，这具女尸出土于十九世纪中期，是在进行古生物发掘时被挖出来的。出土时，她被自己分泌的脂蜡所包裹，如一层反光的硬壳，故而有了"肥皂女士"的昵称。尸蜡是尸体在特定的温度湿度和碱性土壤条件下才会形成的，具有特别的医学价值，所以被当时的博物馆所收藏。这位身份不明的女尸，嘴里牙齿掉光，因此一直被认为是位中老年人，后来更多医学证据表明她死时可能尚不足而立之年，可见彼时生活条件和口腔卫生之恶劣了。

穆特博物馆的墙面铺满了医学标本，千奇百怪的畸形、病症、骨骼，还有泡在玻璃瓶里的胚胎与软组织。大小不一的婴儿骨架如外星人一般低头注视着你，被梅毒销蚀的颅骨面部如筛孔一般，欧洲某位女士头上局部角质化过度所形成的"角"被制作成蜡像，还有那一整面墙的颅骨，其中有不少，一旁的标签写着"谋杀"，仔细一看几乎都是女性。未必真的都是犯了谋杀，更有可能是因为私自堕胎而被当作杀人犯处死的吧。

十九、二十世纪之交，美国市面上到处都是所谓的"专利药物"（patent medicine），这些药物号称可以在家就治愈你，没有痛苦，没有石膏，无需手术，自称从头疼到癌症什么都能治。以前医疗资源不发达，在家自己用药是常事。但不同"疗效"的背后，成分却是大同小异：酒精、鸦片提取物、其他各类毒品，还有心脏镇静剂。这些药物虽然可以止痛，但也会造成酗酒、成瘾等问题，有时候甚至造成死亡。

其中有一种药粉，常用来治疗头疼，叫做"Orangeine"。它还号称可以"强健心脏，提高血液质量"，并且能治疗哮喘、恶心、感冒、流涕、腹泻、茅草热（其实是一种过敏）、失忆、流感、神经痛、晕船和背脊疼痛。因为疗效广泛，风靡一时。包治"百"病的秘密，是有效成分乙酰苯胺，又称"退热冰"，是一种能够降低血黏度的白色物质，一定程度上能缓解疼痛，但也可能过度降低血压，导致供血不足，脸和脖子呈现蓝色。在1902年的纽约，每千例死亡中就有一例是使用该药不当导致的。

这一时期美国的所谓"专利药物"，很少真的拥有什么专利，尤其是成分意义上的。一般制药商也不会公布自己的药品成分，免得被人学了去。所谓的专利药物，其实更多是"专营药物"：商标、容器的形状和颜色、商标设计等，这些都申请了版权，受法律保护，药物成分本身却不是。受众哪里分得清具体的成分，重要的是我买了哪家牌子的药，瓶子是什么颜色的，它看上去很可靠，吃不死人，身边有人吃这药好了，知道这些也就够了。

直到1906年，美国才通过《纯净食品与药品法》。该法律规定，跨州销售的制药商不可以在标识上提供错误的信息，如果有毒品和酒精类成分，必须列明。1938年的《食品、药品与化妆品法》提出更加明确的规定，要求生产商确定所有成分都是安全的，并在标识上列明使用方法，然后才能卖给大众。一直要到1962年，才有规定要求药品的效用和宣传必须相符，言下之意，过去一个世纪里人们都活在虚假广告的笼罩之下了。足以见得，即便是这样人命关天的事，美国也是信奉先让市场把各种主体洗练一遍，再由国家权力入局收割现成规则的。

在芝加哥有个国际手术科学博物馆[3]，博物馆的一楼有个旧式药铺的造景，满墙的玻璃药瓶很有时代氛围。它是著名连锁店沃尔格林（Walgreens）出资建造的，这个品牌1901年起步于芝加哥，专卖药物和外科手术所需的布料等。为什么今天美国很多街边便利店里都会卖药？因为它们大多都是和沃尔格林一样，以药店身份"出道"在先，后来才进入零售行业的。

---

[3] 国际手术科学博物馆 International Museum of Surgical Science
地点：伊利诺伊州 芝加哥市
【建筑】★★★
【丰度】★★★
【趣味】★★★
【加成】医学史 ★
博物馆所属的大学国际外科医师学院成立于1935年，博物馆最开始是这所学校的"名人堂"，同时也收藏具有历史意义的手术器具、艺术作品和手稿等。捐赠越来越多，学校买下了位于现址的宅邸容纳收藏，于1954年9月9日开幕。一楼有沃尔格林的药店全景，二楼是原来的"名人堂"，是十二尊医学先驱的雕像，如希波克拉底、帕雷等。这栋1917年建成的宅邸原属于芝加哥当地一名火柴大亨的千金，法国凡尔赛宫的风格，是湖边存留不多的历史建筑，1988年成为历史地标。博物馆中有书房，收藏创校者收藏的手稿和善本藏品集。还有壁画展，展示了解剖学发展史上的重要人物与事件。三楼还有DIY的当代艺术，亦与解剖相关。

在这座博物馆的三楼,展出了许多耐人寻味的"产学研转化"。物理学革命前夜,解锁微观世界劲风正起。1895年伦琴发现X射线后,业界出现了"核子医学热"。博物馆藏有埃米尔·格鲁贝(Emil Grubbe)1896年使用的器械,他是最早将X射线应用于诊疗的医生。二十世纪初,美国人错信紫外光可以治百病,从哮喘到歇斯底里症无一不克。其实紫外光机唯一的作用就是加热而已,直到1951年,联邦药品署才严令紫外光仪制造商停止吹嘘不实效用。

二十世纪二十年代,核子医学家们又找到了一个新卖点。他们用广告忽悠公众,说城市里的饮用水"太疲劳",缺少"活力",需要用放射性元素让它恢复"活性",甚至直言"我们平时喝的水里都没有放射性物质了,饮水不当才是引发疾病的

图1-4 芝加哥国际手术科学博物馆

最大原因"。他们推出所谓的活水陶罐,说是用带有放射性元素的原矿石做成,号称灌入水后放置一阵再饮用,就可以喝到最具自然活力的好水。同样莫名其妙的还有一种制鞋铺子用的仪器(参见本章题图,第1页),它让客户把脚放进去,拍摄出脚骨X光片,然后号称能帮助鞋匠做出更合脚的鞋子。也不知当时有多少人信了这些,平白无故承受了许多辐射。

足以见得,科学的发展是一回事,社会的进步是另一回事。人们总以为财富的积累是由对客观世界不断深化的认知推动的,其实这道理定然不准。世界上又不是只有科学道理与平头百姓,在这两者之间,层层级级都有商机,它们堆叠起来,才是社会的真貌。一些人太习惯把美欧与"现代""先进""富有""科学"对等起来,却忘了西方世界信奉古希腊的体液学说千余年,治疗手法也不外乎放血、催吐、催泻和各种动植物制成的药物。这种疗法在西方被称为"英雄主义医学"(Heroic Medicine)。动不动就放血,放得越多好得越快,可不就是拼胆量吗?旁的不说,就连华盛顿垂死之际,常春藤名校出身的名医们也不过是给他放血和敷药。时人常用的药膏多含氯化亚汞,可以杀菌,但也含毒毁容,美国首任总统的遗容惨烈无比。相比起来,新英格兰人当年的巫医之术反倒显得倍儿有文化,一直有人信也就不足为奇了。

!

1791年,美国宪法增添了十条修正案,合称《权利法案》。若是按照某位参与签署《独立宣言》的国父的构想,选择何种医疗方案的自由也是应当放入其中的。这位"医疗自由"的倡导者叫做本杰明·拉什(Benjamin Rush),是一位医师。

开蒙早,革命青年出身,后又官至大陆军总医师,戎装生涯之外,拉什在医疗观念上倒是分外开明。他认为,在美国建国之初纷繁的医术派别中,公民应当有权选择自己觉得合适的、合理的、符合自己信仰体系的医术。他自己信赖传统西医,尤其是体液失衡说,所以遇到各种难症总是积极采用英雄主义疗法。1793年费城爆发黄热病,他坚守岗位,对病人不离不弃。精神固然可嘉,但放血疗法造成了多少不必要的死亡,这数字恐怕比他救回来的人还要多些。

　　除了体液失衡,拉什还相信很多疾病是由于大脑功能错乱引发的。"治病先治脑"这一信念虽然没能帮他治好多少病,却也让他坚信许多精神疾病是可以治疗的,是有救的。所以拉什提出,对待疯子需要耐心诊疗,要多多尝试放血和汞膏,万不能把他们当作非人的动物一样,锁起来与世隔绝就完事。拉什对各类精神病患进行了在当时看来完全没有必要的深入剖析与解读,提出了许多在今天看来完全不可能有效的疗法。他认为,人会变成黑人,会拥有那样反常的肤色与体型,是因为他们患上了麻风病中的一种,所以只要耐心治疗,这些人就可以由黑变白,变得再次健康起来。可也是这份信念让他始终相信,奴隶制是恶的,黑人不应当像牲口一样被驱使,因为黑人再低于白人,也仍然是人。

　　拉什可能无意间医死了不少人,用今天的行业标准来看,断然是个庸医了。可他对精神疾病的细致研究与超前理念,也使他在二十世纪被追认为"美国精神分析学的奠基人"。他的一生功过证明了:人们对于病痛的认知是随时间流动的。

　　譬如,氯仿(三氯甲烷)作为麻醉剂用于助产最早见于美国,这在当时引发很多争议,尤其是神学层面的争议。时人相信,疼痛是成功分娩必需的,疼痛是"生命力量最有益也最深沉的体现",正是疼痛让母亲不断用力,催促生命诞生。神学家们指出,让女人在分娩时承受疼痛是大意,《创世纪》有言:你生产儿女必多受苦楚。(In sorrow though shalt bring forth children.)这是造物主对夏娃偷食禁果的惩罚,如果把疼痛抹去了,岂不是公然以人力违抗神? 1847年成功使用氯仿的麻醉学先驱詹姆斯·辛普森(James Young Simpson)熟读经书,他便从文本着手,指出英文版中"sorrow"一词选用不当,"toil"(劳苦)才更合适,这样一来就说得通了:怀胎九月本就辛劳,惩罚已经到位了,不必纠结在这最后的环节痛不痛了。辛普森甚至说,上帝自己就是个麻醉师,不然是怎么做到在亚当睡眠时不知不觉取了他的肋骨造了夏娃的呢? 这美国土法所治的是不是病,到底也不是用经书辩出来的,而是在大洋对岸维多利亚女王身上试出来的。好用,安全,省事就行,有贵族带了头,谁还会在意分娩之痛是不是必需的呢?

　　又如所谓"乳糖不耐症"。其实乳糖不耐是最正常不过的了,哺乳动物幼崽需要母乳,一些个体长到一定年龄便会出现乳糖不耐现象,喝奶喝不饱了,就会迫使其自行觅食,拓展领地,不再与新生的幼崽抢夺有限资源。所以乳糖不耐不是病,而是有利于种群发展的正常变化。然而,当饮食牛羊乳品这种区域性习俗被西方人开发成产业并带往世界各地之后,不能消化乳糖竟成了"病症",反而落得下风。人人都吃得,怎么偏偏你吃不得呢?却不记得正是时间长河里这类人的自我节制,为人类赢得了更广阔的栖居地,现下反而要踩上一脚。看你有病没病,终究还是多数压倒少数,讲的也未必是科学。

还有奥施康定(OxyContin),它原本是药,现在却被人说成是毒。这款由普度药业推出的止痛药极易成瘾,过量使用会抑制呼吸,自1996年获批上市以来已经造成全美50万人死亡;对于另一些病人来说,奥施康定成了他们转向毒品的第一级台阶,毕竟躲避疼痛寻求舒快是人之常情,少有人能自控抵挡。如今,以奥施康定为代表的阿片类药物已经泛滥成灾,成为严峻的社会问题。

奥施康定的前身是一款用于晚期癌症患者的镇痛药物,普度药业意识到止痛药商机广阔,研发并推出奥施康定,宣称其不易成瘾,使用更为安全,在行业内猛烈推广。美国民间其实自南北战争后就一直饱受镇痛药物上瘾的困扰,各类麻醉药物问世于内战前夜,战场的实际需要又迅速催熟用药市场,两者相辅相成,今天内战时期医学主题的博物馆(譬如马里兰州的国家内战医学博物馆[4])里都少不了导入麻醉气体用的金属口罩,它成了一个时代的身体记忆。历史给美国开了一个大玩笑,许多老兵因为战

---

[4] 国家内战医学博物馆National Museum of Civil War Medicine
　　地点: 马里兰州 弗雷德里克市
　　【建筑】★★
　　【丰度】★★★★
　　【趣味】★★★★
　　【加成】医学史 ★★ 美国史 ★★
　　1990年成立、2000年迁至现址的这座"国字号"博物馆,其实与美国政府没有什么关系,其收藏主体来自一位私人藏家———一名医生。博物馆虽然不大,主题却很丰富。军营生活、伤病救援、战地医院,皆有呈现。造景与橱窗都有,视觉上十分生动,还收藏据称是唯一一顶美国内战时期的外科手术营帐篷。博物馆的陈列注重互动,新奇的小知识也以保持令人舒适的节奏不断出现,显示出布展的高水准与诚意,是非常值得一去的隐藏宝地。

后伤痛缠身，长期服用以鸦片为基础的各类药剂，他们的家人也有服用，成瘾而引发社会问题，迫使制药业不断研发致瘾性相对较低的镇痛药。今天人们所熟知的不少毒品都是在这一过程中诞生的：其中许多一开始都是药，后来却被人用成了"毒"。

奥施康定也是如此。这款药物的幕后推手是塞克勒（Sackler）三兄弟。他们的父亲二十世纪初从东欧移民来到纽约，开了家人不敷出的杂货铺子，三兄弟早早出道挣钱，后来都入了精神医生的行，并参与药物研发。长兄亚瑟·塞克勒（Arthur Sackler）可谓知行合一，制药也卖药，一边运营一家药品广告公司，一边以医师身份主张停止用电击治疗精神疾病，改为服药更好。各种职业身份的互相成就，令塞克勒兄弟名利双收迅速致富。三兄弟于1952年买下当时并不起眼的普度药业，靠着激进的广告策略将这家公司迅速做大。亚瑟·塞克勒于1987年死于心脏病，两个弟弟延续了猛烈的广告攻势，倾全力推销奥施康定，大办行业会议来造势，甚至不惜欺瞒监管机构，将成瘾风险始终包藏在"数据尚不完善，无法形成定论"的掩护之中。

如今，普度药业因逐渐浮出水面的不当操作而屡遭重罚，但塞克勒家族的声望却并未因此受到致命冲击。塞克勒之名早已与美国许多著名大学与博物馆密不可分，他们依靠雄厚财力资助着全美乃至全世界的许多艺术机构，这其中也包括我本科就读学校的博物馆。那时候为了规整志愿者队伍，带头做好讲解员，我啃下了"台本"里不少东西，其中就提到："北京大学的这座塞克勒博物馆是全球仅有的三座之一，另两家一家在美国首都华盛顿，一家在哈佛大学。"我来美之初，奥施康定风波未起，"打卡"华府塞克勒博物馆（全名：亚瑟·塞克勒艺术馆[5]）时仍非常激动，心

----

[5] 亚瑟·塞克勒艺术馆 Arthur Sackler Gallery
地点：华盛顿特区
【建筑】★★
【丰度】★★★★
【趣味】★★★
【加成】艺术史 ★★★ 考古学 ★★★★
二十世纪八十年代建成，位于国家广场南侧，和相邻的弗利尔美术馆一起，是史密森学会的亚洲文化宝库。两馆地面建筑都不大，但是地下藏品内容丰富，而且彼此相连。亚瑟·塞克勒自二十世纪五十年代接触到中国瓷器与家具后便开始收藏，从此一发不可收拾。1982年，他将1 000件亚洲艺术品捐赠给史密森学会，价值5 000万美元。

情如朝圣一般，也可以说像是分店员工来到了总店一般。此馆与相邻的弗利尔美术馆，两家的东亚文物确实精美难得，很是稀奇，数量也叫人羡慕。

踏访哈佛大学的塞克勒博物馆（隶属于哈佛美术馆[6]）时，普度药业已深陷舆论困局，而在意识形态上极为左倾的美东高校，已经有人在认真探讨是不是该把塞克勒的名字拿掉，免得这带血的黑心钱玷污了艺术的殿堂。后来回国，倒是未听人说起北大的塞克勒要行类似之举，多少是因为北大塞克勒是以亚瑟·塞克勒命名，一来他确实对中国文化爱得深厚，二来他去世时奥施康定还未问世。这账能不能算到他们夫妻头上我不知道，只是事发之后我时常想起当年在博物馆里的自己。面对国内外宾客，大三的我总是无比骄傲地说起塞克勒之名的由来，总觉得好像那样一提就有范儿了，就国际化了，现在想来这些名号上的事情，来来去去的，有涨就有退，总还是不如真的做些实事让人心里踏实。

自从成为病人之后，我对社会中一些原本"隐形"的人群，便多了些关注与同情。

我开始可以理解，因为一次不幸就跌入债务深渊的人，他们何以走上自暴自弃的毁灭之路。我也意识到，其实我与他们之间相隔并不很远，只是我还算幸运罢了。生活中有的是那样的人，看上去无恙，却背负着肉眼不可见的疼痛与不便。多少人走出医院汇入人海的那一刻，就又成了别人眼中的"正常人"。疾病的定义是流动

---

〔6〕**哈佛美术馆 Harvard Art Museum**
地点：马萨诸塞州 剑桥市
【建筑】★★★★
【丰度】★★★★
【趣味】★★★
【加成】艺术史 ★★★
哈佛美术馆并不只有塞克勒博物馆一翼，而是由三个区域共同构成。最早的弗格博物馆（Fogg Museum）建于1895年，早期收藏石膏像和照片，用于美术生培育。1901年，布什—莱辛格博物馆（Busch-Reisinger Museum）成立，主要专注收藏欧洲中北部日耳曼人群的艺术创作。塞克勒博物馆一翼建成最晚，于1985年开放，但是哈佛美术馆对亚洲艺术的关注却是始于二十世纪初。1912年，哈佛大学成为全美最早开设亚洲艺术史课程的大学，这一学术关注也为其提供了源源不断的艺术收藏，包括一些早年被盗的莫高窟壁画。哈佛美术馆今天的选址，仍然是1927年弗格博物馆所在，在其顶部加设了符合当代博物馆采光与节能需求的玻璃穹顶，历史和现代在这里相遇。

图1-5　华盛顿史密森学会最早的馆舍"城堡"，开放于1855年

的，病人也是，还没遭遇过困境的话，确实也很难真的理解那种艰难。这也是为什么"奥巴马医保方案"到今天还是一路跌跌撞撞，人人都知道美国现行医保体系有问题——贵得离谱、贵得缺了人性——可到了要自己让利、我为人人的时候，就又退却了。

他们说，我们应当有选择自己保险方案和医疗方案的自由。

他们说，这是国父赐予我们的自由，无自由，不美国。

他们不知道的是，国父们当年积极修建公立医院，努力打造全民福利，甚至要求军人集体接种牛痘，这些都有着十分现实的考量，多半也是因为这些考量，拉什的

图1-6　现代主义建筑群与老去的芝加哥市中心

"医疗自由"才没有被写进宪法里。今天美国医保制度中包含着断崖式的贫富差距，让人揪心。一些人视之为问题，认为需要动一动国本，彻底改换一下美国的价值观，才能有望解决；一些人则认为这一切都是市场的选择，没有什么问题。

可是，选择本就是个特别奢侈的事。

我想起那天参观完国际手术科学博物馆，走到外面才发现，芝加哥的"城市中心"早已换过了——城北才是。这里有看不到边的湖景，有雪白的沙滩，沿岸的住宅楼直直插入阳光不允许你直视的地方。附近的芝加哥"老城"虽然盖着砖墙的皮，里里外外却都流淌着中产阶级喜欢的香味，如同那天下午我在沿街小店吃过的羊角可颂，真酥真香啊。芝加哥历史博物馆[7]里说得很明白了：地铁汇流的那个地方是1893年世博会所在，当年，靠屠宰和包装流水线起家的"肉业之都"，急不可待地要抬升自己的城市形象，所以腾了那样一片空地出来，用来盖古代欧式的贝阙珠宫。会开完了就拆了，城市的中心名义上虽然还在那里，但终究还是跟着有钱人挪来挪去的。

一切都是以市场之名而做的，一切都是人的自由选择。

只不过一些人可以选择自由，一些人则在选择之前，就失去了自由。

于是乎一些人选择自己的死法，一些人选择无视哪些死法。

何其自由。

---

〔7〕芝加哥历史博物馆 Chicago History Museum
地点：伊利诺伊州 芝加哥市
【建筑】★★★
【丰度】★★★★
【趣味】★★★★
【加成】城市史 ★★ 美国史 ★★
芝加哥是一座充满故事的城市，它的历史博物馆也很精彩。芝加哥历史博物馆的幕后推手是成立于1856年的芝加哥历史学会。博物馆的永久陈列是"芝加哥：美国的十字路口"；这里展示了芝加哥发展史上的重要物证，镇馆之宝是一系列大型沉浸式展项，如上世纪初的有轨电车、爵士乐吧和百货商店，可以走进去深度体验。此地还有别具特色的景箱陈列，根据观众的透视视角，将模型与壁画融为一体，依次复原了芝加哥城市发展史上的重大事件，如1871年大火、1893年世博会等。

成为传奇

!

美国历史上有一头很有名的大象，名叫Jumbo。

Jumbo这个词今天有"巨大"之意，但这个词刚被造出来的时候，并没有这层意思。造词者不过是把东非斯瓦希里语中的一些上口的词直接拿过来，改改就用了。Jumbo之所以能指"巨大"，是因为这头名为Jumbo的大象真的挺大的——它有3.2米之高。Jumbo是在今天索马里一带的英属东非地区被捕获，然后被卖到巴黎，1865年又来到伦敦动物园，成了这里的"镇园之宝"。据说，Jumbo虽然个头大，脾气却很温和，两根充满攻击性和雄性气魄的象牙来伦敦时磕碎了，它竟还知道要将牙齿在石头上打磨光滑。它一开口便像是在微笑，对来动物园里看它的小朋友尤其亲近，Jumbo这一待就是十七年。

1882年，一位来自美国的马戏商人看中了Jumbo，他的名字叫巴纳姆（Phineas Taylor Barnum）。巴纳姆的生意在北美大陆上也算是行业头部了，不过这行业不太好界定——把世界上所有稀奇古怪的人和物都集中起来，办收费的展览，哗众取宠，牟取暴利——勉强算是会展娱乐业吧。这条产业链里，前端是马戏团，后端是博物馆，基本做到了对这些珍奇事物的最大效率的利用。Jumbo年纪大了，脾气不好，伦敦动物园觉得驯养它令人头疼不已，遂有了卖掉它的念头，巴纳姆来伦敦就是为了此事。伦敦的小朋友们得知Jumbo要被卖掉后都万般不舍，来到象园周围怒斥这些大人们的无情决定，可是与巴纳姆初见的Jumbo竟与之十分亲昵，众人哗然。这人与象之间的情分竟似天成，伦敦市民也就没有再阻拦，至少巴纳姆自己的书上是这么说的。

生意成交，Jumbo被卖给了巴纳姆，也得到了它的名字。同年，Jumbo从纽约市登陆美国，霎时刷遍了大小报纸的头条。巴纳姆是个炒作天才，他让Jumbo从曼哈顿岛的南端上岸，然后一路北上走过几十个街区。Jumbo被装在一个巨大的木箱之中，半个脑袋和长长的鼻子探在外头，巴纳姆雇了一个马群拖动带轮子的木箱，木箱上刻着"怪物巨象Jumbo"，他从欧洲买回来的其他动物则跟随其后。浩浩荡荡的队伍引得万人空巷，纽约市民追了Jumbo的大驾一路。炒作效果满分，巴纳姆的生意经确实了得。

也不知道是纸媒记者视觉上太受震撼，还是巴纳姆买通了这些报纸，在对Jumbo纽约首秀的图像描绘中，Jumbo的尺寸无疑被大大夸大——看起来足有6米高，也就是两个Jumbo那么高。之后，在巴纳姆所有的海报中，也都给Jumbo的尺寸注水——一边强调它怪物一般的体格，一边强调它如何温驯近人。海报里的孩子们，无论是行走在它的脚边抚摸它，还是坐在它背上由它驭着，都笑意盈盈。Jumbo的好人缘使它成了巴纳姆马戏团的台柱，巴纳姆为了造势也是无所不用其极，直接宣称Jumbo是地球表面最大的生物，甚至出10万美元（相当于今天的300万美元）悬赏挑战者。

Jumbo出道即巅峰，奈何天不假年，没让它红太久。1885年，在登陆美国第三年的9月15日，Jumbo"出差"途中死于加拿大——它是被一辆火车撞死的。

当时，巴纳姆的马戏团正搭乘火车走在巡演路上，到加拿大安大略省的圣托玛斯市时，马戏团的人让Jumbo和其他那些被硬塞进货车里的动物们下车透透气，放放风。Jumbo正在相邻的铁道上站着，一辆火车不合时宜地突然出现，Jumbo不幸被撞死。这是圣托马斯火车站的工作疏忽了，按道理说，马戏团的人之所以会在此时此地放动物们出来休息，就是根据火车时间表来安排的，照理不该有车经过。Jumbo在大红大紫之时夭亡，巴纳姆和马戏团定是百般不舍、万般气恼。他们围拢在倒下的Jumbo周围，拍下了它的最后一张照片。遗照很真实，Jumbo又恢复了3米高的样子。死了之后，Jumbo仍然是巴纳姆的摇钱树。他先是为Jumbo的离世编造了一个凄美的故事，称Jumbo是为了保护同在一条铁轨上的小象，才勇敢地向飞驰而来的火车迎面撞去，牺牲了自己。这个故事后来变成童书与绘本，Jumbo的英勇事迹就这样飞入了更多寻常百姓家。

Jumbo的尸身皮骨分离，巴纳姆做了两套处理。骨架维持着大象的站姿，连被磨圆的牙根都原样保留了，继续租赁到各处做展览，供人参观，供孩子们叹息哀悼。至于皮肉，巴纳姆雇人制了一件Jumbo的等比例标本，捐给了麻省著名的塔夫茨大学。彼时巴纳姆正在经历身份的关键转变，这个靠招摇撞骗、哗众取宠出身的"演艺经理人"，靠着雄厚的财富，把自己"捐"成了塔夫茨大学的校董之一。十九世纪晚期的美国大学，不会对金主的出身挑三拣四——那本就是个草莽英豪遍地而生的时代，加之美国东北名校林立，在这样激烈的竞争之下，又有哪个学校会和钱过不去呢？

Jumbo的标本原本放在塔夫茨大学的自然历史博物馆中，连同巴纳姆捐赠的其他动物标本一起。巴纳姆的用意再明显不过了，嬉闹的生意他做了一辈子，奇形怪状真真假假的东西他也收了一堆，临了他要确保自己的身后之名干干净净。找一所体面的大学，建一座严肃的自然历史博物馆，成了他洗白的最好选择。他捐了5万美元，立志要让塔夫茨大学拥有一座东海岸最有名的自然历史博物馆。

到二十世纪三十年代，巴纳姆的博物馆已显得过时，遂被改作他用。他早年捐赠的标本都被处理了，唯有两件东西保留了下来，那就是Jumbo和它的主人。Jumbo的标本挪到了学生中心，置于学生休息室的中央，同在那里的还有巴纳姆的半身像，白色大理石制成，放在休息室的入口。Jumbo如它生前一样，再次成为万众瞩目的明星。被制成标本的它看着肢体僵直，却也平添了几分憨态，让它更加可亲了。学生们逗弄它的鼻子，环抱它的大腿，甚至和今天深受考试之苦的青年们一样，塔夫茨大学的高材生们也会在期末大考前来拜拜Jumbo，祈求好运，并往它的长鼻子里塞上几枚硬币，算是"香火钱"。

七十年代美国经济萧条，各大高校都艰难度日，塔夫茨大学也不例外。Jumbo所在的房间年久失修，1975年因电路走火而被焚毁，Jumbo的标本被大火销蚀殆尽。有学生急中生智，在逃离火场前拽下了Jumbo的尾巴带了出来，这也成为它存留于世的最后一"根"证据。塔夫茨大学的学生们是如此热爱他们的"象神"，即便有形的它不再存在，他们也要让无形的它永生。于是，Jumbo成了塔夫茨大学校橄榄球队的吉祥物，名字便直接叫做Jumbo。不同的是，这个吉祥物有两根尖锐的象牙。Jumbo一生乖顺，未曾做过一件害人伤人之事，死后却要被赋予冲锋破军之责。所谓传奇，大抵就得是这样万能的。

！

1975年的大火过后，人们才终于见到了Jumbo的"真面目"。

之所以憨态可掬，实是标本工艺粗糙所致。Jumbo生前身形巨大，为了让标本稳固，工匠们各将两根钢筋，置于其四肢内。因此，当塔夫茨大学的学生们瞻仰Jumbo"遗容"的时候，他们看见的是八根丑陋的铁棍子与满地的灰烬残余。十九世纪末的标本制作工艺就是如此，师傅们用草料填充兽皮，做成各种形态。静态者居多，因为这样的做工本就很难让动物的动态显得真实，即便是如Jumbo那样原地站立，都看着格外僵硬。对于兽皮，还需要施以除虫防腐的药料，而这些化学物质会令兽皮收缩。于是就有了我们在中小学里常看到的那种蹩脚标本——玻璃眼珠格外突出的那种。就是因为各种防护药剂让眼眶周围的兽皮紧蹙起来，它们才都一个个大受惊骇的模样，实在也是很好笑的。

标本制作是一门大学问。标本剥制术的英文taxidermy，其词源可从法语一路追至希腊语。"taxis"指"组织与安排"，"derma"则是"皮肤"的意思。这个词诞生于十九世纪二十年代，想必是当时贵族狩猎成风，越来越多的人想要向人炫耀自己的战利品，故而催生了标本剥制的行当。到了十九世纪中叶，标本剥制术在大西洋两岸都已是能端稳的饭碗，因为无论是刚刚捞完第一桶金后想要炫富的商人，还是正在从博物收藏转向自然研究的学会与博物馆，都离不开这些手艺人。

卡尔·艾克里（Carl Ackley）便是其中之一。

艾克里1864年出生于纽约州北部，从小就喜欢制作标本，青年时代去纽约州罗切斯特自然历史研究机构工作时，认识了他的一生挚友维勒。维勒的学术发展比艾克里顺遂一些，他早早拿到了教职，所以在艾克里冲击耶鲁大学未遂后，维勒便邀他来密尔沃基州一起工作。在前往密尔沃基州的路上，艾克里遇上了一件改变他命运的事情：Jumbo的死讯让他改变了行程。不到二十岁的艾克里处理Jumbo的尸身颇有一套，被巴纳姆看中后，就跟着巴纳姆一起回到了纽约市。巴纳姆的博物馆里多的是稀奇的动物标本，艾克里找到了用武之地，后来他又有幸在美国自然历史博物馆做了一些零活，为他后来的职业之路埋下了伏笔。

1886年，艾克里再度动身前往密尔沃基州，帮助老友维勒运营一家自营的动物标本店铺。等维勒后来成为密尔沃基公共博物馆的馆长后，艾克里终于在博物馆谋了份相对稳定的工作。他负责各类动物与人的标本制作，手艺日渐精益，深得欧洲客户的赏识。在维勒的引荐之下，他决定去伦敦的英国自然历史博物馆工作。结果，在向东海岸进发的路上，艾克里被当时的芝加哥菲尔德自然历史博物馆[8]的动物部主任再三挽留。最终，艾克里没有前往伦敦，而是在芝加哥开始了自己的艺匠生涯。

今天，芝加哥菲尔德自然历史博物馆的入口大厅放置着两件镇馆之宝。右侧的是北美迄今为止发现的最完整的霸王龙骨架，昵称"Sue"（参见图2-2，第44页）；左侧的是两头非洲象的标本，名为"斗象"（参见本章题图，第37页）。一头将尖牙刺向另一头的胸口，吃痛的那头将象头高高昂起，仿佛连嘶鸣都在耳畔回荡。这两件标本制作于二十世纪初，自1909年起便一直在菲尔德自然历史博物馆的大厅展出，后

---

〔8〕菲尔德自然历史博物馆 Field Museum of Natural History
地点：伊利诺伊州 芝加哥市
【建筑】★★★★★
【丰度】★★★★★
【趣味】★★★★★
【加成】中国文化 ★★★ 亲子 ★★★
位于1893年世博会旧址，馆舍则兴建于20世纪初，是芝加哥最值得一看的博物馆。马歇尔·菲尔德（Marshall Field）从干货买卖干起，直到成为百货业大亨，死后将自己的遗产一半捐给芝加哥大学，一半捐给了这座博物馆。菲尔德是全美最出色的自然历史博物馆，是唯一可以与纽约的美国自然历史博物馆相媲美的（两馆也存在兄弟情谊）。博物馆具备一般自然历史博物馆常见的设置，如动物标本、古生物化石和矿物展厅，藏有北美最完整的霸王龙化石骨架。此地还有一个名为"地下探险"的展区，让你"微缩"一百倍，与幼虫与根脉相依，领略泥土之下的微观生物世界。此外，菲尔德自然历史博物馆在人类文化方面的展陈也较纽约的更为生动，主题性更强，除了埃及文明的展示之外，唐仲英中国馆也是此地特色，对中国文化的展示细致入微。我在《纽约无人是客——一本37.5℃的博物馆地图》一书中已对其馆藏来源有所论及，此处不再赘述了。

图2-1 芝加哥菲尔德博物馆外景

来博物馆搬迁新址,馆方更是费了大劲,动用了平板火车将其拆分装运。这两头象的标本不但体态自然,身姿充满动感张力,就连皮肤的褶皱都做得栩栩如生,让人不禁久久驻足,思绪渐渐飘向东非的草上林间。

"斗象"的工匠就是艾克里。同样是标本制作,之所以斗象生动而Jumbo呆板,归根结底是标本剥制的技法不同。在那十数年的光景里,艾克里极大改进了制作工艺。他用黏土将动物的肌肉条块塑造出来,然后用铁丝网做成外廓,用层层缠绕的棉线补充缺失的细节,再沿着动物躯体、四肢的天然纹理附上兽皮,这样一来,动物的身姿动态都更趋真实,不再是用草料棉料填充的敷衍货了。艾克里的标本内部是空心的,重量不大,十分易于转移搬运。菲尔德自然历史博物馆至今都保留着艾克里制作标本的工作照片，他踩在高架上，用刮刀仔细打磨着还未敷上兽皮的标本。比起标本剥制师，他看着更像一位文艺复兴时期的雕塑艺术家。

在那个专业、行业分工不明，人人都是"斜杠青年"的年代，艾克里除了是一位能工巧匠外，还是一名探险家。1896年，艾克里主持了菲尔德自然历史博物馆第一次东非远征——名义上是在家畜疫病暴发的当口去做科学考察，实际上的主要目的是去当地采集动物标本。那次远征让艾克里一"战"成名。据说，某日艾克里正端着步枪狩猎，瞄准一头鸵鸟，不料螳螂捕蝉黄雀在后，一头花豹也瞄准了他。全神贯注的艾克里完全没有想到自己已身处危机，潜伏的花豹发起突袭，艾克里用枪击中了花豹的爪子，但枪也被拍落。花豹一跃而起，咬住了艾克里的右手，两者搏杀

图2-2　菲尔德自然历史博物馆中栩栩如生的动物标本：霸王龙Sue的骨架，因其头骨过重而不得不用石膏复制品替代

起来。他的手被死死咬住,无论如何都无法挣脱,艾克里急中生智,索性将手往里探去,去抓它的喉管。生死之间出现了一个短暂的窗口,趁着花豹行动受制,艾克里整个人扑将下去,用整个身体的重量压碎了野兽的肋骨,然后拔刀将其捅死,终于脱险。艾克里右臂受重伤,关节移位,周身都有抓痕,他包扎完伤口之后与后脚被绑住、悬在半空中的"罪魁祸首"合影。照片中艾克里蓬头垢面,两腮被阳光炙烤得通红,胡子也如杂草般生长开来。生死拼杀后的沉重氛围仿佛仍然能被相机清晰捕捉,这些照片与故事流传开来,成了圈内外的奇闻。

1905年,艾克里与妻子再赴东非,那对著名的"斗象"就是在此次远征中猎得的。马歇尔·菲尔德(Marshall Field),也就是菲尔德自然历史博物馆的金主,年轻

图2-3　菲尔德自然历史博物馆中栩栩如生的动物标本

时也是Jumbo的粉丝，非常希望自己也能有大象标本，供展出赏玩之用。所以1909年问世的"斗象"组合，与其说是为了向公众展示自然世界之美好，不如说是兼有金主的私欲，只是也恰好成全了前者罢了。艾克里的妻子德莉亚·艾克里（Delia Akeley）是一名勇猛的猎手，她打死了体格较大的那头大象。因此这对"斗象"仔细说来也各有名字，大的那头叫德莉亚，小的那头叫卡尔——也就是艾克里的名字。1909年，菲尔德自然历史博物馆经费不足，艾克里离开芝加哥前往纽约，开始在美国自然历史博物馆工作，革新后的标本剥制术也跟随着他，从欣欣向荣的中西部，来到了美国文化根基的最深处。

这一时期是自然历史类博物馆汇集全美英才的时期。

位于纽约的美国自然历史博物馆创建于1869年，创始人叫做艾伯特·比克莫（Albert Bickmore），他毕业于达特茅斯化学与哈佛大学地质学专业，曾为哈佛比较动物学博物馆（隶属于哈佛自然历史博物馆[9]）远赴印尼群岛采集标本，并由此开始构思一座属于自己的自然历史博物馆。比克莫嫌波士顿一带施展空间不够，于是就来到纽约，说服了纽约州议会，让他在中央公园的旧武器库建设一座博物馆。这座经营得跌跌撞撞的小馆，也就是今天位于中央公园一隅的动物园，是世界上第一大自然历史博物馆的种子形态。

镀金时代的美国，财富之巨让它们的主人也惶然无措。既然国家历史底子薄，

---

[9] 哈佛自然历史博物馆 Harvard Museum of Natural History
地点：马萨诸塞州 剑桥市
【建筑】★★★
【丰度】★★★★
【趣味】★★★
【加成】植物学 ★★★★★
哈佛自然历史博物馆是植物、矿物、动物三馆合一，馆舍较旧，不过倒也天然带有时代氛围。此馆矿物区域陈列平平无奇，但是植物区域的玻璃植物标本则是巧夺天工，连一条条根须都是用玻璃细心塑造，手艺绝伦，令人赞叹。比较动物学博物馆起源于十九世纪中期，哈佛大学曾积极引进欧洲学者，补充本地智识资源，这一美国最早的比较动物学专业就是在地质学家、动物学家路易·阿加西（Louis Agassiz）的领导下建成的。在今天看来，此馆的展品与陈列手段都显得有些老旧，不过整具的沧龙化石在其他地方仍然很罕见，值得"打卡"一看。

那么提升文化品格、树立文化自信，就成了时代枭雄们的当务之急。纽约的大资本家们集合起来，开始张罗一座世界级的自然历史博物馆，创始人中有玻璃贸易大亨、第26任美国总统罗斯福（Theodore Roosevelt）的父亲老罗斯福、参与禁酒与排华两大法案的大律师科耶特（Joseph Hodges Choate）、金融大亨杰瑟普（Morris Jesup）、后来摩根大通的创始人摩尔根（J. P. Morgan）、靠卖干货起家的百货商店业鼻祖斯图尔特（Alexander Stewart）、纽约州州长与总统候选人提尔顿（Samuel Tilden）等。1874年这座被寄予厚望的博物馆破土动工之时，连总统格兰特都亲自来奠基，可见在恶补文化这方面，美国上下真可算是倾尽全力了。1881年，杰瑟普成为博物馆理事会的主席。他自己是不懂科学的门外汉，于是便用大白话给这座还未成型的博物馆定下了基调："我是个朴素的、不懂科学的商人，我希望展览的标签能让我看得懂，这样我就能肯定其他人也能看得懂。"

早期的自然博物馆中主要展品都是动物标本，后来又加入化石。此一时期，博物馆的主要使命就是为各类标本编目造册，描述属性，列数它们彼此之间的相似性，从而推动更宏大的进化谱系的形成。在这样的研究传统中，原本是不包括人类的，可为什么美国今天各座形成于十九世纪晚期的自然历史博物馆中，都会有关于各大洲人类的陈列呢？这就要说到人类学和自然历史博物馆之间短暂的合流了。

十九世纪的美国十分热衷举办世界博览会——自己觉得可以比肩欧洲了，便得提升文化档次才行。所谓"世界博览会"，就是要把全球各大洲的文化面貌都呈现一番。在那个西方中心主义思潮达到顶峰的时期，如何呈现非西方文化，其方式在今天看来就很值得商榷了。为了方便富有的美国中产阶级能够一览世界文化的全貌，主办方一般会张罗各种"人造城"与"人造村"：找来一些在美国生活的异族人，让他们扮成美国人心中该有的样子，在这些人景观里活动。譬如，在芝加哥世界博览会的"中国村"里，一顶茅草支起来的亭盖之下，就有穿着清代服饰的中国孩子高低错落地站成一排，他们的辫子和发饰让参观者惊叹不已。

这种让异域文化的活人来参与的展演，被称为"活态陈列"（Living Displays），早年的世界博览会届届都有。除了"中国村"，还有"古巴村落""开罗街头""非洲部族"等，让游客能将异域风景一网打尽。这一类内容都被放在名为"浮华新世界"（Vanity Fair）的展区里，那里是博览会的娱乐休闲区，除了非西方文化，还展有珍奇动物、戏剧表演、舞蹈、迷宫、气球升天、伞兵降落、观景铁道、机械玩具，等等。今天我们在游乐场中必备的摩天轮与"激流勇进"，都是世界博览会上诞生的玩物。摩天轮是为了与埃菲尔铁塔比拼高度与趣味，"激流勇进"则比那更早些，1880年代时叫"滑槽弹射"（Shoot the chute）。早期的"激流勇进"比较简陋，需要游客先徒步爬到高处，再坐船下落。为了让游客免于溺水的恐惧，商家专门标注了湖水深度："只有不到一米而已！"同时，为了推广这个新鲜事物，他们会在游客乘坐完全程之后发放一枚小勋章，上面写道："我在浮华新世界玩过激流勇进了！"

言归正传。要把这些模拟非西方社会聚落的实景搭建出来，肯定需要有相关专家的智力支持，于是，专业尚处草创阶段的人类学学者就找到了他们的第一份工作——这其中就有后来的美国人类学之父、年轻的鲍亚士（Franz Boas）。鲍亚士早年的学术工作与美洲西北部的印第安人有关，经人引荐而承担了芝加哥世界博览会的对应展区。他是个有容之人，从不以西方文化作为衡量其他地区文明的标准，奈何面向公众的人类学粗陋不堪，一味只想要在与"落后文明"的对比中，反复确认西方的优越地位。因此，干完芝加哥这一单后，鲍亚士便于1894年出发前往纽约。

等待鲍亚士的是一个新的学术热点。如前所述，自然历史博物馆原先是对人类不感兴趣的，可是从理事长升格为馆长的杰瑟普，却对美洲大陆人类的源头充满了朴素的好奇心。他有烧不完的钱，在任内屡屡派出研究团队，远征前往北极圈周围的人类活动地点。杰瑟普想要弄明白一件事：早在欧洲人抵达之前就已经生活在美洲的印第安人，到底是不是从亚洲过来的？遇上有求知欲的金主，实在是青年知识分子的福气。鲍亚士经贵人引荐，加盟美国自然历史博物馆，1897年又获得了主持北太平洋远征的机会。整整六年时间，他在美国西北部与加拿大西岸，与印第安人同吃同住，观察学习，沟通交流，购买他们的生活用品与文化器具。这些形成于十九世纪末的文化标本，连同鲍亚士对当地聚落、生活、生产、仪礼的记录，至今仍然陈列在西北岸印第安人厅，那也是美国自然历史博物馆历史最悠久的展厅。

今天,这个自身已变成文物的文物展厅,成了南大门直通馆内球幕影院的过道。一走进去便是一鼻子福尔马林的味道,虽然待上一阵就能习惯,但是大多数观众还是会选择快步离开。那份狼狈恰如当年鲍亚士灰心后的去意,杰瑟普虽然对美洲人类的起源有兴趣,但是却与他的学术志趣并不相合。1899年鲍亚士端起了第二个饭碗——他在哥伦比亚大学找到了教职,开始教授他心目中不同于公众常识的人类学——这份工作后来逐渐成了他真正的热爱。

也是在1899年,另一位青年学者成为美国自然博物馆里炙手可热的人物,42岁的他因为特别擅长打造科普展览而深得馆领导器重。那一年,他成了馆长杰瑟普的行政助理。他是一位古生物学家,名字叫亨利·奥斯本(Henry Osborn)

!

奥斯本是个自小不愁吃穿的富家子弟,他的父亲是伊利诺伊中央铁路公司的老总。1873年,16岁的奥斯本去普林斯顿上大学,24岁时毕业,留校成为青年教师。十年之后,他来到纽约哥伦比亚大学生物系。美国在内战之后大兴土木搞基建,一路向西造铁路,在中部山地区域挖出来大量灭绝动物的化石,由此诞生一门新的学科——古哺乳动物学。奥斯本来到纽约,便是要在哥伦比亚大学的这个部门从教。后来他被杰瑟普征召,来为博物馆搭建古哺乳动物学部。在三十出头的年纪便如卧龙凤雏般炙手可热,这既是奥斯本个人才能的缘故,也离不开特殊历史进程的助推。

奥斯本能力极强,他在美洲、欧洲四处采集古生物化石,让美国自然历史博物馆在化石收藏数量方面傲视全球。奥斯本极具创造性地将化石组装起来,方便观众直观地领略大型哺乳动物生前的完整模样。这一今天看来稀松平常之事,在当时却是离经叛道的,因为许多专家认为,化石就应该被放置在橱柜里抽屉里,安安静静地被拿起来端详研究,摆出各种姿态来无异于哗众取宠、卖乖弄俏。最后,观众用脚投票,判定了奥斯本的胜利。这位青年才俊英气十足,魄力又强,当年自己还是“愣头青”的时候,便称学生为“子子孙孙”。1901年,他跻身博物馆理事会,那也是气质才干使然。

在杰瑟普任内,美国自然历史博物馆发起了不止一次环太平洋远征,考察区域从太平洋的东岸逐步转向西岸,这当中就包括了美国第一代汉学家劳费尔（Berthold Laufer）在中国进行的三年多的田野考察。在此期间,博物馆的人类学馆藏数量激增,撑起了今天的亚洲人厅与印第安人厅内的展览。然而,奥斯本非常不喜欢人类学,原因很简单,他觉得人类学这种学科,根本算不得科学。他在会议上曾说:"我们馆内私下说说,大多数人类学知识不过是个人见解,抑或是土著们的流言蜚语,这距离成为科学还得好多年呢。"尤其是那些在他看来根本算不得"藏品"的物品,不就是一些中国人用的竹篮子和铁锄头吗？费那么大劲去中国弄来干什么？直接从旧金山唐人街弄些过来不就完事了。对博物馆主题与空间的争夺,使得古生物派和人类学派之间的矛盾日渐尖锐。

1905年,鲍亚士辞职离开博物馆,专心任教于哥伦比亚大学,将他的文化相对主义信仰带入课堂,培养了一批日后的学术大家,因此,鲍亚士也以北美人类学开山鼻祖的身份被历史铭记。1906年,杰瑟普去世,早已掌握博物馆实权的奥斯本名正言顺地成为新任馆长。他任馆长的27年,成了美国自然历史博物馆的又一个黄金时代,其间,哺乳动物和恐龙化石成为新的时代主题。自然历史博物馆仿佛封冻了时间,令知识也凝固在了那里,它们像时光胶囊一样,保留下当时美国知识分子看待世界的方式。今天,那些早年由鲍亚士及其团队张罗的人类文化陈列,虽然仍静默地躺在馆内,但是人类学知识生产的重心却已经不在那里了。

人类学与自然历史博物馆的分道扬镳造成了一种极为尴尬的现状——人和动物以大洲为界,并列展出。例如,在今天的美国自然历史博物馆中,亚洲哺乳动物厅边上便是亚洲人厅,非洲哺乳动物厅边上便是非洲人厅,有平原印第安人厅和西北岸印第安人厅,还有北美哺乳动物厅,却没有美洲白人厅,但欧洲的人与动物更是一概不见。按这个知识体系,难不成我们这些非西方的人,就和哺乳动物是一样的,要被这样观摩赏玩？

即便是最为开明的鲍亚士,也很难逃脱这种鄙视链思维。当年他自觉在芝加哥世博会上壮志未酬,会后菲尔德自然历史博物馆进入筹备阶段,鲍亚士便积极提出:不应当用百科全书式的方法来描述人类社会与知识,而是应当采用人类学学术的架构。他所想象的菲尔德博物馆应当包含两大区域:体质人类学与心理人类学。在体质人类学展区,应当包含不同种族之间的比较解剖学厅和比较生理学厅;在心理人类学展区,则按照文明的复杂程度,分为原始人类厅和亚非欧文明厅。文明厅里包括中国及其文化圈、印度及其文化圈、闪米特族文明、埃及、希腊与意大利的文明崛起等多个主题,无法划入这些类别的低复杂度文明则只按大洲位置区分,一并放入原始人类厅。所幸当时菲尔德自然历史博物馆的"流量担当"已是动物,不然倘若鲍亚士的构思成了真,这会儿他又该被钉上历史的耻辱柱了。

美国自然历史博物馆迄今为止唯一一次大修发生在大萧条时期。当时各级政府用固定资产投资刺激经济,联邦政府在华盛顿大兴大建前总统们的纪念碑与纪念堂,纽约州政府不甘落后,便也挑选了本州土生土长的总统——西奥多·罗斯福来纪念。此罗斯福恰是博物馆创始人之一的罗斯福之子,又称"小罗斯福"。小罗斯福除了卓越的外交才能,更是以建立国家公园制度而名垂青史,对北美大陆保育机制的建立立有大功。用这样一座以自然为主题的博物馆纪念这样一位总统,再名正言顺不过了。1936年,罗斯福纪念大厅向公众开放,也就是今天博物馆的东入口,面向中央公园。这次大修,对于博物馆内部的陈列非但没有任何根本性的改变,反而随着东入口外的一尊罗斯福雕像,将白人至上、欧洲中心的世界观从馆内搬到了馆外来。

那是一尊墨绿色的铜像,1940年正式揭幕,是它背后罗斯福纪念堂的点睛之笔。罗斯福坐在高头大马上,一手握紧缰绳,一手摁住佩剑。拱卫在他两侧的,一边是一个头戴羽饰的美洲土著,一边是一个在短发上编出辫子来的黑奴,此二人赤裸上身,肌肉健美紧实。站在地面抬头看,三者并非平视前方,而是抬首向前,气宇轩昂。单就美感来说,这尊雕塑无可挑剔,但就政治意味来说,却是太过陈旧了。"C位"靠着坐骑高出一大截的暗喻自是不必说了,两边非白人祖露上身的设计,也似乎在暗示未开化的他们只配从事低阶体力劳动。更不要说那位美洲土著衣着华美,除了头饰还戴兽牙项链，可见社会地位不低，这愈发叫人不适。这尊雕塑在我读研期间没有引发太多争议，但后来抗议不休不止，甚至不断被人涂鸦泼血。招架不住的博物馆不得不专设网页，向网友们更新这尊雕塑的去留决议。

曾经成就这座博物馆的，如今正在拖累它。镀金时代的美国是如此执迷于全球秩序的搭建与探析，这种勃勃的野心如今变成了一种物证，不可抹去，也无从抹去，除非把美国的立国之本连根拔掉。把罗斯福的雕塑搬走又如何？在这馆里不仍旧无处不记录着西方中心视角下睥睨众生的傲慢吗？有趣的是，恰是在这个全纽约"政治最不正确"的地方，我学会了关于美式"政治正确"的第一课。

我在哥伦比亚大学念博物馆人类学硕士的时候，上过一门观众调研的课程，要求我们自己制定问卷，自己在博物馆里分发，自己回收统计，并得出有意义的结论。问卷数量不在多，50份就够。当时我正在美国自然历史博物馆实习，于是就挑午休的时候去展厅里发问卷。

我的问卷很简单，只有一面，而且都是选择题，问的是博物馆观众对异域文化的预期、观察、获知与理解。我是中国人，便挑选了亚洲人展厅中的中国部分。说起来是博物馆学训练出身，自认为设计的问题还是有些新意的。例如，馆藏亚洲展品中有一件镇馆之宝，是一台清末民初的华北大花轿，雕工极其精美，馆方给它配了一幅迎亲场景的壁画作为背景，它们在玻璃橱窗里，是中国展区的核心展项，许多人会驻足观看，所以也是我"活捉"观众发放问卷的绝好地点。问卷中问："你的婚礼会愿意选择使用这样的物件吗？"我得到的答案，既有些出乎意料，又完全在情理之中：超过半数的非华裔游客表示很有兴趣；而华裔中几乎没有人乐意在婚礼中使用花轿。可见异文化的观者只以是不是好看论，这花轿承载多少历史传统的包袱，则只有本文化的人才知道。

还有一道题，给我惹了些麻烦："当你来到亚洲人展厅的中国部分，你会期待看到哪些内容？"在选项里，我给出了A. 中餐、B. 长城、C. 功夫、D. 中医，这是道多选题。此事发生时我到美国不足半年，有很多文化禁区不甚清楚，自以为列出的都是些美国日常生活中常见的中国印象，也是中国媒体经常对外宣传的，竟完全不知道已经捅了美式"政治正确"的篓子。我的实习主管午休时偶然看到了这份问卷，她非常严肃地把我叫到办公室，要求我停止发放。根据作业要求，问卷要凑满50份，我此时已经发放了30多份，停下来就等于半个多月的辛苦白费，而且还可能会影响作业提交。我表示非常不解，她也并不多解释，只是让我下午把手头的活停下来，专心修改这份问卷。

"你这个题，涉嫌种族歧视。"她说。

我不知道该怎么改，连问题在哪儿都不知道，只能求助于和我一起实习的同事们。她们清一色是美国女孩，高中或者本科在读，比我小一截儿。几个姑娘拿着我的问卷看了看，然后开始了对我的指导：

"你这里头一个选项是选种族的，A. White（白人）、B. Black（黑人）、C. Asian（亚裔）、D. Others（其他），我建议你别这样写。"

"那应该怎么写呢？"

"可不能就'其他'了事啊，这里面至少还得再细分三种，西语裔啊、美洲土著啊、中东/南亚人啊，一般政府和学校的表格上面都是这些选项，还是齐备一些好。"

"原来是这样啊……"

"你想一想，如果别人要填这张问卷，发现在一上来的种族选项里，直接被笼统地归为'其他'了，那肯定不能高兴啊，所以这样做也是为了研究好。还有啊，'黑人'恐怕也不是最好的说法，一般现在都叫'非裔美国人'（African American）了。"

正说着，方才出去忙的瑞秋走了回来，瑞秋是这批实习生中唯一的黑人女孩，她看了看我们在讨论的话题，说："我向来不喜欢'非裔美国人'这个叫法。在我看来，说黑人没有什么毛病，我是黑人，但我生在美国长在美国，干嘛要扯上非洲呢。"说完便又走了，我们几个呆在那里，不知道该怎么办，最后决定还是用最保险、最正确的叫法。

然后来到了问题的关键：那道"种族主义之问"该怎么改。她们沉默了好一会儿，建议我还是删掉为好，她们虽然不完全同意主管的看法，但也觉得确实有不妥之处。

"可是基于已经收到的问卷，我已经得出了很有意思的结论啊。"我说，"比如谁更愿意坐花轿，比如谁更可能会预期在这个展厅看到中国功夫元素，勾选的都是黑人观众,这和我住在哈林区所见很相符啊,那里到处都是卖李小龙碟片的。"

她们皱着眉摇了摇头,建议我还是直接删掉。

为了维护自己不大不小的成果,我去找了我的任课老师莫妮卡。莫妮卡也是美国自然历史博物馆的员工,我的主管是人类学部的,她则是社会教育部的,所以这门关于观众研究的课由她来上。我的问卷在分发之前是经过她许可的,现在碰上了这样的问题,不但会影响我的课程成绩,还会影响我的实习评价。我和莫妮卡坐在博物馆一楼走廊的长椅上,她听了我的描述,看了我初步的调查结果,轻松地说道:

"没问题,继续发。"

这态度不得不让我追问一句:"这个问题难道不是涉及种族歧视吗?"

莫妮卡说:"可是这是'你的'文化啊! 你是从中国来的,你问人家对中国的可能的印象,有什么是不可以问的? 不要紧的。"

"可是,我主管不允许我再……"

"嘿!"她打断我,"她不是我的主管,OK? 你做你该做的。"

于是,问卷我继续发了,有趣的结论也都保留了。最后,这门课程我拿了A,但我在博物馆的实习拿了B,这也实在是无可奈何的吧。主管对我说,没有针对你个人的意思,但是如果客观评价的话,我确实只能给你这个分数。我表示完全理解,我是个外国人,被美式"政治正确"误伤了而已。

我不理解的是,有一尊如此"政治不正确"的雕像镇守大门,为什么她谈"政治正确"还能如此理直气壮。不只是谁是"C位"的问题,每天下班走出博物馆东门,在台阶的高处,我都会和罗斯福总统与他的随扈拥有片刻相同的风景:中央公园里,孩子们和他们的宠物在草坪上追逐嬉闹,慢跑者们装备齐全,秋毫无犯地从他们的Beats耳机之外的世界路过。照理说,这公园的造景规划都是一气呵成,不该有什么气质分别的,可偏偏越是向南越是小康,越是向北越是瘆人,恰好对应了曼哈顿岛上南白北黑的种族分布,这又是为什么?

城池不改,雕像难移,能折腾的也只能是人心了。当然,也只有人心先行,才能谈旁的。多年后我看到新闻,说是各方达成了协议,那尊罗斯福雕像终于要被挪走了。

！

罗斯福雕像的傲慢设计不是偶然。二十世纪初的西方，正处在优越感的顶峰，"优生学"作为这份骄矜的"科学"支撑，正在成为学界主流。执掌美国自然历史博物馆的奥斯本就对此深信不疑，和人类学的道听途说式研究不同，"优生学"基于体质特征与脑容量形成测算数据，想必在他看起来是十分"科学"的。

1916年，一位名为麦迪逊·格兰特（Madison Grant）的律师出版了一本名为《伟大种族的逝去》的书。在书中，格兰特提出由欧洲西北部起源的北欧（Nordic）种族，无论是在生物学意义上还是文化意义上，都优于其他种族。继承这一优越血脉的美利坚合众国如果任由南欧人、东欧人、非洲人和黄种人涌入，那美国国运休矣。据此，他积极劝说美国立法机构限制移民，合法化强制绝育，禁止跨种族通婚，提升人口质量。

希特勒将这本书奉为圭臬，他和纳粹党的所作所为让"优生学"好似成了一门德国"学问"。其实要论源头，少不了美国的份。奥斯本馆长为《伟大种族的逝去》贡献了序言，他与格兰特是朋友，格兰特还是美国自然历史博物馆的赞助者之一。奥斯本写道："决意贯彻优生学，将确保最好的精神、德性、智能、体力的传承，并可将其发扬光大，以此维护未来美国的机体制度不受侵犯。"

二十世纪二十年代，更多更杂的移民涌入美国，奥斯本对此忧心忡忡，美国自然历史博物馆一度成为举办"优生学"国际大会的场所。眼看美国"国本"被外来者湮没，奥斯本1934年一退休就动身前往德国，寻求志同道合者去了。他盛情赞颂纳粹党，甚至成了首个被希特勒授予荣誉博士学位的美国人。也不知这该算是历史的捉弄，还是护佑，奥斯本次年就去世了，没有留下更多的错误行迹与言论。今天他被记忆的方式，仍然是一个出色的博物馆馆长。

在奥斯本任内，美国自然历史博物馆建筑面积扩充为原来的2倍，市政拨款是原先的4倍，各路其他捐赠增长了7倍，员工人数是原先的3倍，会员的数量也增长为原先的4倍。他资助了4次深入东亚、中亚沙漠地带的远征，1943年在戈壁沙漠发现的恐龙蛋化石，是穿越七千万年的史前奇观。奥斯本之后，这座博物馆的继任馆长们也多是古生物学训练出身，走出了一条后世同类博物馆纷纷效仿的"正道"。

当时被纳粹主张所吸引的名人，除了奥斯本，还有历史上首位完成横跨大西洋飞行的传奇飞行员查尔斯·林德伯格（Charles Lindbergh）。他一生致力于宣传推广飞行科技，还是环保运动的先锋。

位于圣路易斯的密苏里州历史博物馆[10]展出了林德伯格当年的座驾，用钢索将其悬在空中。1927年5月20日，林德伯格从纽约起飞，直航横跨大西洋，历经33小时飞行，忍受了常人难以想象的饥饿、寒冷与孤独，最终降落在巴黎的勒布尔热机场。这架单翼螺旋桨飞机经过了一些改造，五人客座被改成燃料罐以支撑长距离飞行。它没有装配收音机装置，甚至没有正面的玻璃风挡，只有侧窗，飞行员需要通过潜望镜才能看见前方。圣路易斯的"粉丝"出资购置并改造了这架飞机，林德伯格故而将其命名为"圣路易斯精神号"。无奈的是，展出在圣路易斯的"圣路易斯精神号"竟是一件复制品，原机被华府的大馆收去了。

完成越洋那年，林德伯格只有25岁。他后来带着夫人一起驾机环行世界，1931年时还来过中国，慷慨呼吁国际社会救助因江淮洪灾而流离失所的人们。1932年，他还在襁褓中的幼子被绑架撕票，给他的英雄光环添上了悲剧色彩。然而，第二次世界大战期间，林德伯格变成了反派。他成为了"美国优先"的成员，这个组织声势

---

〔10〕密苏里州历史博物馆Missouri History Museum
　　地点：密苏里州 圣路易斯市
　　【建筑】★★★★
　　【丰度】★★★★
　　【趣味】★★★
　　【加成】城市史 ★★ 美国史 ★★
　　地理位置绝好，位于巨大的圣路易斯森林公园内。1913年，在此地最先建成的是杰斐逊纪念堂，资金用的是世界博览会后的结余。今天，杰斐逊的坐像仍然在博物馆中，这是因为博物馆是基于纪念堂扩建而成，建筑亦因此有新旧两面。陈列以介绍圣路易斯市和密苏里州的历史为主，1904年的世界博览会残件、林德伯格与圣路易斯精神号，都是重点展项。陈列手法中多媒体使用很重，沉浸感较好。

浩大,出于对纳粹德国的"同情",坚决反对美国加入欧洲战事。他于二十世纪三十年代访德,称赞德国的军工实力,1941年时,甚至公开表示战争爆发是犹太人的阴谋。

1933年1月,希特勒成为德国总理,系统性排犹政策拉开序幕,海外犹太人社群反应强烈。1933年3月27日,在犹太移民众多的纽约曼哈顿,麦迪逊广场花园内外聚集了五万五千余人,号召抵制德国货物以示抗议。德美之间经济依存度高,美国进口减少会令德国制造业很不舒服,于是在纳粹党最高领导层的授意下,身在美国的德裔纳粹党人在纽约成立了一个民间组织,名为"新德国的朋友们",其主要任务就是在美国为纳粹政权做形象公关。在他们散发的宣传册封面上,纳粹党旗、美国星条旗、德国三色旗,分别由三位青年并立扛举,象征着德美友好。

"新德国的朋友们"的运作不算成功,会员数量始终没能突破一万,遂于1935年被德国方面要求解散。1936年,同一拨人创立了另一个组织,其会旗是金黑色纳粹纹章与红白色日耳曼十字的结合,名为"德裔美国人联盟"。这个组织较其前身成功得多,它模仿纳粹党的架构,在美国东部、西部、中西部这些德裔移民众多的地区,建设了69个地方分支,活动内容包括面向青少年军事素养培训的训练营等,很受民众欢迎。"德裔美国人联盟"对纳粹政权的支持态度极为高调,他们集会时会行纳粹礼,佩戴纳粹徽章,在演说中斥责犹太人和共产主义者时毫无遮拦。1939年2月20日,该组织来到曾经举行过抵制德货活动的麦迪逊广场花园,举行了一场两万人集会。会上,联盟主席猛烈抨击罗斯福总统,讥讽其新政"New Deal"是"Jew Deal"(与犹太人的交易),并指称布尔什维克党人和犹太人已经侵蚀进入了美国的领导阶层。他们还盛情讴歌美国国父华盛顿为"第一个法西斯主义者",在会场舞台中央立起了华盛顿的巨幅画像。身上有光的国父形象,成了联盟应对"姓德还是姓美"这类质疑诘难时最大的护身符。

彼时欧洲局势虽然紧张,但热战还未打响,美国处于观望态度。德国希望美国保持这种态度,所以"德裔美国人联盟"猛烈炮击美国总统让德国政府很为难。德方为了平息美方的不满情绪,不得不撇清干系,禁止德国公民加入该联盟,也不允许联盟使用纳粹党徽,还断绝了与该组织的财务往来。其实,抛开草根激进分子不谈,德美之间的关系一直不赖。1936—1937年间，著名的兴登堡飞艇带着尾翼上两枚醒目的纳粹"卐"字往返于大西洋两岸，1939年德国入侵波兰之后，纳粹旗仍然可以出现在美国的街头游行之中。珍珠港事件之后，美国对日德宣战，对这类民间组织也态度急变。严密监控之下德裔美国人惶惶不安，不少人开始公开刊文谴责纳粹，纳粹在美国的民间势力自此逐步瓦解。

第二次世界大战期间，纳粹成了邪恶的化身，其言论与符号在舆论场上不见踪影。可是1959年，美国纳粹党却横空出世。该组织诞生于弗吉尼亚州阿灵顿，以希特勒主义为纲，将雅利安人优越论泛化为白人种族优越论，大量使用纳粹制服与符号徽记，其会旗是纳粹党旗中间加一地球图形，纳粹"卐"字自此在美国政坛重获新生。这个重生的时机不难理解，彼时黑人民权运动方兴未艾，激进的种族主义者为了维护现有的纲常，即便是曾经敌对势力的主张，也是要拿来一用的。

值得一提的是，美国纳粹党的创始人就是个曾经与纳粹为敌的老兵，名叫乔治·洛克威尔（George Rockwell）。洛克威尔曾在布朗大学学习哲学一年，随后退学入伍，成为美国海军中的一员，第二次世界大战期间曾在大西洋太平洋战场服役。朝鲜战争期间，他再度被部队征召，受到麦卡锡主义的影响，逐渐倒向法西斯主义。根据洛克威尔的自传所述，他曾在家中挂"卐"字旗，将希特勒肖像置于中间，并供奉三根蜡烛。一次在神龛前，他与他的精神领袖发生了神交，自此一发不可收拾。洛克威尔后来被派往冰岛驻训，他特意与新婚妻子于蜜月期间前往希特勒饮弹自尽的地点，就是为了"打卡朝圣"。

作为麦克阿瑟的拥趸与模仿者，洛克威尔在所有公开露面的照片中都叼着一杆大烟斗，象征对待民权运动和工人运动的强硬态度。他针对民权运动中的"黑人力量"口号，提出"白人力量"，以此拉拢抗拒种族融合的保守人群。美国纳粹党在现实的选战中从未有过拿得出手的胜利，为了在主流政治舞台求得更大生存空间，洛克威尔将党派更名为"国家社会主义白人党"，主张上也有所软化。这一变革所引发党内分裂，最终导致洛克威尔在洗衣店外的停车场被激进派的前党员刺杀。洛克威尔是退伍军人，两次服役于海外战争，军衔也不低，尽管他的政治主张饱受争议，但按理仍然能够享受安葬于军用公墓的礼遇。问题是,他的"吊唁者"总是在他墓前献上纳粹符号的旗帜与徽章,这就让十分讲究"爱国主义"的墓园很难办。最后,洛克威尔的遗体不得不被秘密运出火化。

洛克威尔的后继者们虽然都不成气候,但是他的意志并非无人传承。洛克威尔"殉道"于1967年,年轻的纳粹党员大卫·杜克(David Duke)当时十六岁,他不住喟叹"美国有史以来最伟大的人"离去了。他后来离开了纳粹党,转投了恶名昭彰的三K党,最后成了三K党内的地区首脑——"大法师"。杜克的议员生涯虽然短暂,但他至今仍活跃在美国的"键盘政治圈"。另一方面,美国纳粹党则于二十一世纪初得以复兴,其创始人是前一代美国纳粹党的成员,他们仍然坚持着洛克威尔当时的主张,认为民权运动领袖所主张的种族融合是犹太资本的阴谋,其目的是摧毁白人在美国的主导地位。"犹太人是大脑,黑人是他们的肌肉",他们对此深信不疑。因此,当一位拥有一半黑人血统的候选人即将登上总统宝座时,美国纳粹党坐不住了,他们派出了一位候选人公开参与2008年总统选举。

这场政治闹剧虽然短命,但纳粹党候选人所提出的主张却颇耐人寻味:

美国优先。

摒弃美国—以色列同盟。

改善社会保障,建设更为清洁的环境。

驱逐一切非法移民,阻止工作岗位外流他国。

不再卷入任何海外战争,也停止一切对外援助。

阻断犹太资本,银行国家化,为民众提供零利率贷款。

时过境不迁,很多人已经忘了他们曾与纳粹主义如此靠近。经历了对轴心国的战争,又以"自由"之名熬垮了苏联,美国人便在正邪势不两立的历史神话里把自己给撇干净了。殊不知当年纳粹主义的诞生,本就是为了解决一些现实的经济、社会问题。问题如果还在,主义就一直会在。

!

1987年，位于首都华盛顿的美国国家航空航天博物馆[11]迎来了一位新馆长——马丁·哈维特(Martin Harwit)，康奈尔大学的天体物理学家。他给这座以航空航天科技为主题的馆定位了一个新的使命：他希望这座博物馆可以成为进行公共论辩的场所，成为一个塑造"公共良知"的地方。

"藤校"科学家出身的哈维特会有此番构想并不奇怪，只是这种关怀一旦和战争沾边，就很容易坠入虚无主义的迷雾。哈维特和他的团队曾策划过一个关于第一次世界大战中飞行器的陈列，名为《传奇、记忆与天空中的第一次世界大战》，结果引发争议。批评者认为这种单从战机的技术切入的展览，不分敌我正邪，是在淡化美国历史决定的正义性，也把战机妖魔化为杀人机器，这是不妥的。

1993年，航空航天博物馆开始筹备纪念第二次世界大战胜利五十周年展，这一波策划引发了更大的争议。哈维特因循此前已被炮轰过的策展思路，将陈列的主题定为《从格尔尼卡到广岛：第二次世界大战中的战略轰炸》，想把军工技术定为主线，通过追溯其进步脉络来讨论战争。然而，格尔尼卡是德国轰炸西班牙的地方，广岛是美国轰炸日本的地方，这样的标题岂不是在暗示美军与德军是一丘之貉？在压力之下，哈维特等人重新设计了内容，将关注点限于两次核爆，把陈列标题改作《十

---

[11] 国家航空航天博物馆National Air and Space Museum
　　地点：华盛顿特区
　　【建筑】★★★
　　【丰度】★★★★★
　　【趣味】★★
　　【加成】航空航天 ★★★★ 亲子 ★★★
　　中国观众最为熟悉的美国博物馆之一，也是全美最拥挤、最吵闹的博物馆，熙熙攘攘的氛围令参观体验大打折扣。从1903年莱特兄弟的滑翔机，到跨越大西洋的圣路易斯精神号，再到阿波罗11号指挥舱，这里是航空航天史上里程碑的集合。在面向儿童的区域，还有解说飞行原理的互动陈列，适合亲子出行。

字路口：二战尾声、原子弹与冷战的起源》，展览分为五个部分："止战之战""决定投弹""运送核弹""核爆原点"与"历史影响"。

二十世纪九十年代的美国，50岁以下人群中反对当年核爆者居多，占57%；50岁以上人口的情况则反之，支持者占55%。从这微小的多数优势便不难看出，关于两次核爆，美国民众意见极不统一，而涉及日本又让这个议题变得更为敏感了。彼时日本经济的腾飞举世瞩目，也叫人惊心。九十年代初，凭借前所未见的强势货币地位，日元资本在美国疯狂采购兼并，洛克菲勒中心、哥伦比亚影业、环球影业……这些象征着美国荣耀的文化符号被尽数"买走"。1992年，有日资企业老板抱怨美国工人又懒又没有职业道德，这条新闻被刷上报纸头条，美国保守派实是难忍。有南卡罗来纳州参议员怒斥道："就该在报上刊出一朵蘑菇云的漫画来，然后在上面写'产自又懒又文盲的美国，测试于日本'。"美国上下排日情绪高涨，连华人都有池鱼之殃。涉核又涉日，哈维特的展览怎能不是众矢之的？

所以，"十字路口"是断断不能出现在标题里的。用了这个词，就意味着原子弹可扔可不扔，那两次核爆所造成的杀伤岂不成了无妄之灾。馆方决定进一步收窄陈列内容，再度为展览更名，改成《最后一幕：原子弹与第二次世界大战的终结》。哈维特在研究了馆藏和联邦档案之后发现，战争结束后的20年间，美国政坛军方高层人士其实一直对当年核爆的必要性持怀疑态度。决策者是杜鲁门总统，先于他的胡佛总统、后于他的艾森豪威尔总统，还有国务卿杜勒斯，都对杜鲁门的决定表示过怀疑。哈维特故而认为，战争期间，国家宣传机器马力太大，很多信息并不准确，毕竟在明面上的信息都是为了掩人耳目，不能让敌人探清虚实。因此无论是当时的报纸文章，还是广播，与真实情况都有许多出入。哈维特想为当下的公众了解历史真相提供一扇窗，他将截止到1993年可以解密的档案，陈列于正在修复中的传奇战机"伊诺拉·盖伊"（Enola Gay）四周——正是这架B29轰炸机，1945年8月6日那天在广岛上空投下了人类历史上第一颗实战用核弹。

1994年8月展览开放之后，美国空军协会（Air Force Association，AFA）被惹恼了，这个由军事爱好者、退伍老兵、现役军人、战机生产商、军方代表等共同构成的民间组织,严厉批评了这样的展览设计,认为只围绕投掷原子弹的决策来讨论两次核爆,相当于无视日军一方此前已经造成的破坏与伤亡,将日军和美军在道德上混为一谈。AFA认为,这样的修正主义历史观只会有利于参观者对日本的观感。他们明明是寻衅的一方,但是在现在这个叙述里,日军的侵略和暴行几乎都看不到了。

哈维特的展览中甚至还提出了七个略带刺痛感的疑问:

> 如果对方是德国,美军还会投掷核弹吗?
>
> 美国有没有无视日方的和谈意向?
>
> 如果美国保天皇之位,战争会不会更快结束?
>
> 投掷核弹的决策中,对苏考量起到了多大作用?
>
> 有无可能预先做出警告或演示?
>
> 如果没有核爆,登陆作战是否不可避免?
>
> 投掷核弹的决定正当吗?

这样的措辞,哪怕是带着复原历史的初衷,也必然叫人皱起眉头。有媒体从陈列的文本中截取了一段出来:"对大多数美国人来说,这场战争与对德、对意宣战有着本质的不同——这是一场复仇之战。对大多数日本人来说,这是一场抵御西方帝国主义、捍卫本国独特文化的战争。"哈维特原本是想从两种视角呈现美日双方对太平洋战争的不同解读,但措辞上却显示出对日本难以自已的同情。面对逐渐升温的争论,哈维特在《华盛顿邮报》发文,试图更完整地呈现自己的学术立场,他说道:

> 我们意在纪念那些勇于献身和战死沙场的士兵……但是我们也不得不应对那些关乎千秋万代的宏大问题:不是像一些人所担心的那样,觉得我们是在批评亲历了那一天的人们,或是替他们道歉,或是大发根本不值得的慈悲,我们是想传递一个准确的图景,关于核战争的现实,关于它的后果影响……为了让这个展览不只有冷血不仁的军事主义色彩,那我们就得灌输一种意识,那就是

核弹造成了破坏和苦难。

哈维特的"辩白"激起了更多众怒。AFA联系非政府退役军人组织"美国兵团"（American Legion），力图发出更多反对声。他们散发刊物，去电国会议员抗议。愤怒的老兵们甚至想把伊诺拉·盖伊搬离这座博物馆，觉得与其将她放在这里被人说三道四，不如拿去致敬投弹的决策者杜鲁门，直接放在他的总统图书馆展出好了。老兵们尤其不能接受的是将日本人呈现为受害者，或者让人觉得美国人是因为怀着种族主义的偏见才投下的核弹，他们怒斥哈维特是"国贼"。哈维特则认为事情根本没有那么严重，而AFA的关切主要是他们自己的钱袋子，费心找来这些声音围攻他，无非是害怕军工企业的声誉受损，进而影响国会给他们的拨款和市场给他们的投资。

激烈的舆论交锋中，保罗·提贝茨（Paul Tibbets）站到了台前——他就是当年在广岛投下核弹的飞行员，他命名战机为伊诺拉·盖伊时，便是用了他母亲的名字。提贝茨在一些人眼里是力挽狂澜的战斗英雄，挽救了原本要登陆日本本岛作战而可能葬送的数万生命；在另一些人眼里则是让烈火地狱现于人间的罪人，这么多条人命在手，若还能成眠着实叫人难以置信。提贝茨生于1915年，他投弹时正是而立之年，争议四起之时已是垂垂老者。他说，广岛核爆那一天其实极为寡淡，因为一切早都精密计算好，他只需要执行命令。他说：

> 我从未因此事有过一夜无眠，以前没有，以后也不会……我何愧之有，当时就是这么回事。我建议妥善保护和展示伊诺拉·盖伊，让全世界看到，而且应该只有飞机，没有旁的。她应当以和平维护者的面貌出现，以避免了冷战热战化的先兆者的面貌出现……目前对伊诺拉·盖伊的展示是连篇累牍的侮辱。

来自佐治亚州的众议员、共和党党鞭金里奇（Newt Gingrich）也猛烈抨击航空航天博物馆的所作所为，他素来有话直说："在教师休息室里搞'政治正确'没毛病，但是史密森学会(包含航空航天博物馆的国有博物馆群运营方)是美国人民共有的财富,它不应当成为左翼意识形态的玩物。"作为妥协,博物馆大幅减少了日本作为受害者的影像资料,而日本作为施暴者的呈现增多。结果,这又引发了日方和左翼人士的不满。1994年11月16日,48位历史学家联名上书史密森学会,恳请馆方务必不要屈服,以免影响学术探究的纯洁度。

一地鸡毛中的最后那根稻草,是哈维特1995年1月9日的所作所为。他单方面改动了陈列内容,将美军登陆日本作战可能造成的伤亡人数下调了75%,这意味着动用核武器的必要性大为削弱。1月18日,退伍军人们通过"美国兵团"发声,要求博物馆取消此展览;20日,AFA也响应此号召;24日,81位国会议员要求哈维特辞职。2月10日,史密森学会顺应舆论,将五百多平方米的展览简化成了伊诺拉·盖伊尚在组装中的头尾与引擎、一段提贝茨的录影以及投弹次日的报纸头条,别无其他。史密森学会主席致歉道:

> 我们犯了个低级错误,试图将对核武器的历史分析与纪念战争胜利五十周年结合起来。在这个重要的年份,退伍军人和他们家人所期待并理所应当盼望的,是举国上下尊重和缅怀他们的勇气与牺牲。他们要的不是利弊分析,坦率讲,我们低估了如此分析所引发的情绪。

5月2日,哈维特辞职。7月9日,这个久经风波的第二次世界大战胜利纪念展终于赶在终战纪念日前正式开幕。一番左右翼的舆论角力之后,最终展览的标题变成了:《筑造和平世界:广岛长崎之后》。平平无奇,倒又美国味儿十足,"政治"十分"正确"。

围绕传奇战机伊诺拉·盖伊的余波未了。有人朝她泼上象征血水的红油漆;有人朝她撒骨灰;有人穿着抗议T恤,挥舞着"广岛核爆切勿重演"(No More Hiroshima)的牌子,围聚在她周围……这些人被逮捕,被判刑,但也永久改变了航空航天博物馆的展览布局。各路专家多年来一直在努力恢复伊诺拉·盖伊的原貌,2003年她以最完整的姿态迁入位于华盛顿郊外、由一座机场改造而成的航空航天博物馆弗吉尼亚分馆：乌德瓦-海希中心[12]。在这里，伊诺拉·盖伊的放置巧妙至极。没有任何隔离带，没有任何围栏，但无论你怎么走，上到二楼的平台也好，走过天桥也罢，都无法够到她的正上方。谁能想到，守护一段浑身带刺的历史，让她从公共舆论场里退场，竟也可以如此简单。

不过，另一些文物的命运就不一样了。

比如位于夏洛茨维尔市（下文中又称"夏城"）的一尊雕像，它描绘的是南部邦联将领罗伯特·李（Robert Lee）踏马前行，始建于1917年，落成于1924年，1997年被列入《国家历史地标名录》。弗吉尼亚州曾是南部邦联的政治中心，夏洛茨维尔虽然很小，但却也因为有国父的功绩加成，位列美国历史名城，杰斐逊的旧庄园蒙蒂塞洛（Monticello）[13]和他所建立的弗吉尼亚大学都在此地。杰斐逊嗜书如命，为中

---

〔12〕**乌德瓦-海希中心（国家航空航天博物馆分馆）Steven F. Udvar-Hazy Center**
　　地点：弗吉尼亚州 香提里市
　　【建筑】★★★★
　　【丰度】★★★★★
　　【趣味】★★★★
　　【加成】军事史 ★★★★ 航空航天 ★★★★★ 亲子 ★★
　　与位于华盛顿的主馆相比，这个由机场改造而成的分馆，因其空间广阔而严肃许多。这里停放了许多主馆装不下的大型航空器，例如"冷战"中诞生的经典侦察机洛克希德SR-71 "黑鸟"、协和式客机，还有大名鼎鼎的伊诺拉·盖伊。此地将商用飞行的历史和军用飞行的历史分开陈列，另为火箭与卫星等航天器单辟一块区域，居于其中的是著名的"企业号" ——人类第一艘航天飞机。

〔13〕**蒙蒂塞洛 Monticello**
　　地点：弗吉尼亚州 夏洛茨维尔市
　　【建筑】★★★★
　　【丰度】★★
　　【趣味】★★★
　　【加成】美国史 ★★★ 物质文化 ★★
　　蒙蒂塞洛与弗吉尼亚大学，共同构成了美国为数不多的"世界文化遗产"。这座小丘上的庄园是美国第3任总统杰斐逊的居所，建筑是十八世纪末所建。1785—1789年间，杰斐逊为了纾解丧妻之痛，出任美国驻法国大使，因而深受法式建筑影响，卸任后回国对原有宅邸进行改造。八边形的穹顶和中央大厅这些构造在当时的美国都是闻所未闻的。除此之外，杰斐逊还对建筑内部做了许多巧妙设计，这些内容你都能从导览中一一知晓。蒙蒂塞洛还是一座种植园，杰斐逊在这里也与一位黑奴女性有过情史。当然，该地非常注重"政治正确"，不但对这段跨种族的感情有正面且详尽的分析，对于下人和奴隶的生活条件与工作环境，也都着意完整呈现。

国中小学生留下了不少考试必备的格言警句,弗吉尼亚大学的经典建筑设计与布局也为清华大学所效仿。可见夏洛茨维尔城虽小,文化影响却一点不小。

2017年,夏城市民经过一年多的讨论,决定将李将军这尊冒犯黑人群体的雕像移除——他毕竟曾是奴隶制的捍卫者。这个决定第一时间就被送上了法庭,然后迅速由法律纠纷演变成激烈的现场抗议。三K党与其他美国右翼势力将这尊雕像的去留视为美国文脉存灭的关键一役。2017年的一个夏夜,他们喊着"我们不会让犹太人取代我们!",戴着纳粹"卐"字袖章,举着火把向雕塑迈进,然后将它团团围住,阻止任何搬迁工程开工。8月12日,支持搬迁与反对搬迁的抗议双方之间爆发了肢体冲突,一个激进的右翼分子开车冲向人群,撞死一名示威者,撞伤19人。

图2-4 夏洛茨维尔的罗伯特·李雕塑

此后夏城市政府用黑色塑料布将这尊雕像裹了起来，但抗议者屡屡将塑料布割断、移除。我去夏洛茨维尔时，"罗伯特·李"神气依旧，那些散落在他周围的红色黄色的塑料软网大概是要起隔离作用的，可远远看去竟如艳丽的花丛一般，拱卫着这位邦联曾经的战神。朝相邻的街道走上几步，夏洛茨维尔主城区的酒吧街映入眼帘，白人中产们谈笑风生，晚春的骄阳早已把发生在这里的血案蒸发干净，我将这份平凡又反常的闲适拍了下来。

多么荒唐而又合情合理。第二次世界大战的英雄提贝茨昔日死敌——德国的精神后裔，如今站在他曾用鲜血捍卫的国土上，佩戴着那个象征着恐怖与邪恶的符号，却声称要用它来捍卫这个国家的历史与遗产，呐喊着，热血上头，杀了人……我很想知道，若提贝茨在天有灵知道了这些，又会作何感想。

！

在今人看来，大象Jumbo的主人巴纳姆毫无疑问是个骗子。当然，与他同时代的人们也很清楚这一点，只是在当时人们乐于"被骗"，也并不觉得巴纳姆的所作所为有什么不道德的，更谈不上"政治不正确"。

巴纳姆的所有明星展览的噱头，都建立在对他人生理缺陷的剥削之上。他曾找来一位黑人老妪，谎称这个女人已经活了近两个世纪，曾是国父华盛顿的保姆。其实她不过80来岁，无非是因为操劳而显得格外苍老。他招募到一个侏儒，给他穿上童装版的军服，用欧式双角帽把他打扮成将领模样，让他用童声唱起美国内战时的军歌。这位"拇指将军"四处表演，场场叫座，连英国女王都为之折服。巴纳姆找来一对亚裔连体兄弟，让他们穿上中国服饰，戴上假辫子，或是表演杂耍，或是与一边一人两位观众同时下棋。巴纳姆还办过一个名为"它到底是个啥？"的展览，他招募到一位18岁的黑人青年，小头症患者，身高很高，脑容量却很小，颅相怪异。巴纳姆给他穿上兽皮与蓑衣，诱人买票观看，并在海报上公然写着："它究竟是猴子，还是黑人？"他号称这个人是他在西非冈比亚河狩猎黑猩猩时"捕获"的，其实这个原名为威廉·亨利·约翰逊的男子，出生于新泽西州，而巴纳姆物色到他的地点，不过是佐治亚州罢了。

可就是这个骗子，后来回到了他的故乡康涅狄格州，用他无尽的财富参加地方竞选，成了桥港市的市长。据说他治理有方，很受尊敬爱戴。今天桥港市仍有一座纪念他的博物馆，收藏了许多已不能再称为"文物"和"艺术品"的物什。那对亚裔连体兄弟靠着巴纳姆的演出平台挣了够花一辈子的钱，在北卡州购置了两片相邻的农场，娶了一对姐妹为妻，生了21个孩子。小头症的"它"——约翰逊后来单飞成了一名喜剧演员，表演非常蹩脚的小提琴，直到观众们起哄给够了小费才会停下。他的演艺生涯一直持续到80多岁，去世时数百人参加葬礼，是一位深得观众喜爱与同僚尊敬的艺术家。巴纳姆和"拇指将军"一生维持着坚实的友谊，巴纳姆去世时，"拇指将军"出席了他的葬礼。这种剥削关系之下的情谊为世人所不解，可若不是巴纳姆给他们这样一个舞台，这些"怪胎"们在现实中的处境绝无更好的可能。况且正是因为要倚仗他们为自己挣钱，巴纳姆从未视他们为"怪胎"，而是把他们当成员工对待。这一份难得的"正常"，正是他们一路长大日夜渴求的。

用今天的话说，巴纳姆掌握了那个时代的流量密码。如果十九世纪有手机和社交媒体，他大概也能当上美国总统，兴许还能成为一个悲悯与赚钱两不误的好总统。

曾经跟随巴纳姆来纽约工作过的艾克里，1909年离开芝加哥后又来到了纽约，在美国自然历史博物馆迎来了他又一波创作高峰。他启程再度远赴非洲，此次的目标是带回与菲尔德自然历史博物馆所藏等量齐观的大象标本。这次狩猎，艾克里又一次与死神擦肩而过。关键时刻的一次猎枪卡壳，让大象得以冲到他面前，艾克里急中生智，用手握住象牙，让自己腾空起来。大象顺势把他摔在地上，并用头撞击他的身体。艾克里虽然没有死，却也足足昏迷了六个小时，鼻梁折了，脸颊破了，肋骨也断了几根。尽管得到妻子的悉心照顾，仍未能彻底恢复。这些累积在艾克里身上的旧伤没有阻挡他的事业。他继续在博物馆里勤劳地制作标本，把之前非洲带回的象群制作成气势磅礴的标本，起名为"警示"。1913年，艾克里致信馆方领导，表达了用五年时间建立一座非洲哺乳动物厅的决心。1921年，他又一次前往非洲，目标是比属刚果。此次远征为博物馆带回了珍贵的大猩猩标本，非洲哺乳动物厅的标本群组渐渐齐全。

1926年，艾克里最后一次前往非洲。他取道欧洲，穿过苏伊士运河，然后来到肯尼亚的内罗毕。此时的东非已经与他十年前所见大为不同，本地的农耕经济与原始生态之间出现了激烈的矛盾，大量的自然栖居地被人为改造，野生动物流离失所，甚而消失。当地的农民对艾克里说，恨不得该死的斑马全部死光，这样就没有动物与他的牛羊抢夺草料了。艾克里心情复杂，他病痛缠身，原本觉得布展的使命叫他心力交瘁，但是见了眼下此景，深感肩上责任之重，反倒燃起了斗志。他写信道："非洲的旧况，也就是我们想要讲述的那个故事，现在已经消失了，再过十年，熟知这些旧况的人们也会消失于世。"

这次远征，艾克里灾病缠身，因为伤寒而病倒之后，他仍然坚持要去位于刚果和卢旺达边界的基伍湖区考察。10月18日，艾克里与第二任妻子庆祝结婚两周年。11月17日，肺炎、痢疾、伤寒一并袭来，艾克里死在了远征路上。他的妻子将他的尸骨安葬在刚果的米凯诺火山上，然后独自一人坚持完成了远征。

非洲哺乳动物厅里，每一个景箱里的一草一木一沙尘，都吸引着一代代游客的目光，它们不止记录了一个生态系统的永恒瞬间，更承载着一位艺术大师的执着与爱，那些自然博物馆中的后来者，即便再精巧新颖（譬如密歇根大学自然历史博物馆[14]），

---

〔14〕密歇根大学自然历史博物馆University of Michigan Museum of Natural History
地点：密歇根州 安娜堡市
【建筑】★★★
【丰度】★★★
【趣味】★★★★★
【加成】恐龙 ★★★ 古生物学科研 ★★ 博物馆学 ★★★★
全美最优质的自然历史博物馆，位于密歇根大学内。该馆虽然不大，但却很新，最新的馆舍于2019年4月建成开放，代表了美国自然历史博物馆最新的运营态势与研究成果。这座博物馆集科研与陈列于一体，一楼有实验空间可供人观摩。陈列采用大量古代生物的复原图，不同于过往博物馆的手绘，此处的复原图都是电脑制版，极为逼真，如带羽毛的霸王龙、早期肉食哺乳动物犬颌兽等。解说极为简洁，展项高度互动，对于古生物的体质特征聚焦得当、分析犀利，实属业内一流，是博物馆从业人员应当"打卡"学习的地点。

总还是少了一份厚重。展厅出口处是艾克里1921年所得的两件大猩猩标本,在打猎被视为残忍的今天,要向人解释艾克里是如何喜爱甚至尊敬被他杀死的大猩猩的,恐怕是一件格外费劲的事。大猩猩景箱的背景里,一座火山蛮烟滚滚,那正是艾克里的落葬之地米凯诺火山。他为传递大自然的美妙在幕后付出一生,大自然用一座永不沉默的山为他祭奠。这份殊荣,那些舞台前煊赫一时的人们,终是不配享有的。

今天,非洲哺乳动物厅是每年"博物馆奇妙夜"的基地,孩子们的床铺会沿着艾克里打回来的象群标本放置。夜里他们安寝于此,仰头看,象耳象鼻仿佛都要动将起来。他们沉沉睡去,梦回非洲荒原。等白天醒来,会有人告诉他们,这座展厅的名字叫:艾克里厅。

成为斗士

！

办公室里忽然出现了一名叫约翰·史密斯的男子，我之前没见过他。

史密斯君的穿搭几乎每天不变：米黄色卡其布长裤，小格子衬衫，领口系得很高。他经常夹着几本笔记本，路过我们研究生的办公室。因为整栋楼建在坡上，所以我们的办公室一个入口在坡上，一个入口在坡下，对一些特定的线路来说，可以算是条捷径。那几天，办公室的电子门禁因为更新换代常出故障，同事们怕用卡刷不开，就拿塑料垃圾桶挡门，不叫它关严实了。我们的办公室里也有冰箱、餐桌和微波炉，楼上经济系和我们科技史的学生都会在这里热饭、吃饭。

总之，研究生办公室是个挺有人气的地方，史密斯君就出现在门禁故障的那个月里。

有一天，我们收到了学院办公室秘书拉当娜的邮件，说从麻省理工学院到我们学校来交换的史密斯君，他的几册笔记本被误锁在了某个研究生的储物柜里，希望有钥匙的同学替他热心开个锁，好让他把本子取出来。这类邮件每天都会有几封：某个教授忽然来不了了，要我们去救场放视频给学生看；或者某个教授需要为一个会议准备材料，急需几个研究生有偿为他做助研。我看过一眼就罢了，反正我的储物柜不是信里描述的那一个。

直到有一天史密斯君出现在我的面前。

那天入夜，同事们早已离开办公室纷纷回家去了，过了晚饭这个点通常只有我在。我戴着耳机听音乐，史密斯君悄悄来到我身旁，对我挥了挥手，我眼里只有屏幕没有看见他。最后他决定拍拍我的肩膀，我整个人吓得炸了起来。

吓是因为这个点一般就不会有人了，我经常仗着没人，忘情听歌，在椅子上摇头摆脑。这下可好，全被看见了。

"抱歉，我没有想吓到你的，我挥手了你没看见。"

"……没事没事。"我当时还不知道他便是史密斯君，看到是一张陌生的脸，只庆幸活捉我手舞足蹈的不是熟人，"你是新来的博士后吗？有什么可以帮到你的？"

"我叫约翰·史密斯，是麻省理工来的交换生……"

"啊！我知道你，拉当娜的邮件里有提到。你的本子拿到了吗？"

"还没有，我找你就是想问问你的，那个柜子究竟是谁的呢？"

我和他来到研究生的储物柜前。办公室前不久刚经历了改造，加了一列座位。相应地，每个人的储物空间都减少了，于是学院在角落给我们又配了两排储物柜，每人一个，钥匙就插在门上，拔了就算认领了，很有美国人躲懒的做派。

史密斯君指了指右上角，说："那天我把我那几本本子放在这个柜子里，正好它开着，我去吃饭，就放一下，后来下午回来的时候这个柜子就给锁上了，我的本子就取不出来了。"

"有点搞不懂呢……"我驻守办公室最久，同事们的物品如何放置我也相对熟悉，可是我确实想不起来那个储物柜有人认领，可现在钥匙没了。在我印象里，好像几天前我还看见钥匙插在门上。照理说新学期开始有一阵了，到那时候都没有人认领，那这个柜子就应该是空着的。

"其实也不要紧，"史密斯君说，"我想那些本子应该不会丢了的，肯定就是被锁在里面而已，只要没有丢就可以。"

他表情很平静，我却动足了脑筋，想到一种可能性。

"会不会是这样呢，你把本子放在别人的柜子里，随后人家来了，看到柜子里放了东西，就给取出来放在餐桌上了。后来……后来，每天收拾用餐区域的我们的清洁工玛蒂，她就把你的本子给……"

我们目光一起转向身后的餐桌，还有抵着格挡的垃圾桶。餐桌上是空的，于是我们走到垃圾桶前。我们办公室里，垃圾是分类的，纸张和塑料与日常垃圾不在一起，我就把盖儿给揭了，直接伸手进去翻了翻，但好像并没有找见有笔记本在里面。我们又看了看办公室里分散放在每个人桌边的纸张回收桶，也没有。史密斯君刚才有些发光的眼神又倏地暗了下去，我这时又忽然想到一处："对了，我知道还有个地方可能有！"

我带着史密斯君从办公室靠低处的小门出去，走过一排教师办公室，来到了地下一层的角落里，这里停放着一个方形的蓝色大垃圾桶，有盖子有轮子，可以像小车一样推着走。清洁工玛蒂曾跟我们说过，希望大家都能把可回收的纸张直接扔到这个推车里，这样她就能直接推出办公室的门去，夜里会有人来收走，省得她提着好几个小桶，来来回回走那几级小车翻不过去的台阶。

"你的本子也有可能在这里，"我兴奋地对史密斯君说，"不过，如果这里也没有的话，那我就真的不知道该怎么帮你了。"

我们掀开推车的盖子，看见废纸堆得很深。史密斯君和我翻倒了好一会儿，这些零碎的纸张，掏两下就散开了，就没见成本成册的，一直挖到底都没有，我们不得不放弃。

回到我的办公桌前，我说现在我唯一能做的，就是再发一封邮件问一问谁有那个柜子的钥匙了，但我印象里真的不记得那个柜子有人用。史密斯君非常感激我的帮助，说道：

"你的位子正对着入口，我又总是看见你在办公室里，而且你看着也挺和善，我就想也许你可以帮帮我。相信我，你已经做得够多了。"

我一边领受夸奖，一边把邮件发了出去，说道："等几天吧，有些人不常查邮箱的。我想，这会了我把事情的来龙去脉说得更详细了，应该会比早上拉当娜发的邮件更管用些。"

"谢谢你，那些本子上的演算真的对我很重要。"史密斯君结实地握了握我的手，"我平时就在楼下的计算机房里办公，欢迎来找我，如果你得空的话。"

第二天早上，我来到办公室，看见我的显示器边缘贴了一张黄色的小纸条，上面写着："谢谢！"以及他的名字和电话。办公间歇我去地下一层解手，特意跑到机房那边看了看，史密斯君正在埋头工作。他似乎察觉到玻璃门外有人站着，抬起头来。眼神相遇后，我向他挥手，他回礼。

之后的几天，我们经常在办公室遇见，他带着午饭来厨房用时，也一定会和我打招呼。他和我提起他的老家是佛罗里达州的，我说那去波士顿念书岂不是太冷了，能习惯吗？他说交换来亚特兰大就是考虑到这边的气候比北面舒服啊。我说那确实，我也喜欢这里的天气。我还是会关心他那几本本子的下落，问起，他说还是没找到。

我和清洁工玛蒂也很熟，因为傍晚她来工作时，我肯定也在工作，我们经常攀谈几句。那天我向玛蒂问起史密斯君本子的下落，她带着黑人妇女特有的确信口吻，说她从未见过什么本子，更不会随便扔掉本子。她说，一般遇到这种情况，我都会把本子放在餐桌上，这样第二天通常就会有人来取走了。

史密斯君消失了几天，后来又回来，换了别的样式的小格子衬衫。他似乎已经不再介怀本子丢失一事，每天在机房埋头工作，我也就没有再多问。那天晚上我发出的邮件里，我们最年长的同事回复了我，再次确认了我的记忆没错：那个柜子就是没有人用来着，钥匙前不久还插在柜门上的。

一个月后，我和几个同事出差，去参加美国技术史学会年会。圈子很小，在会上遇到了几个已经毕业的老友，我们就决定去酒吧快活一下。那天我们做完了各自的报告，兴致勃勃地去圣路易斯的下城区找酒馆庆贺，五个人挤在某君来的车里，一个同事忽然说起史密斯君的事情。我立刻接茬，说起自己是如何帮助他的，说起那个右上角储物柜的归属之谜，等等。同事说："辛成，你是不是还没有看下午的那封邮件？这人被逮捕了。"

"什么……"我一时没反应过来。

"对啊，他被逮捕了。学院里根本没有什么麻省理工来的交换生，他整个身份都是假的，是编出来骗人的。"

"……什么？！！"

"他先去拉当娜那里说了这个笔记本的事情，骗到了拉当娜；拉当娜发了邮件之后，他就能更容易地骗到我们。"

"……可是，骗我们，他图啥呢？"

"不知道啊。他被捕那天是零点之后，他忽然到办公楼里来了。这不最近门禁还坏着嘛，谁下班走的时候没有挪走垃圾桶，就让他溜进来了。然后他在楼道里偷偷摸摸的,监控都看到了,学校警察就出警,把他给逮捕了。"

"所以……他也不叫史密斯君……"

"不叫这名儿,他的真名邮件里没有通报,但按警方那意思,名字是假的。"

我的天真在那一刻被炸得粉碎。我拿出手机,打开下午的那封邮件,一字一句读了。发邮件的人还是拉当娜,她肯定也觉得这一切匪夷所思吧。这个人,假装自己是交换生,壮着胆子挑了后勤事务的总管来骗,得手之后又借找本子为名反复出入,让自己的存在常态化,静候猎物出现。可是区区研究生能有什么钱呢,我们身上值钱的无非是笔记本电脑与移动硬盘之类的,为了这些真的犯得着那样精心部署吗?我问同事,最近有人丢东西吗?他们说,好像也没听说啊,也许他的目标是教授的办公室吧。

我们还在车里,我支着脑袋,眼前反复出现那天晚上我带着一个连名字都是假的小偷在办公楼里走来走去的场景,心跳突突加速。晚饭还没吃上,胃里已是止不住的恶心,我人生中第一次从生理上对一个人感到厌憎。

"介意我飙脏话吗?"我对同事们说。

"可以啊,只要你对着窗外喊。"

打开窗,到头来也没喊。

"我为他做了这么多事,我简直不能相信。"我还沉浸在沮丧之中,"人生中头一次啊,被利用得这么彻底。"

"这不是你的问题,拉当娜也被骗了,而且被骗得团团转。如果是我,我也会做出和你一样的选择,可别因为这样的事情你就不善良了。"

另一个人说:"老实说,辛成,你发那封邮件的时候,我就觉得这整件事很奇怪,总觉得有说不通的地方。"

"比如?"

"比如,他如果真的是交换生,为什么没有自己的工位?历来都有的啊,他也应该有才对。还有,这年头谁会拿着纸质的本子记录最重要的东西呢,还宣称这本子是麻省理工的财产,丢了他会受罚之类的,这些话听着难道不奇怪吗?哦对了,他总是在计算机房呆着，但是好像又从来不用面前的电脑，不知道你有没有注意到，不觉得反常吗？"

"不用电脑，是因为，他根本就没有登录学校系统的ID和密码……"

"对啊，说明他根本就不是什么交换生啊。"

"……其实吧，还有一条，也让我内心一直存了个疑影的。"我喃喃道，"那天晚上我和他握了握手，现在回忆起来，那个掌心糙实的感觉，确实感觉不像是个研究生的手。"

"你这个倒是未必说明问题的啊。"

我继续道："可能是因为他长得确实很斯文周正吧，说话也细声细语的，就让我相信一个黑……"

我浑身一颤，把没说尽的句子吞进了肚里。本来想说的是，一个黑人能这样斯文儒雅，他必须得是高材生吧。但这句话可太犯错了，没说出来是对的。

仔细想来，一个不是本校的人，是怎么就能在偌大校园里，锁定一栋门禁失灵的办公楼呢？要说没有内鬼，我是不太相信的。那么，内鬼是谁呢？有一瞬间，并没有任何根据的，我脑中闪过几个候选人，又立刻打消了这种念头。可虽然只是一瞬，我已很清楚他们惹上嫌疑的共同点是什么。

这可真叫人羞愧。老实说，伪史密斯君第一次出现的时候，对于他的穿着与人设，我内心便有本能的怀疑。我无法用任何证据去证明这种怀疑，但维持对他的信任，却需要理性和礼节来持续做功。

为什么要做这样的有罪推定呢？我问我自己。为什么要用这样荒谬的结局，来证明我卑鄙的防备是有必要的，甚至是正确的呢？我好想问他。让我感到无比恼怒和恶心的，说到底也不是骗子和他的骗术。

!

我想起许多以前的事，它们都与种族或肤色有关。

我曾面临过一次流浪汉难题。那天，我和我的黎巴嫩室友吃腻了宿舍旁边的披萨，我带着他去两街之隔的麦当劳，换换口味。去的路上要经过亚特兰大最危险的街区之一Home Park，那里没有夜灯，经常发生持枪抢劫，而且被抢的通常就是在街对面念书的我校学生，所以即便是白天，我也不会主动去那一带。

我和室友从麦当劳回来的时候是中午，路过Home Park时，距离我们大约一百米处，出现了一个黑人流浪汉。隔着那样的距离，我也已经看出他的步伐轻飘，衣衫不整，目光呆滞，有依赖毒品或者精神疾病的嫌疑。我们这一侧，路边的野草遮挡了人行道一半的宽度，如果这样继续前进，必然狭路相逢。此刻，我不能确定对方会不会威胁到我的安全。我用手里装炸鸡块的盒子，敲了敲室友，说："走，我们到路对面去。"室友没闹明白我为什么这么做，反正没有什么汽车路过，他就照做了。等到看见我试图避开的是一个黑人流浪汉时，他说："哥们儿，这是种族歧视啊。"

我不知道要如何回应这样的指控。如果我觉得我的生命可能会受到威胁，我没有权利选择避险吗？如果对方是衣着整洁的绅士，我又怎会因为肤色而取人？难道非得要情景重演再控制变量之后，才能证明我不是个种族主义者，只是单纯的"嫌贫爱富"吗？我们身后的加油站，就曾在光天化日之下发生过持枪抢劫。罪犯开着一辆白色宝马车在加油站问路，等对方拿出手机查地图了，他们便掏出枪来要这个好心人把手机交出去，我走在这一带的路上感到不安难道还没有充分的依据吗？

当然，我也理解他这句话最单纯的本意，所以不想多作解释。原是我理亏，我们都不应该以一个人的肤色来判断衡量任何事。他自己作为中东人，在美国受过不少明里暗里的委屈。我顶着一张亚洲面孔，也不是没有经历过那样好气又好笑的事。

在我攻读博士学位期间，住在学校附近某条交通干道旁山坡上的二层排楼里。外面看上去还成，但因为年久失修，白蚁蟑螂成灾，所以房租不高，吸引了很多有色人种租户，比如我，比如我的黑人邻居们。我和我的邻居们向来是相安无事的，尽管有时候他们无休无止的深夜派对会搅了我的清梦，尽管有时候隔壁做爱的动静太大会隔墙传过来，尽管有时候凌晨三点半不知是谁的嘻哈音乐会忽然连上我的蓝牙音箱让我在轰鸣声中惊起。好在我精力旺盛睡眠好，这些都不是事。在洗衣房遇见，我们会打招呼，一起吐槽堵塞了一遍又一遍的某台洗衣机，一起分享那台只需要一个硬币就能用两小时的烘干机的秘密，又或者谈论一下天气，直到我们消失于彼此视线。

有一天晚上，我和朋友在中餐馆吃完饭回家，菜点多了，我就带了一个打包盒回来。我开着我的小本田车停在家门口的停车场，那里照例有我的邻居们在谈天。我用塑料袋提着饭盒朝入口走去，那位黑人大哥忽然看向我说：

"太棒了，我的晚餐到了。"

我一时没明白过来："啥？这是我的晚餐。"

"噢，抱歉哥们儿。"之后他便又转过头去聊天了。

我上了几步楼梯才意识到，我的样貌，我开的车，我提着塑料袋而袋子里又装着饭盒的样子……他这是把我当成送中餐的外卖小哥了啊！一时间又是气恼又是好笑，想想是不是该折回去质问他怎么可以这样搞种族歧视，或者至少表达我的不满让他以后别这样轻易给人定论，但又觉得算了，没有必要。我懂他们，这片街区，这个社群，我多少都懂，没有什么人是真的有恶意的，那只是一个叫人尴尬的巧合罢了，何必执着不放。

有时候，我也会调皮地用这张面孔来制造点"意外"。

我和友人"柱子"（化学专业做实验需要"过柱子"，故得此名）曾在阿拉巴马有过这样的经历。来到一处南北战争主题的历史景点，看见门口有一位白发老爷子正在给一对夫妇做志愿讲解，我们就顺着听了。老爷子非常博识，也很和善，看见我们站在一旁，他把目光投了过来，热情地招呼我们靠近一些。不一会儿我就听出来，先于我们抵达的这两位是来自英国的远客。老爷子说到南部邦联为何谋求分裂时，不自觉地对我们这两拨游客做了区别对待。他微笑地对两位英国游客说："这一点你们应该比较清楚，"随后又微笑地看向我们说："你们可能需要补补课，我现在来告诉你们。"

我好歹是个学历史的，被这样"优待"多少有点不服气。后来那位英国女士听完南方要求独立的理由，摇着头道："完全能懂为什么会发生这样的事，同样的事情在我们国家也正在发生呢。"

老爷子听罢没有接茬。他显然不知道彼时英国"脱欧"虽已有公投决议，但程序走得不顺。两党拉锯不说，各党内部也不团结。首相特蕾莎·梅无法团结保守党内的硬核右翼分子，他们一味等着看她的笑话，而工党领袖杰瑞米·科尔宾又深陷反犹言论的丑闻之中。我看得出这位游客不站"脱欧"，便说：

"工党要是想要力挽狂澜阻止'脱欧'，恐怕需要一个比科尔宾出息点的领袖。"

"正是如此！"女士用力点头看向我。

讲解员老爷子也一脸不可思议地看向我。此刻我胸前若是有红领巾，想必是要更鲜艳了的。

在阿拉巴马历史博物馆，相似的事情又发生了。门口接待的老太也是一头白发，她负责登记游客来自何处，除了美国各州之外，还有"International"（国际人士）这个选项。不比对面老爷子的慈眉善目，她冷冷地问了一句"你们从哪里来"，也不听我们回答就径自把手伸向了触摸屏上的"国际人士"。我心想，凭什么默认东方面孔就是外国人呢，邻州佐治亚可有数万韩裔美国人呢，万一我们就是那里来的呢？在她摁下之前，我说："我们是亚特兰大人。"老太略带吃惊地停了手指，抬起头来又看了看我们，不得不勾选了佐治亚州。

入场后，我推了推柱子道："你看见没，和刚才一样的，以貌取人。"

"什么以貌取人？"他显然并没有察觉出有任何异样。

"看我们是亚洲面孔就觉得美国历史我们不懂，就觉得我们肯定是国际人士，这就是种族歧视啊。"

"这怎么也算歧视呢？"

"看人，就不能带预设啊，更何况是依据外貌肤色做的预设。"

"可是我们就是国际人士啊。"对政治没有那么敏感的柱子，看见一味较劲的我也是哭笑不得，"那个老爷子说的那些，我是真不知道啊，'脱欧'的事情我也不知道，你才是比较奇怪的那一个吧……"

正因为是不是种族歧视这件事很难有定论，所以更多时候，这杆秤其实在每个人的心里。我对流浪汉的看法，白人大爷大妈们对我的看法，都无关对错。它甚至无关历史,无关课本,无关统计意义的任何真相。它只关乎记忆,关乎感受。我在芝加哥的第二天,就遇到了一件令我不快的事,我想,它多半与种族有关。

从芝加哥艺术馆芝加哥艺术学院[15]走出来,已是闭馆时刻,站了一天,浑身累极了,但还是提醒自己得去"打卡"当地名吃:"深碟"披萨。所谓"深碟",就是比一般披萨厚上五六倍,得用个碗啊盆啊的才能装得下的披萨。我找到了一家点评还算可以的酒吧坐进去,因为是一个人,便直接上了吧台。

酒吧地方不大,当晚人也不多,吧台上的人们都在抬着头看电视,正在直播棒球比赛。酒保熟练地操作各色拉杆,给周围的客人递上不同的啤酒,然后她转向我,问我要喝什么。来美国很多年,依然不熟悉酒单,就照例点了可乐,她很快就给我倒了一杯。我四下看看,没有看见服务生,便硬着头皮问她该如何点菜,她说你告诉我就行。我点了一个"深碟"披萨,最小尺寸的。

等了大约二十分钟,酒保终于把披萨端了出来。待它来到我眼前,我就懂了为什么需要久等,因为深,烤起来不容易。我指了指面前的披萨:"这真的是最小尺寸吗?"酒保笑了,她甩了甩金色的发辫,说:"没错,好好享用吧。"

我费了老大劲切出一块,滚烫的芝士已经沿着刀刃汩汩而出,在空气中冷却成丝,进而成团。我把它们再翻卷到饼面上,想要直接拿起,又嫌太烫,便用叉子反复确认拿稳了,终于塞进嘴里。一口下去,又有更多的芝士翻涌出来,落回到盘子里。吃个披萨,主要精力都在和流体力学纠缠,那味道也确实不值得花太多心思去品尝

---

[15] 芝加哥艺术学院 Art Institute of Chicago
地点:伊利诺伊州 芝加哥市
【建筑】★★★★
【丰度】★★★★★★
【趣味】★★★
【加成】现代艺术 ★★★★ 当代艺术 ★★★
全世界最大的艺术博物馆,博物馆与其背靠的艺术学院同名,藏有三十万件艺术作品。建筑分古典和现代两个区域,收藏亦是如此,从古代亚洲与拜占庭,到现代欧洲与美国艺术,无所不包。此处收藏的法国印象派画师修拉的《大碗岛的星期天下午》和美国画家霍普的《夜鹰》是享誉世界的名作。预计参观时间六个小时,需要做好充分准备。

回味的。它和普通的披萨没有区别，酱料是中规中矩的番茄酱，饼是更结实一些的饼，无非是芝士，芝士，更多的芝士。

来之前，美国友人跟我说过，他父亲对美国中西部地区有一条评价，叫做"中西部式中庸"（Midwest Mediocrity）。芝加哥什么东西都要学纽约，学东部，但是又大都学得走样，平平无奇，但却自认为很有地方特色，说起来时带着满满的骄傲，经不起外人轻轻一拆穿。这"深碟"披萨就是典型，看着煞有介事，第一口也确实让人满足，但才到第二口，就已觉过犹不及。口感发腻，热量超标，甚至嫌第一口已经吃多了。看见我如同穿针一般摆弄乱成一团的芝士，酒保向我投来了同情的目光，问我还好么，问我喜不喜欢这个披萨。我当然也得照例告诉她好吃："不过能不能给我一个盒子呢，我这会儿恐怕是不可能吃完了。"

我端着纸盒走出酒馆，盒子里还装着将近三分之二个披萨。美国很多饭店都这样，有餐盒，但没有塑料袋。若能把餐盒放在副驾或后座，那么对他们来说这并不麻烦。可那天我要坐好久的地铁才能回到旅馆，盒子端在手里不方便，我需要一个塑料袋，还需要水。走了几步，发现一家地铁站旁边有家还算体面的大超市在营业，我便走了进去。

当时已是晚上九点，店里很冷清，灯似乎也关了一半，窗外是如哥谭市一般的冷峻风景。我拿了两瓶水去结账，在柜台的阵列里，顾客只有我一人，当值的是一对年轻黑人男女。我一手端着披萨盒子，一手攥着两瓶一升装的水，走到柜台时忘了自己身后还背了一个包，一回头，撞倒了放在收银台上的什么东西。清脆的金属声在空荡的超市里接连响起，我赶忙俯身去捡。原来被我碰倒的是一个小费筒，是用一个塑料瓶剪出来的。等到着急忙慌地把各种东西归于原处，我连连道歉，额头上已经沁出一层汗来。那对黑人青年看我的神情让我很不舒服，上扬的嘴角写满了轻蔑。刚才我俯身时，他们没来帮我，还说了好些小话，我没能听清，可他们笑了我却是听见了的。

我有些不耐烦，对方扫了商品，敲出价码。

"能给我一个塑料袋吗？我还要走挺多路的，这样端着个盒子太不方便。"

女子冷冷道："得要消费满10元才能给你塑料袋。"

我看着她，有些怀疑："真的吗？"

"嗯哼。"

我看了眼周围，想要拿些口香糖之类的凑一单10元出来，可才伸手又犹豫了。

我觉得她在骗我。

我在想，芝加哥真的有这样的规定吗？还是这家店独一份的做法？我在纽约这么些年，从没遇到过这样的事，加州禁用塑料袋但也会给你纸袋，怎偏到了这里就费劲了呢？我想拿起手机查一下芝加哥有没有禁用塑料袋或者有偿使用塑料袋的市政令，也想查一查这家超市的评分和留言。说到底，我与他们之间的信任，早在窃笑声起时就终结了。一旦接受了这样的设定，那么他们说出的任何话，都可以理解为是在捉弄我，我也不想再给这家店贡献任何一分钱。

到底还是没有凑满10元，提起水瓶赌气离开。走到停车场，我把手上的东西放下，想着法子塞进背包里，水能勉强插在两侧，披萨盒子却只得竖过来放。我估摸着现下凉了，芝士应该也不至于四处横流了。

起身，想走，又很想折回店里去质问。我好歹是客，凭什么这样对我？

迈出两步又停下了，觉得既徒劳，又危险，于是折返。

我心里其实已经有了答案，这种公然的冷漠，毫无来由的嫌弃与鄙夷，还能是因为什么原因呢……天色越来越暗，地铁站前不知从哪里冒出许多流浪汉来，铁轨与车轮碰擦的嘶鸣在催促我回去。

第二天早上起了个大早，肚子很饿，我把剩下的披萨一扫而光。没有了调皮的热芝士，这食物也回归了它的平庸本色，蓝领美国人喜欢它很能理解，简单顶饱，不易变质。我打开书包，发现昨天虽然披萨盒子在里头待的时间不长，却已留下了无穷回味。芝士没有流出来，但番茄酱透过了纸盒，渗入了包里。再一查，我昨晚上衣的后背也沾上了酸味。

也是怪我蠢。那天早上我在宾馆里骂人了的，一边洗刷一边骂的。借着水声的掩护，我当了一分钟种族主义者。

！

愉快的与不愉快的，只要是经历，最后都会变成酒吧里的谈资。

美国朋友们给出的反应，彼此间各不相同。比如我被当成外卖小哥的事，有些人觉得特别好笑，笑过拉倒，不会计较；有些人觉得对方太过无礼，认为我不应该不置可否，完全有生气的理由，而且应当发作。我在蒙哥马利做的事，有的朋友会说你干得漂亮，就是要教会他们不能以貌取人，不能根据种族乱作假设，打几次脸他们就不敢了；有的朋友会觉得并无十足必要，毕竟别人也没有恶意。至于在芝加哥的风波，我一般只吐槽中西部城市的冷淡，不会刻意去说肤色，除非我朋友追问，他们是黑人还是白人。

有一点我明白了，种族主义者与否，不是一个是与不是的单选题。我们每个人都在灰色的中间地带游荡，只等一些特定的事情发生，将你暂时推往两极中的一头。这就是为什么没有人会承认自己是种族主义者，可又人人都是。这也是为什么课本里的美国再平等美好，成见依然在这个社会之中无处不在。因为在家庭这样的私密空间里，你的所思所想不必经过过滤和审查，那些最见不得光的观念就这样传承了，如积存已久的滚烫芝士，随便搅一下就带出千丝万缕乱如麻。仔细一想，那些总是投共和党的州都在黑人众多的南方，而北部和西部的那些州，比如马萨诸塞、威斯康星、加利福尼亚和华盛顿，每年大选都铁打地投民主党人。成日里以此嘲讽南部的狭隘与落后，可他们日常生活里其实连黑人都遇不到几个，压根也不需要去应对关于身份的困惑与难题。每四年高尚一次，这谁不会？不经过生活捶打的宽宏根本一钱不值。

给我们上跨国科技传播课的教授，他来自解除种族隔离后的南非，一次喝咖啡的时候他曾这样对我说：

> 我们没有办法去控制别人怎么想，别人怎么说，归根结底还是个人自己的

事……就是我儿子，我也是束手无策的。他小时候曾被人霸凌得非常惨，被一些深肤色的小孩，所以这个事情没办法了，过不去。他心里有恨，讲道理是解决不了这个问题的。我对他唯一的要求，就是别在我在场的时候，用那些侮辱性的词汇……我也只能要求这些了。

我又想起一位朋友，名叫罗杰斯。我们一起参与学校的教学培训，他表现非常出色，最终获得了优秀奖，还评上了卓越助教。他是个高大的黑人，一头卷发，笑起来像个孩子。他是阿拉巴马人，我偶尔提起我对伯明翰的好印象，他带着大有深意的笑容微微低下头，说道：

> 那个地方对于我来说，只有一种记忆。我们小时候学校组织出游的时候，坐的是那种黄色的校车，我们的车经过一片棉花地，这时候老师会突然看着我们说，以后你们要是不好好学习，长大了就只能来摘棉花……有一次，数学老师在上课，上着上着突然停了下来，然后发起牢骚来，说："我现在这么费劲教你们是图个啥，反正最后你们这里一半人都会进监狱吃牢饭……"所以，你看到你喜欢的阿拉巴马，没问题，但我的人生就是关于如何逃离阿拉巴马，逃离伯明翰，你我看到的不是同一座城市。

后来罗杰斯做过一次TED演讲，他发在脸书上，我这才知道他的艰辛还不止于此。作为计算机领域里很不常见的黑人，他要努力平衡"IT男"和黑人这两种身份。在任何一个世界里，他都仿佛是那个躲在角落的少数派。罗杰斯分享自己的故事时平静不下来，一个他原以为可能有所发展的白人伴侣，在他正式的表白之后，竟然冷漠且直接地告诉他：选择和你上床，不过是为了要体验一下和黑人上床是什么感觉。"因为我的肤色，我竟然只能做一件战利品！"他吼道。

IT世界里少有黑人，这既有先天的因素，也有后天的因素。如果一个人群在某一向度上才能并不普遍突出，那么这个人群就会形成属于自己的社交法则，更倾向于用文化来解释短板的存在。在黑人社群里，如果你是个成绩出众的孩子，如果你是个计算机方面非常具有天赋的孩子，反而会遭到很多来自同胞的歧视。他们会觉得你不够"黑人"，他们会觉得你"想要活得像个白人"（try to act white）。"我不行不是什么丢脸的事，那些行的人才是我们中的叛徒"，霸凌旋即开始。群体用于捍卫自信的心理机制，于一些个体来说则是灭顶之灾。

关于这点，早在听罗杰斯的TED演讲之前，我就在佐治亚理工学院的传媒系有所了解了。这个系是以做传媒而又不只是做传媒著称的，他们的许多项目都是以社区建设与族群和谐为目标。我听闻过其中一项，便是如何在以黑人青少年为主的中学里推广计算机教育，这项任务的难点正在于如何让学习计算机这件事看上去不那

图3-1　纳什维尔乡村音乐名人堂及博物馆外景，顶部的早期无线电塔装饰引人注目

么像是在学习计算机,以免踩到黑人青少年社群的文化红线。除了以游戏为重要的"诱饵"之外,还有许多对课程定位方面措辞的改变。之所以要费这些周章,就是为了防止一个孩子在自己真的认清潜质之前就先入为主否定自己,也是为了防止那些初露头角的人才因为同学霸凌而选择压抑自己本该闪光的才能。

其实,华人的世界何尝不是如此呢?

大多数家庭会希望自己的孩子成为医生,成为律师,成为"码农",走在那些已经被走过千万遍的路上,去往那些千万人已抵达的安全地方,那么那些没有人走过的路呢? 如果一个亚裔孩子从小显示出过人的社交能力和演讲口才,大概也是要被说"活得像个白人"的。即便是在政治早已不再专属于白人男性政客的当下,一个亚裔女性当选大城市的市长,似乎也要受多一些非议,好像失了中庸之德似的。

相比起来,白人真的在享受难得的自由。

在纳什维尔的乡村音乐名人堂及博物馆[16],记录着一种白人成色99.99%的文化辉煌,可这里的艺人却仿佛不受任何标签与符号的拘束。譬如猫王,他的金色钢琴在名人堂展厅里如王座一样闪耀,各种金唱片和白金唱片环绕四周,见证着这位史上最知名摇滚艺人辉煌的一生。可是猫王的音乐门类,无论是乡村、布鲁斯、摇滚乐,还是福音歌曲,都是有着极深黑人渊源的,他的黑人前辈都不如他有名,这与他性张力十足的容貌身材自然有关,可他的肤色给他加了几分却也是算不清的。在

---

[16] 乡村音乐名人堂及博物馆 Country Music Hall of Fame and Museum
地点: 田纳西州 纳什维尔市
【建筑】★★★
【丰度】★★★★
【趣味】★★
【加成】音乐史 ★★★★★
始建于1964年的乡村音乐名人堂及博物馆是世界上最大的音乐类博物馆,今天的馆址是2014年所定,面积13 000平方米。永久陈列是《咏而归家: 乡村音乐之旅》,展示了乡村音乐的起源与发展史,唱片、乐器与录音装置是最主要的展品。博物馆藏有25万件音乐作品,尤其是第二次世界大战前的乡村音乐,另有各个时代的乡村音乐明星的生平简介及其遗物可供参观。博物馆有一处圆厅,一座无线电发射塔倒挂下来,直指地面,四周是名人墙,这里成了博物馆最"上相"的"打卡"地。

他位于田纳西州孟菲斯的旧居(猫王故居)[17]，参观游客几乎清一色是白人。我在亚特兰大市看过一场滚石乐队的演唱会，老炮们的卖力演出让人肃然起敬，可这明明一耳朵满是黑人元素的音乐，现场观众却几乎也都是白人。学计算机要分肤色，听同根同源的流行音乐居然也要分肤色。这总给人一种感觉，仿佛同样的事情，黑人做都是白做，白人做就能走红。

完全不含布鲁斯韵味的乡村音乐出现于二十世纪九十年代，没了黑人音乐的灵魂支撑，这些又想爷们又想装乖的企图，最后只落得个乏味的下场。这个潮流苟活到了本世纪初，有幸得到了新生。可是在名人堂的贴纸留言区，有人却写道："泰勒·斯威夫特(Taylor Swift)唱的不是乡村音乐，从来都不是。"(参见本章题图，第71页)是啊，不是乡村又何妨，她反正早已抛却出道伊始抱着吉他的"小芳"形象，时而清雅时而妖艳，总之绝无土味。斯威夫特的背叛与其成功相比，根本不值一提。

"背叛"的成本，为什么对一些人来说很高，对一些人来说很低？为什么一些人行"正道"会被阻止，一些人走"邪路"却几乎没有试错代价？说到底，这关乎人和标签的竞速跑。就拿最早的电吉他发明者莱斯·保罗(Les Paul)来说，他既可以是乡村乐手，也可以是爵士乐手，连摇滚乐的"前史"，都得记他一笔。这是因为1939年，他自制了一款实心吉他，名为"木块"，实心构造，两翼仍保留了吉他的形状。跨

---

[17] 猫王故居 Graceland
　　地点：田纳西州 孟菲斯市
　　【建筑】★★★★
　　【丰度】★★★
　　【趣味】★★
　　【加成】音乐史 ★★ 猫王粉丝 ★★★★★
　　宅邸建于1939年，1982年向公众开放，1991年成为第一处与摇滚乐相关的美国国家历史地点，猫王的历史地位可见一斑。参观由两部分构成：一是主题公园区，此地有关于猫王生平和作品的介绍与呈现，也可以购买与此相关的纪念品与唱片；二是故居导览，乘坐小巴，分批跟随导游进入宅邸，一窥名人的奢华生活。猫王的宅邸中，除了一般的起居空间，还有配备三台屏幕的多媒体室、台球厅、试图用人工草皮还原自然景观的酒吧间，甚至还有保龄球场。猫王及其父母的墓地亦在此地，供人瞻仰。最叫人动容的是，与他一起出生的还有一个双胞胎弟弟，这个婴孩一出生便是死胎，但也被起了名字，他的骨灰也葬在此处，还有一个小小的墓碑作为纪念。

界之所以跨得很容易，是因为求新早，敢于求新，最终，人就能跑赢标签。然而，一个人具不具备突破的底气，往往并不单单取决于才干，而这正是美国社会最大的不自由。

我们每个人都多少活在各种刻板印象的夹缝里，即便是远离种族之辩的国人也一样难以幸免。例如因为不擅长理科而自卑的男性，因为攻读土木工程而被人嘲笑的女性，他们都在肩负"背叛"的重量。歧视不是一个"建制"行为，而是无数个体无意识的行为汇聚而成，这其中也包括了每个个体自己对自己的成见。要超越歧视，就要获得超越自己的眼界。所以说，社会平等的前提是情报平等，否则即便"建制"搭好了，使用信息的双方情报基础不对等，亦不可能实现公平。

!

种族问题于美国而言，不是历史问题，而是现实问题。甚至可以说，历史并没有提供任何现成的解法，因为半个世纪前民权运动所争取的目标，在法理上轮廓清晰，而今天困扰美国的种族问题，不那么容易说清楚。斗争始于当时，至今还在继续，在我美国之行的每一处，几乎都能看到种族问题留下的伤痕。

在当年西进的门户之城圣路易斯，一座银色的拱门（圣路易斯拱门）[18]矗立在

----

[18] **圣路易斯拱门 The Gateway Arch**
　　地点：密苏里州 圣路易斯市
　　【建筑】★★★★
　　【丰度】★★★★
　　【趣味】★★★★
　　【加成】城市史 ★★★
　　拱门所在的公园建于大萧条时期，是政府增加就业岗位、振兴城市举措的成果。居于其中的拱门，1944年开始招标，1963年开始动工，1965年建成。这栋看似封闭的西海岸最高的纪念碑，里面其实是空的，设有轨道，游客可以依次乘坐小车，到达顶部欣赏河两岸的全城风景。拱门的地下是一座巨大的博物馆，建成年份较晚，展陈手段很新。该博物馆除了追溯剖析了拱门自身的来历和技术难关外，还聚焦美国西进的历史，是一座内容丰富、手法新颖的优秀博物馆，甚至能比登高望远更让人有收获感。

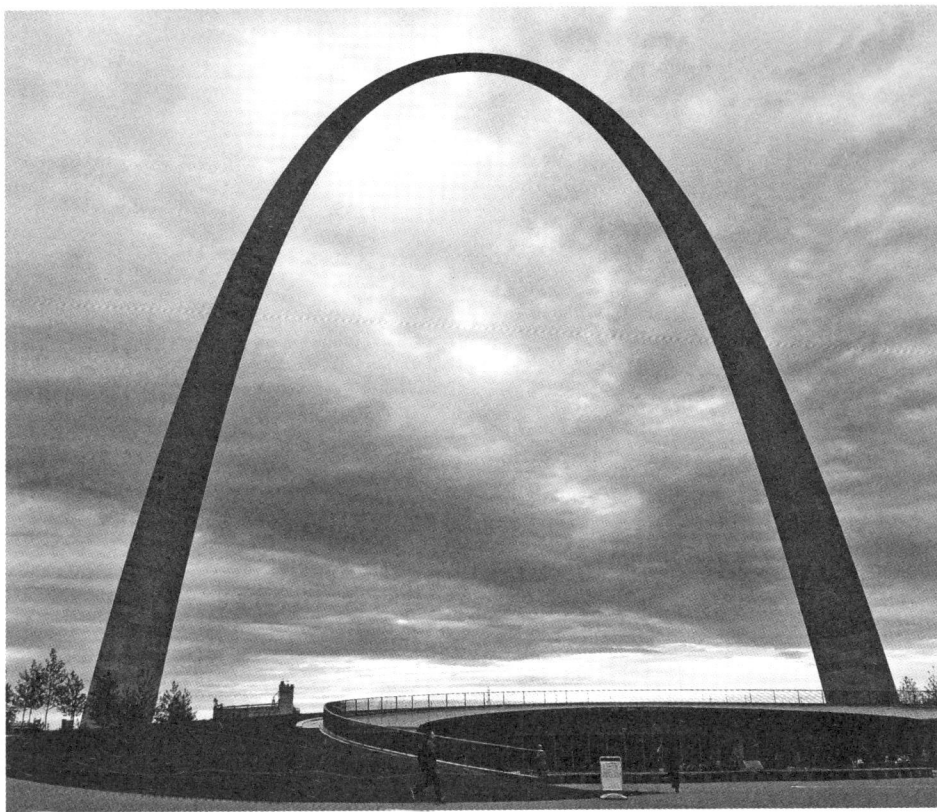

图3-2　圣路易斯拱门与河景

河岸，象征着新世界中的新世界正在开启大门。圣路易斯位于密西西比河与密苏里河交界处，最早，是法国的皮毛商人从新奥尔良，沿着密西西比河北上，寻找合适的与西岸印第安人交易的地点。1763年，他们发现了今天的圣路易斯所在地，此地交通便利，不受河水泛滥影响，次年他们带着30个工人回到此处，开始建造住地，并用法国皇帝的名字命名。著名的拱门之下，原本是作为港口的圣路易斯，那些陈旧的仓库已被历史涤除，拔地而起的拱门之下，是圣路易斯曾经的市中心，这里有一座老建筑静静守卫着一段历史。

圣路易斯的旧法庭（圣路易斯法院旧址）^[19]见证了美国历史上最重要的案件，德雷德·斯科特诉桑德佛德案（Dred Scott v. Sandford）。斯科特是一名黑奴——自1799年出生起便是，生在弗吉尼亚州，1830年跟随主人来到圣路易斯，后被变卖。买下他的是城郊兵营里的一名军医，斯科特随他去往伊利诺伊州和威斯康星州。在那里，奴隶制不合法，这是因为1820年的《密苏里妥协案》规定了蓄奴州与自由州的纬度分界。作为自由人的斯科特以仆佣为职，成家生子，1842年跟随退伍的军医一家又回到了圣路易斯。军医死后，军医遗孀的吃相就很不好看了：在可以蓄奴的密苏里州，她把斯科特一家租卖给其他人家做事，并将挣来的工资据为己有。1846年4月6日，忍无可忍的斯科特夫妇提起诉讼，要求获得自由身。又没钱又没文化，斯科特只有一腔热血，靠朋友接济才能打完这长达11年的官司——为他出资的人中就有当年将他卖掉的老东家。此案之所以漫长且至关重要，关键在于奴隶是否具备动用法律武器保护自己的民事能力。若奴隶是他人财产，则非"人"，无以求助于法律。可是圣路易斯地处南北交界，旧例多以"一旦自由过，就一直是自由身"的原则来判决，斯科特的权属与身份几经变换，此案的关键指向是，在自由州与蓄奴州之间生存的奴隶，在法律意义上算不算"人"。

1847年6月30日第一次开庭时，斯科特夫妇败诉，他们再次上诉。1850年1月12日，由12个白人男性构成的陪审团竟判了斯科特一方胜诉，军医遗孀不服，上诉到密苏里州最高法院，州法院驳回判决，1852年两人又沦为奴隶。1853年11月，斯科特上诉联邦巡回法院，当时他们在军医遗孀的兄弟桑德佛德名下，该案故而得名于此。1854年5月15日，联邦法院维持原判。1854年12月，斯科特上诉美国

---

[19] **圣路易斯法院旧址 Old Court House**
　　地点：密苏里州 圣路易斯市
　　【建筑】★★
　　【丰度】★
　　【趣味】★
　　【加成】美国史 ★★★★
　　这座旧法院是当年历史性判决的发生地，但也仅此而已。二、三楼的空间都被尽可能利用起来，但其中的陈列很是平庸。如果仅是为了看一眼斯科特案当年的发生地，那么尚且值得一来。

图3-3 圣路易斯法院旧址内景

最高法院，一则小城故事渐渐发酵为全国性事件。1857年3月6日，最高法院内外人头攒动，黑人一家的命运牵动着所有媒体的神经。大法官罗杰·谭尼（Roger Taney）在法庭用洪亮而单调的声音宣读了判决结果，80岁的谭尼读了整整两小时。九位法官中，有七位认为斯科特应该继续其奴隶身份。谭尼指出，由于是奴隶，斯科特不属于美国公民，因此没有权力在联邦法院就任何问题提起诉讼。即便是在自由州成家生子的那段时间，斯科特仍然不能被认为是自由人，原因是法院无权因为州与州之间存在法律争端，就剥夺任何公民的物权。这么一来，斯科特一案所引发的实际结果是，1820年南北双方商定的《密苏里妥协案》因侵犯物权而违宪，自由州与蓄奴州的矛盾激化，为南北战争埋下伏笔。对于黑人来说，只要曾经为奴，就是他人财产，没有公民权，无权上诉。谭尼说，黑人是"劣等人种"，没有任何值得白人尊重的权益可言，奴隶制正当且合法，而且维持奴隶制，也是为了他们自己好。

虽然没能在法院上赢得胜利，但是斯科特的命运却迎来了转机。军医遗孀后来嫁给了一位废奴派的国会议员，他惊闻全国最有名的奴隶竟然是他夫人所有，即刻就把斯科特转让给他人了。而"买下"斯科特的，正是出钱帮他打官司的老东家。1857年5月26日，斯科特终于得到了自由身，不幸的是，一年多后他就因为肺结核而过世。今天，圣路易斯的旧法庭仍大致保留了那个历史性的场地——大厅里，一面巨大的星条旗悬在空中，一如南北战争前夜的美国国运，垂云泱泱，飘摇不绝。

1861年，谭尼大法官领着一位新任总统宣读就职誓词，他的上任引发了合众国的破裂，他的名字叫亚伯拉罕·林肯。

南北兵戈相向，一切都进入战时动员状态，其中也包括铁路。成立于1833年的佐治亚中央铁路公司（Central of Georgia Railway）在北方铁路事业尚未腾飞时，曾一度拥有世界上最长的铁路线路，可是到内战爆发时，南方铁路总里程已相形见绌。内战时，佐治亚中央铁路线路损毁严重，最著名的"风景"当属北军将领的得意手笔——"谢尔曼的领结"。威廉·谢尔曼（William Sherman）攻佐治亚州时，将沿线的铁路尽数毁坏，把铁轨打结绕在沿路的树干上，延缓南军修复速度。这份战时的屈辱，在位于萨瓦纳的佐治亚州铁路博物馆[20]仍依稀可见。旧楼年久失修，墙皮颜色斑驳，被燃煤之后的焦油熏得漆黑，但是砖墙脱落后补上的石膏又白得那么刺眼，这里似乎刻意维持着碎瓦颓垣的战败模样。这个博物馆保留了号称美国唯一一个还在运作中的十九世纪扇形车库：各个火车头驶入中心区域后，转盘将其旋转至特定方向，然后再去往工厂或者上铁路网。一些旧式车厢被改造

[20] 佐治亚州铁路博物馆 Georgia State Railroad Museum
　　地点：佐治亚州 萨瓦纳市
　　【建筑】★★★★
　　【丰度】★★★
　　【趣味】★★★★★
　　【加成】铁路史 ★★★★
　　除了工厂区域里的车间、烟囱和十九世纪中期的大型蒸汽机，佐治亚州铁路博物馆也收藏有不少火车头与豪华客车。当年公司的老总最喜欢的就是乘坐自家的火车，一路参观视察。今天，这些配齐全的列车会由一位曾经的老员工志愿讲解，车厢里打字机、茶具、咖啡壶、无线电、便携厕具都有，沙发与床铺都装饰华美，很是气派。工人们的宿舍与花园也保留着，花园是当时资本家们不多见的善意之一，让工人有个逃离工业劳动氛围的区域，工厂也确实花了不少钱，种贵的花，优化环境，来与其他企业竞夺劳动者。该馆互动性很强，观众除了可以观摩到早期蒸汽机的运作原理，还能亲自操作，用撬棍驱动小车在轨道上前行。在火车模型展区，有巨大的沙盘、完整的街景和穿梭其间的马达小火车，与一旁的儿童乐园呼应。博物馆的礼品店由早年工厂的门卫室改造而成，时代感十足。

图3-4　佐治亚州铁路博物馆的扇形车库，很难相信它今天仍能正常工作

成为多媒体观影室，火车头聚集的中心区域被改造成摇滚舞台，倒是和周围颓丧的工业朋克风相合。

　　其实美国内战之后，乃至二十世纪初，佐治亚中央铁路公司仍在茁壮成长。讽刺的是，尽管林肯的《废奴宣言》终结了奴隶制，但是针对黑人的剥削与不公仍普遍存在。在萨瓦纳这处工厂的中央，有一根擎天的烟囱，在烟囱脚下有一圈只容一人走入的小隔间，这里是黑人专用的茅坑、淋浴间和更衣室。公司有一支棒球队，经常组织比赛，但白人队员们使用的更衣沐浴之所是单独的一栋平房，不必忍受黑人那般又脏又热又臭的环境。今天，工厂长长的车间被改造成了餐会地点，一

图3-5　佐治亚州铁路博物馆的旧车间,张灯结彩是因为这里今天也能办婚宴

些机床还留着,钻孔、削木、金属平刨都在,这里原来是铁匠车间,曾是佐治亚州最先进的蒸汽驱动车间。1917年时,白人工人在这里能挣到107.1美元的月薪——1922年涨到142.8美元,可是帮工的黑人工资却只有这个数目的四分之一,甚至五分之一。

　　财富之所以有差别,不是因为黑人白人同工不同酬,而是当时人们不相信黑人可以胜任白人工匠的工作。要实现就业公平,首先要确保知识和情报的平等。1954年布朗诉托皮卡教育委员会案之后,美国公立学校依法律应当不再施行种族区隔政策。黑人白人理应同校,可法律改得了理,却难改人心。

1957年秋，当九位黑人青年进入小石城中央高中（现为小石城中央高中国家历史保护区）[21]时，阿肯色州的居民们不答应了。面对无尽的谩骂、威胁和抵抗，艾森豪威尔总统不得不出动联邦警卫队荷枪实弹围护九人进入学校，一些白人学生愤而离开学校，有人甚至是夺窗而出。在九位黑人学生就读的年份里，欺凌、踢绊、辱骂从未间断，甚至和他们说话的白人同学也会遭殃。土法炸弹的威胁不断，防火防爆撤离训练成了这所学校的家常便饭。法律既然无法逆转，小石城就搞了一场全民公投，以3∶1的压倒性票数，决定关停所有的公立高中，以阻止黑白同校在更多学校实施。一年之后，这一政策才随着区隔主义者在教育委员会的下台而松动。

小石城中央高中的主楼建于1927年，花费了150万美元（约合今天2 400万美元）的天价，被《纽约时报》称为"全美最贵高中"，也被美国建筑学会誉为"全美最美高中"。确实名不虚传，与其说是一所学校，不如说是一座宫殿：椭圆形水池，环绕式台阶，哥特复兴风格里最典型的窄高门洞，还有三扇正门间立柱上的四尊女神与侍僧的大理石雕像，仿佛早在暴风雨来临之前，它就已经做好准备要被记入史册了。学校被草地环绕，街角三面一处是供人参观的访客中心，一处是绿树掩映中的纪念碑，还有一处是一座加油站——这座挂着"木兰石油公司"牌子的加油站其实早已停用，小石城中央高中博物馆在筹备时，其母公司将这一设施售卖给了筹委会，一度作为访客中心使用。他们十分有心地将加油站的外表改造成了1957年时的样

〔21〕**小石城中央高中国家历史保护区** Little Rock Central High School National Historic Site
地点：阿肯色州 小石城
【建筑】★★★★★
【丰度】★
【趣味】★★
【加成】种族 ★
国家历史保护区中的小石城中央高中每天有固定的开放时间，需要提前关注预约。所能进入的区域也仅限于公共空间，而其教学区域与之隔开，确保学校日常秩序不受干扰。街对面的小型陈列空间是历史内容集中所在，不过此地收藏的实物并不多，真正的看点还是建筑本身。

子,将历史情境引入现实。

在阿拉巴马州伯明翰市,公立学校中的种族融合引发了更为暴力的反应,11个月里发生了3次爆炸案,其中最恶劣的一次发生在16街上的浸礼宗教堂。1963年9月15日早上10点22分,放置于教堂东侧的炸弹发动,在墙面上轰出一个大窟窿,石块将地下室卫生间里的四个女孩瞬间埋葬,三人11岁,一人14岁。今天在这座教堂的东墙外立着一块花圈形状的纪念碑,在一旁的广场上,丧生的孩子们成了欢笑的雕塑——其中一位踮起脚来,放飞一群和平鸽。

阿拉巴马的伯明翰民权运动中心[22]就在旁边。我也是来到此处才知道,就是啃个西瓜,也可以上升到种族歧视。在那个年代的漫画画作里,坐在房屋前廊的两个黑人并排坐着,同啃一块大西瓜,他们眼大牙白,十分滑稽。黑人儿童多在篱笆后面啃西瓜,瞪大了眼睛,如露头的土拨鼠一样在张望,这般模样被做成了瓷质玩偶,供白人放在家里玩耍。西瓜瓜皮翠绿,孩童皮肤黝黑,咧开的嘴唇却与瓜瓤一样鲜红。吃瓜之所以是种族问题,是因为贫穷的黑奴经常被看见在吃瓜,他们不顾风度地啃瓜皮,吐瓜子,这让那些锦衣玉食细嚼慢咽的白人觉得好笑。今天的美国超市里,加工过和未加工过的水果价钱仍然相差甚远,一盒切成丁的西瓜能值两个完整的大瓜。可见吃瓜这事,与其说是种族问题,不如说是阶级问题。

在阿拉巴马蒙哥马利市,一条铁路曾经穿过这座城市的心脏,奴隶们下了车便被赶入人口贩卖的市场,供商家挑选。今天,这座罪恶的火车站旁的小平房被改造

---

〔22〕伯明翰民权运动中心 Birmingham Civil Rights Institute
　　　地点：阿拉巴马州 伯明翰市
　　　【建筑】★★
　　　【丰度】★★★
　　　【趣味】★★
　　　【加成】种族 ★★★ 美国史 ★★★
　　　伯明翰民权运动中心与当年的教堂爆炸案一街之隔,也是伯明翰的城市中心。内里的陈列中规中矩,主要是用造景呈现民权运动的历史过程、南部黑白相隔的物质生活,以及民权人权相关的主题陈列。此类博物馆大体上内容相似,口径统一,挑选其中一所参观即可。

成了博物馆,名为The Legacy Museum(我称之为"历史包袱"博物馆)[23]。

译名要如何定,让我为难。通常legacy译作"遗产",但这座以私刑为主题的博物馆,怎么看都该译作"历史包袱"或者"历史遗留问题"才显得妥当。博物馆不大,里面所描述的事件实在是过于惨烈,不允许拍照也是情理之中的了。所谓"私刑"(lynching),指不经过法律审判就由民众直接依民意行刑。这其中,白人对黑人行刑占绝大多数,行刑方式又以绞刑占绝大多数。在十九世纪中期的美国,将黑人抓来吊死是民间一项重要的娱乐活动,逃跑未遂的或是被诬告的奴隶,不必经过任何抗辩与裁断,在围观人群的熙熙攘攘中就可以直接被吊死在树上。那时,全镇的人都会涌过来观看,他们携家带眷,提着野餐用的篮子,仿佛在观看一场马戏。他们会随着宣判与行刑惊呼,并在结束后从悬在半空中的黑奴身上掰下一节手指,作为纪念品。

"历史包袱"博物馆门前有班车,班车会将游客带往城市另一端,在那里的大块空地上,有一片纪念碑林,名为"和平与公正国家纪念碑"。那些死于私刑的奴隶们,在这里被集体铭记。悬在空中的铁块象征他们的尸身,铁块底部写着郡县的名字,正面写着逝者之名和去世时间。腾空的铁块很重,在风中纹丝不动,可却如竹林一样密。纪念馆的木质地面起起伏伏,让你时而行走在死者之中,时而行走在他们之下——抬头看去,仿佛腥臭的尸体就在眼前。而那些堆不下的,以及随着研究深入而新增加的,又在外面如棺材一样整整排排地堆在草地上。

---

[23] "历史包袱"博物馆(附:和平与公正国家纪念碑)The Legacy Museum(+ National Memorial of Peace and Justice)

地点:阿拉巴马州 蒙哥马利市

【建筑】★★★★

【丰度】★★★

【趣味】★★★★★

【加成】种族 ★★★★

属于同类博物馆中最具特点的,非常值得一看。"历史包袱"博物馆陈列空间不允许拍照,记录内容之惨烈可见一斑。2018年建成,耗资2 000万美元,艺术设计思路和展陈手法与内容都相对较新。和平与公正国家纪念碑实则是一片碑林群,需要搭乘接驳车,距离博物馆的车程十分钟,班次有限,需提前查问,并妥当安排时间。

同样在这座城，一位斗士的名字——罗莎·帕克斯（Rosa Parks）也被铭记。在她的纪念馆的商店里挂着叛逆的文化衫，上面写着：WOMEN who behave RARELY make history（乖乖听话的女人没几个能创造历史）。而帕克斯这位不听话的女士并不是一名无意间坐错位子的普通乘客，她公开挑战黑白乘客分区乘车规则的行动，是其所在组织的运动策略。帕克斯被捕之后，先被带去市政大厅的警署总部做笔录，然后被转送到市政监狱，其所在组织的首脑很快就带着律师将她保释。帕克斯被捕事件成了蒙哥马利抵制公车运动的起点，12月5日，运动的第一天，正是她在法院出庭当日，可见此事绝非无谋之勇。当天的公车抵制运动非常成功，罢乘造成的损失让公司非常头痛。果然，只有在阶级而非种族的框架里，用资本主义方式和资

图 3-6　历史的包袱：眼前是抗争，背后是绞刑

本说话，才最为有效。381天后，公交公司解除了公交车上的种族区隔，这场斗争成了教科书式的斗争典范。

今天，在当年帕克斯执意不肯离座而被捕的路边，立起了一块牌子，记录着这个民权运动中的里程碑时刻。然而令人意想不到的是，黑白融合的公交运营方式让更多白人感受到了买私家车的迫切，慢慢地，公交车竟沦为穷人专属的交通工具，其中黑人乘客占到了多数。我住在纽约时，尚不觉得公共交通黑白分明，可到了亚特兰大，别说公交了，就连地铁都是穷人专用的了。我在芝加哥曾大着胆子坐过一条公交长线，从芝加哥大学附近恶名昭彰的黑人社区，一路向西横穿全城去往机场。那一路，我都躲在巴士最后一排的角落里，看着窗外的一栋栋联排小屋像是植物在快速经历四季一般凋败，不由紧张起来，新上来的乘客也令我警觉。

可见生钱的门路总有跑赢人的方式，所以斗争绝不能停，一旦停下，战衣反而会转生为枷锁。当年的民权运动没有因为马丁·路德·金遇刺（其遇刺地点即今国家民权运动博物馆之洛林旅馆[24]）就崩离，因为他们很清楚斗争的目标是什么，也很清楚斗争的手段都是什么。彼时美国社会的规则为了周全白人愚蠢的成见，总和钱与商机过不去。要和这样的秩序斗争，以群体的消费力作为筹码去谈，自然收效最好。

------

〔24〕国家民权运动博物馆之洛林旅馆 National Civil Rights Museum — Lorraine Hotel
地点：田纳西州 孟菲斯市
【建筑】★★
【丰度】★★★
【趣味】★★★★
【加成】美国史 ★★★★★
马丁·路德·金1968年的遇刺地点，1991年成为博物馆。马丁·路德·金当年下榻的汽车旅店建于1925年，风格极为简单，名为洛林旅馆，经常招待来本地著名厂牌Stax唱片录音的黑人歌星们（Stax在孟菲斯也有一处博物馆，但是较为平庸）。虽然是真遗址，但博物馆本身的陈列依旧乏善可陈。不过，马丁·路德·金的遇刺地点和街对面枪手行凶的地点都设计用心，代入感极强，其历史诠释对各类阴谋论竟也十分包容。博物馆对面常年驻守一位中年黑人女性，几十年如一日坐镇抗议。她是当年宾馆改造为博物馆时被驱逐的流浪住客之一，她坚称，马丁·路德·金是不会喜欢这座博物馆的，因为这2 700万美元本可以用于改善黑人福祉的事业，现在却被做成了假大空的"官样文章"。2016年，该馆升级为史密森学会的附属馆，竟真的成了官家的了。

可今日美国,消费主义已如悬河泄水,斗争的抓手又该上哪去找呢?

!

　　大多数美国人宁愿谈种族,谈"政治正确",也不愿意谈阶级,谈贫富。在民权运动的史诗里,他们只学会了个神话的壳,所以仍总是把希望寄托在某个横空出世的斗士身上。2008年的新手参议员奥巴马,黑白配比得当,美国人曾以为他是"解法"。两个任期之后,人们发现他不是。托他的福,2017年1月20日,美国迎来了一位新总统——特朗普。大法官非常体贴,把宣誓就职的长句断成短句,方便他复述。次日周六,全美各大城市爆发游行。那天亚特兰大阴雨绵绵,距离集会中心还有十分钟步行距离的停车场坐地起价,平时10美元的停车费被随手改成了20美元,来看热闹的我也没辙,只能当作见证历史的门票。

　　这是一场以女性为主的游行,为数最多的标语还是关于堕胎权的,环保、移民的也有,还有就是对新总统的人身攻击了。象征女权的粉色绒线帽与象征平权的彩虹旗随处可见,一些希拉里的坚实拥趸还拉起了"我与她同在"或者"我依旧与她同在"的横幅。越是往人群中心走去,口号的声音越是响亮。亚特兰大是保守的美国南部深处的一根蓝色反骨,这里毕竟是马丁·路德·金的故乡,每年诞辰时,他的故居(马丁·路德·金国家历史遗址)[25]是连总统都要来拜谒的。

---

〔25〕**马丁·路德·金国家历史遗址 Martin Luther King Jr. National Historic Site**
　　地点:佐治亚州 亚特兰大市
　　【建筑】★★★
　　【丰度】★★★
　　【趣味】★★
　　【加成】美国史 ★★★★ 种族 ★★
　　马丁·路德·金的出生地,也是其早年布道的地点。此处是故居、教堂、纪念馆、公园、墓园五合一,马丁·路德·金夫妇的石棺及长明灯是看点。纪念馆聚焦于马丁·路德·金的生平,但也无甚趣味。故居常常限流,二楼马丁·路德·金出生的卧室是主要看点,但也只能跟随人流,瞟一眼就过,总体来说参观体验不佳。该遗址位于亚特兰大城南的黑人社区,倒是社区环境本身比景点更能反映社会问题,不妨在确保安全的前提下,多走上几步。

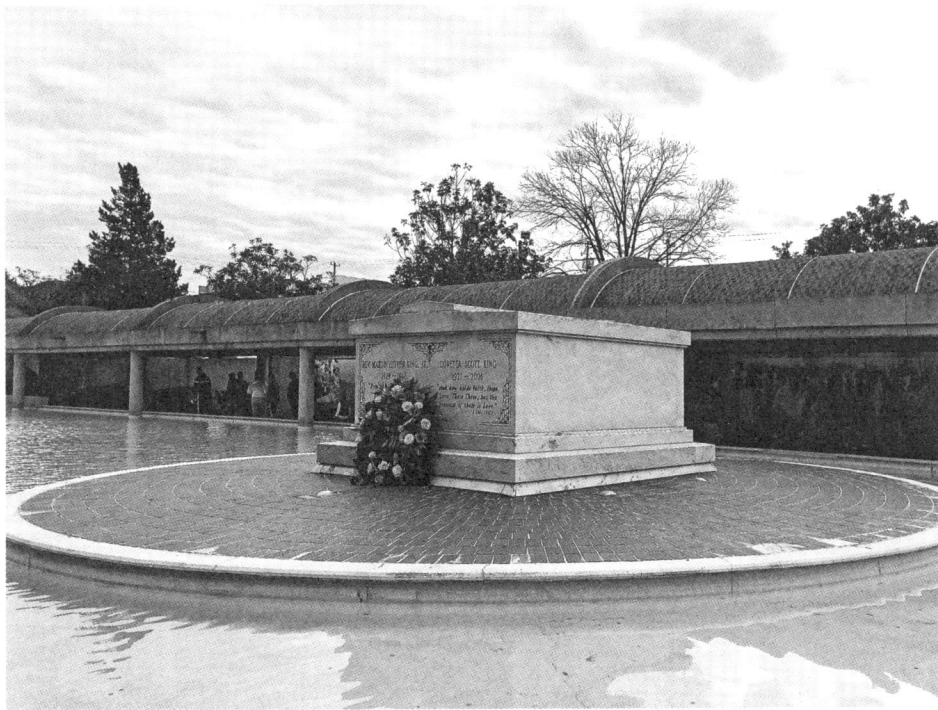

图3-7　亚特兰大马丁·路德·金国家历史遗址的夫妻合葬石棺

　　游行队伍迟迟不动，人们似乎有些烦躁，我穿过人流来到了最前头。穿着荧光背心的年轻人围出来一个圈，他们笑意盈盈，蓝帽子上写着"亚特兰大游行志愿者"。领头的是一个染着一头红发、穿着黑色蕾丝紧身衣的变装女王，面具钻漾粼粼，几根羽毛傲然而立，胖却不羞于袒露，手中挥舞着指挥杖，嘴里衔着一枚哨子，一边控制着队伍的进退，一边婉拒所有走上前来要与之合照的路人。后面走着的是一排十几岁的青年人，他们统一穿着灰色的T恤，上面写着"美国欢迎难民"。

　　走了几步，队伍又停了下来。原来是当地的众议员约翰·刘易斯（John Lewis）来了，这下队伍有了新的头部。刘易斯老先生是民权运动的主要人物之一，是和马丁·路德·金并肩游行过的汉子，担任众议员30年之久，民意基础深厚。游行前一周，新总统专门挑了在马丁·路德·金纪念日和刘易斯隔空打起嘴仗，这也是让很多亚特兰大市民深感不满走上街头的原因。

原本没打算久留，可既然当年的民权斗士在，我便也跟着走了一路。游行队伍从亚特兰大中心的民权人权博物馆出发，途经可口可乐中心、摩天轮、CNN总部，然后沿着警察开辟出的路线，从凌空的高架桥上，一个下坡去往下城区的市政大厅。走在高架桥上时，忽然云开日现，正在修建中的体育馆前塔吊如林，走在林下的人一个一个显得如此微小，可一个个微小的人儿却汇成河流，沿着高桥一路延伸，直到我走下坡去时，还在从几百米外的城内汩汩涌出。那一刻，我走在刘易斯的方阵周围，觉得自己浑身都充满力量。

天就晴了那么一会儿，等游行队伍到达终点来到市政大厅前的小广场时，厚厚的云又盖了过来。直升机盘旋在空中，市政大厅的金顶之下，有穿着军服的人拿着望远镜朝小广场投来监视的目光。挤不进广场的人们隔着铁栅栏站在外面，把标语抱在胸前。我插着兜站在场边，方才的激昂已经退去，我静静地听着活动组织者们要怎么给这场六万人的大游行画上一个句号。

他们说，我们要让新总统看到攻击刘易斯先生的后果。他们说，我们要注册，要投票。他们说，当下最重要的事，就是要在中期选举中确保民主党拿下参众两院，因为这是实现制衡的唯一办法。他们说，过去八年很不容易，不能让现任总统把我们最进步的总统奥巴马的政治遗产给毁了。

单是"奥巴马"这个名字一出现，就让全场欢呼雷动。

之后，有一位亚裔的女性议员上台演讲，她说："这一次大选告诉我们，我们应当学会实际起来（We must learn to be practical），我们应当在两个选择中，选择一个靠近我们政治愿景的候选人，希望大家在中期选举时，认清形势，多投票。"

此时几乎没有掌声。

我离开游行队伍的时候，已经是下午5点。不愿意多听说教的民众沿着下城区的几条主路四散而去。这场动员了全美几乎所有大城市的游行，打脸的目的确实达到了。但在热闹背后，我看到的依旧是冷酷而直接的政治现实：保守派用一句"上

图3-8 亚特兰大游行队伍中的约翰·刘易斯

帝会用坏人来做好事"就放过了特朗普的粗俗,可左派追求的却是各自的绝对纯粹,所以希拉里那样中间路线的政客尤其讨他们的嫌。这样的两拨势力,谁赢谁输怎能不一目了然。他们每一个人都以为自己是斗士,都阔步走在昔日斗士的身后,可他们却根本不懂要怎么去斗争。

后来我懂了。

斗争有两种,一种是高调而自我陶醉的,让自己被熟悉的事物包围,将世界与自己的一致性放到最大,沉浸在一切阻碍皆可扫除的幻境之中;一种是沉默而自我反省的,用陌生感逼出自己生理性的恐惧,然后在与这种不安的角力中,让自己多一重无畏,也多一重包容。所以2018年中期选举那年,我选择了陌生,去目击了特朗普的集会。

彼时，州长选举如火如荼，佐治亚州理工学院到埃默里大学之间的富人区，每家每户门前的草地上都插着民主党候选人的蓝色标牌。我身边所有的美国朋友都在为佐治亚州即将诞生第一位女性州长，而且是黑人女州长而感到激奋。国民级明星奥普拉和这位候选人在"脸书"上直播她们走入社区劝票的场景，整个好莱坞快速跟进，明星录制各种短视频为她拉票，竞选资金源源不断涌入。左翼的人们沉浸在一种志在必得的心情之中：曾经的蓄奴州即将诞生一位黑人女州长，这是多么伟大的事呵！

铺天的舆论，盖地的蓝。这份似曾相识，直叫我不安。

2018年11月4日，周日，中期选举进入最后倒计时，总统大人忽然南下，我和柱子决定去凑凑热闹。共和党人的集会不会选在大城市，这场为州长候选人助威的集会安排在佐治亚州中部的一个小型机场——委屈总统在飞机库里讲话了。活动时间是下午4点，开放时间是1点，我们原本计划3点前到达，总该能赶上新鲜的热闹吧，谁知距离集会场地还老远，车就排起了长队。我们在路边教堂前的停车场勉强停下，然后开始往现场走去。

"我们是不是现在开始就不要说中文了？"柱子提议。

"不至于吧。"

正走着，一个白人老汉在路边停下他的"皮卡"，摇下窗来问我们路。我没留神，柱子去应答了，结果却因为口音连问题都没听懂。老汉无奈摇手，复又摇起了车窗。这个交互之后，我俩外国人的身份更突出了，这令我们感到非常不安。之后步行，我们又遇到了两位女士。她们穿着简单的秋装，全身上下却透着豹子一般随时准备猎食的紧绷感，金色的马尾辫随着步伐摇摆。两人听见我和柱子在用中文对话，显然是觉得有点不可思议：

"你们是来参加集会的吗？"

"是啊。"我说。

"你们是从哪里来的？"

我思忖片刻道:"……从亚特兰大过来。"

我们说中文大约是被她们听到了,但是中文还是韩文她们肯定是分不清的,说是亚特兰大来的韩裔最不容易引发排异反应。果然,她们有点高兴地点了点头。之后我们又聊了几句闲话,然后她们说着小话,加快了步伐,走到了我们前面。

我发现她们高举起手机正在自拍。

按照那样抬手的高度,她们最多露个头顶,与其说是拍她们自己,不如说是在拍我和柱子。很显然,她们想在社交媒体上展示:谁说少数族裔没人支持特朗普?!……

老实说,这样的做法有点可爱。

走了大约一刻钟,集会的空气终于升腾起来。总统大人的"演说"已经开始了,飞机库是无论如何不可能进去了,就连外面都人山人海,这个热度是我们没有想到的。特朗普的支持者们耐心地站在场外,一块大型LED屏立着,大家在通过屏幕观看场内的动静,像一个个忠实的歌迷一样。刚才拍我们的两位女士很快就融入人群消失不见,如同水滴汇入大海。在这里聚集的人们都有与她们相似的气质,我渐渐找到了合适的词汇归纳:

"战斗感。"

尽管是秋天,天气依然燥热,他们中许多人穿着带有"特朗普"标识的T恤衫,法兰绒的衬衫套在外面,青年人的结实和中年人的臃肿竟都有喷薄欲出的力量,就好像这里的人,就算是老头老太,也随时都能从身上不知何处掏出一把枪来加入战斗,有着混杂着泥土气味却又实实在在的威严。我们当然也注意到,他们中许多人戴着"让美国再度强大"的经典款红色棒球帽,红色是共和党人的主题色,现场是一片红色的海洋,有些人甚至把国旗图案直接穿在了身上,这里是个比拼谁更爱美国的秀场。

"空军一号"停在不远处,头上是巡逻的直升机,几辆警车停在我们周围,警灯闪烁着,提醒人们要注意秩序,不要惹事。我和柱子原本只是想靠近屏幕一些,听听飞机棚里面都在说些什么。忽然间,我们面前的人群都向着一处看去,那些戴着墨镜的、蓄着胡须的、白发苍苍的、金发碧眼的侧脸，都转向了屏幕下方的人群中央。

"好像是有人在抗议。"柱子个子高，能看得比我远一些。

我听见几个女人的呐喊声，但很快她们的声音就被一声声震天响的"USA，USA"淹没。朝向天空的拳头有节奏地挥动着，那些停留在空中不落下的手都正在拍摄，一直到这一小撮人被警察从红彤彤的人群中送出来，我才瞥见一眼。看她们极具朋克风格的黑色穿着，应当是女性主义者或者来宣扬女性身体自决权的。毕竟"堕胎"次次都是选战焦点，更不要说这次一方候选人自己就是女性了。敢于深入敌后，哪怕是嚷嚷上几句就被赶走，倒也是很需要勇气的。我得承认，那充满力道的一声声"USA"，真的让人紧张。

"真是一群白痴。"

站在我们身边的一位黑人大叔淡淡道。他是在场为数不多却也不在少数的非白人，他穿一件深色的薄毛衣，潇洒地倚在背后"悍马"的轮胎前。大约是我看向他的目光停留过长了，他瞥了我一眼。"换个地方。"我对柱子说。

共和党这次派出的候选人我们都不看好，他的竞选视频土味十足，特效可能连三毛钱都没用足，是能直接挪到夜间脱口秀上被人群嘲的程度。可是这现场人语马嘶的，倒是一点也没看出来那些不上档次的视频造成了什么不好的影响。当然，这也是总统的个人魅力在撑场面，他知道自己人气依然高涨，才乐意移驾"桃子州"，来捍卫一场最具风向意义的选战。很难算清现场到底来了多少人，随着演讲结束，人群渐渐散开，估测变得更难了，不过那阵仗少说也与一场万人体育馆演唱会散场时的动静差不多。小型机场属于四下哪儿都不挨着的空旷地带，不少人像是包了一辆辆大巴士似的来到此地，可见基层党员也做了不少工作。

我和柱子并没有什么特别的待遇。我们有过很坏的打算，比如被人质问，被人排挤，甚至被人推搡赶走，这些都没有发生。我们渐渐不再那么紧张，甚至说中文也没有刻意压低音量了。人人都说特朗普的支持者们都是种族主义者，现在看来并非这么简单。我们虽然人身无恙，却仍然非常明晰地感受到一种压迫，它来自那些自信为文化主流的人们不经意间流露出的支配欲。所谓"主流"，必得是有那样的身材、那样的样貌、那样的穿着和气质,我和柱子是一样没有。对"美国性"的信念从他们每个人的身上折射出来,不论年龄肤色族裔。

柱子说刚才有人在打量他:"有点慌,要不买顶帽子吧。"

我们走向附近贩卖竞选周边的小摊,花了30美元买了一顶经典红帽。柱子说他戴了保命用,其实活动已近尾声,我看他保命是假,留念是真。我问柱子,要不要去邻近的梅肯吃顿晚饭。我说这小机场虽然是在农村,可是梅肯我去过,还是有好些贼有文化的景点的,饭馆也很不错。柱子说:回亚特兰大吃烧烤吧,不知道为什么,看了今天这场面,就让人很想BBQ。

图3-9　佐治亚州梅肯市郊的特朗普集会上,人们正在高呼USA驱赶堕胎权抗议者

我说:"你确定？梅肯可是宋美龄当年念女校的地方哦。"

"那还是BBQ比较有吸引力。"柱子说。

两天后,中期选举正式开跑,结果很快明朗:在亚特兰大市区里声势如虹的民主党候选人,没能如愿创造历史。功亏一篑的她沮丧与羞怒夹杂在一起,在不算承认败选的败选演说中,反复强调现有的选民注册登记制度专门打压非裔人群,使得他们中很多人未能及时注册,未能及时为她投票,而身在州务卿之位的共和党候选人当然不会在这方面做出任何变革。对方运动员自己还是裁判员,她故此决定,咬死不认输。

第二天在办公室里遇到美国同事们,他们的论调和前一晚政客所述如出一辙,甚至愿意更进一步说是对方作弊,故意不让黑人投票。他们好像没在考虑其他任何可能性,包括最应当考虑的一种:你是热情高涨志在必得,可对方干掉你的意愿也会随之加码。

"简直就像是2016年又来一遍。"他们说。

我摇摇头,把亚特兰大之外的红潮翻滚告诉他们,这令他们震惊,继而又恢复了平静。

"听着也对,这里毕竟是佐治亚,我们在想啥呢……"

然后他们又问我:"辛成,你怎么会想到去参加这样的活动？"

"纯好奇。"我答道。

!

《论语》里说,子路曾问"为政之道",孔子说了三条:"先之""劳之""无倦"。才第一条,我的美国朋友们就输干净了。不亲自求真,只想从众求胜,做得了什么斗士？

早年的英雄们,总得把民情搞得透透的,把盟友搞得多多的。现在的人则似乎是以把敌人搞得多多的为乐,把原本社会改良的契机,化作一场正邪之间的零和竞赛。到头来，不过是选边站队，挑选喜欢的"赛果"，哄自己开心罢了。事情做成什么样似乎并不重要，证明自己是正确的，这个好像更重要。

黑人总统试过了，没有什么用。明星运动员在放国歌时单膝下跪，以示对警察执法暴力的抗议，也试过了，也没有什么用。橄榄球联盟炒了他的鱿鱼，用合同规定所有运动员必须在奏国歌时出席并站立。"耐克"签了这个被放逐的倒霉蛋做代言人，在左倾的互联网世界刷了一波流量与好感，但选举时"耐克"上下政治献金中的三分之二，又都捐给了更偏保守的共和党。消费主义收编一切反抗力量，我们根本无处可逃，一位体育社会学教授对我如是说。

现实已经很明朗了：能用得顺手的方法都解决不了问题，能解决问题的方法一定让人生疼。大萧条时期经济惨淡，黑人劳工积极寻路，共产主义在南部引起了他们的强烈兴趣。运动领袖詹姆斯·福特（James Ford）在马克思主义的感召下，发起了以黑人无产阶级为阵线的民权运动。美国共产党曾三次将其作为副总统候选人去参选，福特也因此成为了二十世纪第一个被写上总统选票的黑人。战后意识形态让美国的共产主义运动快速消退，美国共产党关于黑人权利平等和命运自决的主张逐渐被其他组织兼收。

体育英雄拳王阿里也是黑人中的激进分子。他曾在1968年手绘过一幅画，画中一侧是被吊死在树上的黑奴，一侧是星月旗，画的下面他写道："这就是两种宗教的对比，以及它们给美国带来了什么样的对比。月与星代表自由与公正。当我们这些孤儿皈依时，这就将是我们得到的。另一方面，我也知道过去的宗教给黑人带来了什么：'奴隶制、痛苦和死亡。'信教的'黑鬼'每天都在被人吊死。"

阿里告别了所谓美国文化的正统，改掉了自己的"奴隶名"，拥抱了全新的精神世界。他与激进分子的密切往来已被大多数人遗忘，与帕金森症缠斗点燃奥运火炬的影像瞬间却流芳万国。阿里有句名言："Float like a butterfly, sting like a bee." 缓如蝶，疾如蜂，这原本是用来描述拳法步伐的，竟也很适用于他的一生。弱者争强与强者走弱，普罗大众始终还是更喜欢后者的，因为前者总会有麻烦不断，可后者那里却有最廉价的悲悯，可以在自我感动中安慰自己还是个好人。

位于肯塔基州路易维尔市的默罕默德·阿里中心[26]，其展览最后有一个视频留言区，青少年们可以在五彩的录音棚里，面对屏幕录下自己的志愿与理想。我去时正好面临毕业就业，本想录一个关于饭碗与收入的愿望来着，可在打开那些孩子的话——察看之后，便不好意思了，因为他们口中清一色都是立志献身环保与种族平等的旦旦誓言。

很好，这博物馆给他们提气了。

北到底特律（查尔斯·莱特非裔美国人博物馆[27]），南到密西西比，在我参观过的所有涉及种族问题的博物馆里，展览都会止步于《民权法案》与《投票权法案》。1964—1965年，这两部赋予黑人选民平等政治权利的法案在约翰逊总统签署下通过，为民权运动提供了理想的截点，斗争可以停了。然后，这些馆会把矛头指向世界

---

[26] 默罕默德·阿里中心 Muhammad Ali Center
地点：肯塔基州 路易维尔市
【建筑】★★★
【丰度】★★
【趣味】★★★
【加成】体育史 ★★ 阿里粉丝 ★★★★★
路易维尔是阿里的出生地，默罕默德·阿里中心建成于2005年，是路易维尔最大也最具吸引力的景点之一。此地着重展现了阿里的一生——从青年时代到职业拳手的拳王之路。陈列中对于阿里逃避越战、改换信仰的内容没有回避，对于其在民权运动期间的激进倾向却没太详说。整体体验良好，很有些其他地方看不到的新奇内容。

[27] 查尔斯·莱特非裔美国人博物馆 Charles H. Wright African American Museum
地点：密歇根州 底特律市
【建筑】★★★★
【丰度】★★★
【趣味】★★★★
【加成】种族 ★★★ 美国史 ★
这座博物馆是同类馆中面积最大的，号称世界之最。其中包含了多个高度沉浸式的展厅，讲述了黑奴从非洲来到美洲，从奴隶变成自由人，从无权投票到有权投票的抗争之路。从奴隶船到地下监狱，从南方小镇到北部工厂，正是因为采取这样多媒体沉浸的叙事式呈现，使之有别于同类博物馆，所以才值得一看。博物馆名字中的"莱特"是底特律当地一位有名的医生，长年致力于平权事业，早在1965年，他就在底特律创立了非裔美国人历史博物馆，1997年新馆落成之后，便以他的名字命名，纪念他的历史贡献。

其他地方,在末尾环节安排一个"国际纵览"区域,提醒美国的青少年:世界上还有许多不公平、不公正需要我们去解决。毫不意外的,这里对他国历史事件的判断总是带着立场与成见的,描述也是粗暴的。一些展览还刻意采用"美漫"风格,讨年轻人的好。也对,不粗暴不行,不粗暴看不出所谓的正邪对立,不粗暴不提气。

可是,美国的种族问题并没有终止于两部法律,因为现实从未终止于法理。人均寿命短,户均收入差,平均投票率低,黑人社群的这些问题要怎么解决,信誓旦旦的孩子们没有答案,美国也没有答案。

我有时候甚至觉得,关于"这些问题还要不要解决",他们也没有答案。

成为红脖子

！

我到美国，先到的纽约。

纽约与上海相似，一些地方甚至更好，那时候喜欢它便顺理成章。后来来到南方，读博之初，我常在各种需要自我介绍的场合说自己是个"纽约客"。偶尔能博得笑声，更多的时候遇冷，我发现这种路数是不受欢迎的，不叫人讨厌就不错了。说到底，纽约太不美了。有个美国朋友对我说："你知道吗，其实9·11对于我来说，甚至可能对于大多数美国人来说，都没有什么感觉。"

我很惊讶，他继续道：

"我说这话可能太不爱国了，但是首先，当时我还小；其次，这个事情毕竟发生在纽约。你懂的，发生在纽约的事情，那就是发生在纽约的事情。这是个区域性的事件，虽然是那样一个人尽皆知的事，甚至是一条常识，但是就一种体验而言，它仍然是非常区域化的、非常纽约的。"

想想也对，知识是知识，回忆是回忆。一座城市，最让人难以忘怀的，终究不是那些一生也住不进的玉塔兰宫，而是每个人都玩过的滑梯，被大火烧毁过的楼宇，还有消失在街角、你小学时候常去的那家小卖店。一城即一人，一人即一生。那些电视上看到的东西，终究不是你我活过的证据。

我对朋友说："你这觉悟不行啊，你是费城的，革命之都，而且离纽约也没多远。"

他耸了耸肩："很多事情不是你想象的那样。"

我去过费城，按我这位朋友的话，一个费城是给人看的，一个费城是不给人看的。

所谓"革命之都"，都是给人看的。那些游人如织的部分，独立宫、造币厂、共济会圣殿，它们是这个国家早期历史的见证，可许多建筑早已修得新旧难分，韵味全失。满街跑的出租车，不是叫"自由"，就是叫"解放"。在那些为了迎合费城主题而生造出来的陈列里，不过是陈词滥调又重复一遍，配合几尊奇胡利的彩色玻璃，就可以勉强称作"博物馆"了。我去费城的那一年,奥巴马才拿了"和平奖"不久,连美国人自己都没闹明白他怎么拿的奖,所以在历数得奖美国人时,反倒是这位功绩最少的,馆方用的字数最多,像极了那些言之无物的灌水文章。

至于另一个费城,别人既然不想给你看,那便不去看了吧。

反倒是那些名不见经传的南方小城,比如奥古斯塔,瞧得见人情味。

十九世纪中期,这里曾是佐治亚州数一数二的城市,它居于萨瓦纳与亚特兰大之间,有不错的工厂、教堂与学校,是美国第27任总统威尔逊儿时待过的地方(威尔逊总统童年旧居[28]),也是他的儿时玩伴、后来成为大法官的约瑟夫·拉马尔(Joseph Lamar)的故乡。南北战争前,作为棉料生产加工地,奥古斯塔并不逊色于工业化程度略高些的北部同行。后来随着铁路取代运河,产业逐渐失去优势,最后在经济全球化的洗牌中,工人变成老者,厂房变成遗址。

奥古斯塔的中心区域很小,小到徒步就可以走完。城中的一座不大的教堂是这座城市的原点——圣保罗圣公会教堂(Saint Paul's Episcopal Church)。白柱红砖皆是1916年重建的,因此看着并不很旧,但是这个地址的渊源却可以追溯到十八世纪早期。奥古斯塔的地点是商人们挑选的,因为它距离印第安人区域够近,又有河连通东面港口,互市便利。后来,白人和印第安人之间关系紧张,这里就成了军事据

---

[28] 威尔逊总统童年旧居 Boyhood Home of Woodrow Wilson

地点:佐治亚州 奥古斯塔市

【建筑】★★

【丰度】★

【趣味】★★★

【加成】美国史 ★

美国第27任总统威尔逊总统幼年时期在奥古斯塔居住,他父亲于1858—1870年间在附近的教堂担任牧师,威尔逊居住的小屋也是教会的。在威尔逊北上任教之前,他的主要经历都在南方。后来他从教授到普林斯顿大学校长,从新泽西州州长到美国总统,都算是学而优则仕的典范。1911年,总统威尔逊带着一家五口回到此地,在后院拍照,留下了唯一一张他在此地的影像资料。一旁的建筑是他童年玩伴拉马尔的家,他后来成了美国最高法院大法官。两人小时候曾在同一支棒球队里玩耍。1914年美墨关系紧张,拉马尔受威尔逊委派,与墨西哥军方谈判,化解了危机,此事也可称为一段发小之间的佳话了。

点。1732年佐治亚殖民地建立之后,市场被改造为堡垒。1739年,佐治亚州历史上最重要的人物奥格索普将军(James Oglethorpe)在此地与奇克索与切罗基两个部落的酋长会谈。此后不久,天花在印第安人中爆发,他们被欧洲殖民者击溃。1750年,此地建成圣保罗教堂,曾见证了数个印第安部落、殖民地官员与英王代表签署"和平协议"。这一进一退,引发的是美洲土著此后23年里200万公顷领地的割让,还有无尽的屈辱与施舍。

奥古斯塔历史博物馆[29]里保留着许多看似平常却又宝贵的物证:前膛枪、纺车、油灯、挂钟,还有1795年产的英式牙粉银匣子,早期美洲移民身处蛮荒却心向文明的盼望扑面而来。那套能装下一整副麻将牌的木盒,还有与周遭格格不入的竹笙,折射出的是曾来此地参与运河开凿的华人身影。一个拳头大小的脱水人头,则是南美部落来的习俗。头骨被去掉,皮肉用草药炮制,手法与鞣制皮革如出一辙。据说拥有这个可以随身携带的人头,就能获得超越死亡的精神力量。二十世纪初禁酒令期间,嗜酒的爱尔兰人用各种方法藏酒,一只老虎玩具,平日里由小孩揣着,把虎头拧下来便是酒瓶,可以赶紧嘬上两口。可见,奥古斯塔曾是充满活力的移民城市,繁荣的工业带来各色人等。有了人,也便有了一切。

植物学家威廉·巴特兰(William Bartram)曾在1773年来过奥古斯塔,他来为割地条款勘察地貌。巴特兰说:"奥古斯塔一定会成为佐治亚的大都会。"可惜,这一

〔29〕**奥古斯塔历史博物馆**Augusta Museum of History
　　地点:佐治亚州 奥古斯塔市
　　【建筑】★★★
　　【丰度】★★★
　　【趣味】★★★★
　　【加成】美国史 ★★
　　获过奖的奥古斯塔历史博物馆在历史陈列上确实扎实,各类物质生活遗存是其历史陈列的主干,连木制的地下水管都没放过。从最早的19世纪的木船到蒸汽机车头和Texaco加油站,人们越来越机动的生活在这里被记忆。灵魂乐教父詹姆斯·布朗(James Brown)有独属的陈列区域,包括各种夸张的行头和混乱私生活的梳理。奥古斯塔人杰地灵,出过不少影星,例如出演《黑客帝国》的黑人男星Laurence Fishburne,和出演《乱世佳人》的黑人女星Thelma "Butterfly" McQueen。

条没有实现。今天，奥古斯塔是个安静得叫人不忍打扰的三线小镇。即便是在最热闹的街上，也有大约一半的店铺处在不知是否倒闭的状态。曾经繁忙的河岸，如今是中产闲适的住地，但走了一路，却又连一家星巴克都找不到。去往历史博物馆参观时，我在裸露着的铁轨面前等待火车缓缓通过。这列火车是如此之长，一等就是整整一刻钟。我看着路对面的博物馆，急切地想要过去，但时间的缓流将这座城市一切为二，焦急什么的，根本没有意义。

奥古斯塔市中心的主路被中间的绿带隔开，尽头是一座纪念碑（参见本章题图，第113页），那是翠绿之中一抹醒目的莹白，我自然要前去探个究竟。纪念碑纪念的是"我们亡故的邦联将士"。仰头看去，塔尖是一名普通士兵，有头有脸的南军将领们站在塔腰四角，守卫南部邦联的纹章。纪念碑基座的正面是骑士、战鼓、步枪和翻卷的旗帜，还有邦联的座右铭："与上帝，我们的守卫者同在。"基座背面则镌刻道：

生时知晓吾辈感恩

尊于心中，温存缅怀

吾邦联战士获有不坠之名

生死皆付诸吾等

付诸佐治亚之荣耀

付诸州权之神圣

付诸民众之自由

付诸南部之乡情

付诸立国之原则

此等传承，源自国父，源自吾辈共有之国家

Worthy to have lived and known our Gratitude

Worthy to be hallowed and hold in tender Remembrance

Worthy the fadeless Fame which Confederate Soldiers won

Who gave themselves in life and death for us

For the Honor of Georgia

For the Rights of the States

For the Liberties of the People

For the Sentiments of the South

For the Principles of the Union

As these werc handed down to them by the Fathers of Our Common Country

这段话隽永之余,还大有嚼头。它虽然承认了南部的战败,接受了被统一的命运,可是却表示并非因战败而统一,而是打一开始,南部邦联就在捍卫国父们建国时的意志,所以没赢也还能继续与北方共同成国。所谓立国的原则、南部的乡情、民众的自由、州权之神圣,本质上是在指同一件事,那就是自由,说更具体一些,是保留以奴隶制为基础的棉业以及以棉业为基础的南部绅士生活的自由。即便没能捍卫成功,也并不意味着就失败了,这是在南方小城才看得到的倔强。

!

以前人在纽约的时候,不明就里地跟着北方歧视南方。"城乡歧视"还不简单?动用点虚荣和懒惰就行。课本喜欢把南北间的冲突解释成生产力发展的历史必然,可那终究是看来的知识,是后见之明。如果把敌方想象成近亲夫妻生下的弱智,那关于胜负的裁决做起来当然轻松。怕就怕,万一对方不是呢?

我在南卡罗来纳州的查尔斯顿市被上了一课。因为河海相接,水域温暖,查尔斯顿是美国最早一批东岸大城市之一。今天的查尔斯顿虽然无法与纽约、波士顿相提并论,却也别具风情。棕榈树不疏不密,排布整齐,提醒你这里虽然温热,却不蛮荒。原来的诸多工事,如今只剩下了城墙的遗痕,在地面上用红砖被标记出来。沿河低矮的楼群中,有些个连在一起是彩色的,称为"彩虹屋"。当然也不乏高大气派些的建筑,除了富人们的豪宅,还有集市(原奴隶集市博物馆[30])与交易所(原交易所与市政地牢[31])。主街是一条集市街,两旁的大小饭店卖的是最新鲜的河海鲜,中间则是艺人们带来的自己最为得意的手工艺品或画作。当然,其中也少不了卖冰箱贴和文化衫的。

我在查尔斯顿度过了留美八年里最难忘的美食一日,至今叫人回味。晚饭那道煎扇贝,实而不僵,小小的一块,一口下去竟能分出几个层次来,丰富得直教人觉得嚼快了都是浪费。选料是如此新鲜,仿佛能尝出一股幽幽的清甜。葱花与辣椒给那几块看着笨拙可爱的扇贝赋予了生气,而居于最下层帮助造型的底料,是蛋黄酱混合小米打成,朴实却又不简单。一道菜,成分、层级、色泽互相补充呼应,厨师是将生命力灌注了进去的,所以它有一丝灵魂等你品读。也难怪南方人看不起北方人的粗鄙不讲究——新英格兰人似乎永远只有烤蟹饼和蛤蜊浓汤可以吃。继承了英国食

---

[30] 原奴隶集市博物馆 Old Slave Mart Museum

地点:南卡罗来纳州 查尔斯顿市

【建筑】★★★

【丰度】★★

【趣味】★★

【加成】种族 ★★ 美国史 ★★

1859年建成,原本是奴隶的交易地点,现被改为博物馆。1856年之前,南卡罗来纳州的奴隶买卖都是露天公开进行的,之后逐渐转入室内,这座又带了监狱与厨房、又带了停尸房的建筑就作此用。早在1938年就被改作博物馆,陈列黑人艺术家们的作品,由个人运营,后来又被改作历史陈列,重现了当年奴隶市场的旧貌。

[31] 原交易所与市政地牢 Old Exchange and Provost Dungeon

地点:南卡罗来纳州 查尔斯顿市

【建筑】★★★★

【丰度】★★

【趣味】★★★★

【加成】美国史 ★★★

这栋建筑始建于1767年,曾是南卡州务最主要的办理地点,既是海关,又是集市;既是会场,又是监牢。独立战争期间,英军将此地作为监狱使用,曾关押过120余人,一些政治上较为敏感重要的犯人,会从此地再运往别处拘禁。1788年,这栋建筑见证了南卡罗来纳州签署美国宪法的历史时刻。今天这里被改作展陈空间,对查尔斯顿港历史风貌的变迁有所介绍。

谱的东西,能有多好吃。

美国南部的文化,确实是带着我在北方不曾见过的士人雅驯,对生活品质极有要求。在萨瓦纳,有一处叫做欧文斯–托马斯宅[32]的景点,它拥有比白宫更早的抽水马桶,1819年就早早安上了。为此,整个建筑设计有四个蓄水池:阁楼两个,地下一个,一楼卫生间上方还有一个。在地下还排布了水沟,方便污水快速排出。为了维持供水,这个屋子还配备了一套雨水采集系统。为了让蓄水池被有机包裹在起居空间里不突兀,设计师在三楼主卧还巧妙地设了座小拱桥,给原本就精纯的生活再添生趣。

在查尔斯顿的城郊,有一处名为"木兰庄园"(木兰庄园与花园[33])的景点,是我在美国见过的最美的园林。在棉花登上历史舞台之前,稻米曾是南卡罗来纳州最重要的物产,这座庄园就是依傍水沼成田而建。木兰庄园最初的主人可以追溯到1676年,其后一百多年来一直在名为德雷顿的家族内传承。1825年,第一代德雷顿的曾孙去世,后嗣断绝,不得不将外孙托马斯编入族谱——为了继承这庞大的产业与华美的庄园,他被冠以德氏之名。托马斯入住之后不久,就因为一次狩猎时的枪伤而

〔32〕欧文斯–托马斯宅 Owens-Thomas House
　　　地点: 佐治亚州 萨瓦纳市
　　　【建筑】★★★★
　　　【丰度】★
　　　【趣味】★★★
　　　【加成】物质生活史 ★★★
　　　建筑建于1819年,是美国现存最好的十九世纪初英式风格建筑。建筑得名于两代持有者,1951年时被捐赠出来用作美术馆,后来又被改作旧居陈列,着重凸显十九世纪早期富人们的生活内容。

〔33〕木兰庄园与花园 Magnolia Plantation and Gardens
　　　地点: 南卡罗来纳州 查尔斯顿市
　　　【建筑】★★★★★
　　　【丰度】★★
　　　【趣味】★★★★
　　　【加成】物质生活史 ★★★
　　　建于1850年,1972年被列入《国家历史地标保护名录》。造景优美,是查尔斯顿市最值得一看的景点,需要驱车前往。

早逝。当时正在英国攻读神学、一心想要成为神父的幼弟约翰蓦然继承了家业,他不得不回到美国,时年22岁。

木兰庄园的美丽,是约翰·德雷顿决意与爱意的象征。他既要治学,又要经商,积劳成疾患上了肺结核。彼时美国人不知道肺结核因何而起,只知道咳疾反复,需要干干净净的自然之风来疗愈。约翰在自家庄园养病,就在花园上下了不少工夫。英式花园的风格当时正从法式对称的人工风味之中解放出来,承袭自英派的美国园林,自然比英人更积极地拥抱大自然。于是,讲求对自然环境软性改造的美式风格雏形初现。德雷顿在保持原景大体不动的条件下,画出了几道点睛之笔。他是在美国园林使用杜鹃与芍药的第一人,这些东方艳卉,连同大小河流上搭建的各色木

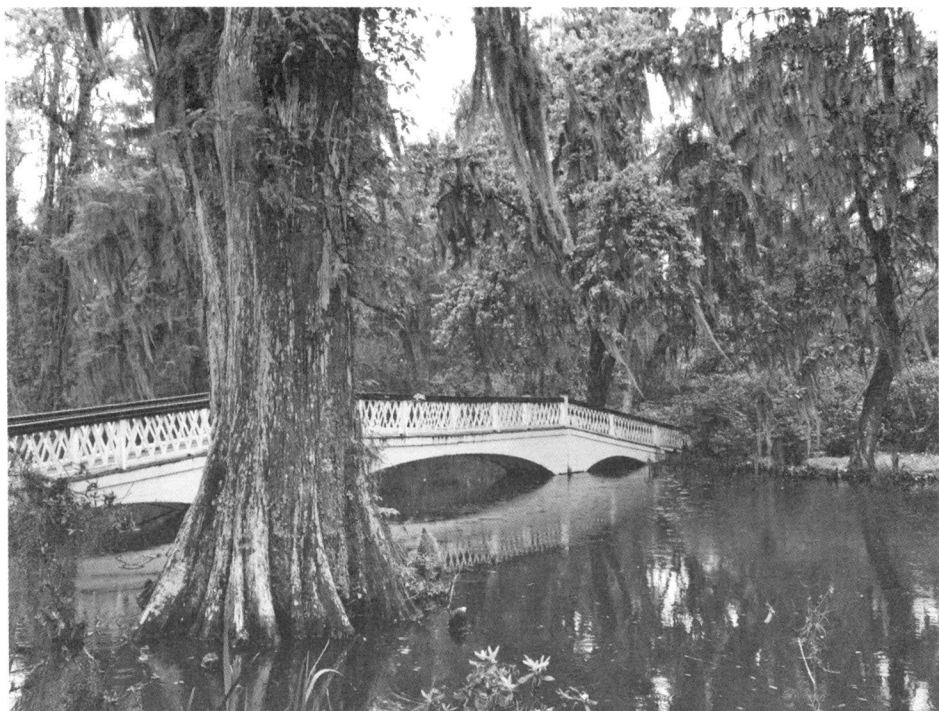

图4-1 木兰庄园的木桥、水沼与红花

桥和水中倒影，用几抹玫红与纯白，点破了灰绿沼地的沉闷。俗称"西班牙藓"的松萝，虽然颜色并不好看，却颇具动态。叶絮垂坠下来，密密匝匝，如同成片的帘幕，江风一吹便静静摇摆，让屋舍时隐时现，静谧而悠远。约翰在纽约就读神学院时结识了他的妻子茱莉亚，茱莉亚是费城人，约翰生怕她嫌弃南卡是乡下，着意在庄园里设计了几个小巧花园出来，添置石雕，用北方味道更足一些的点景讨好妻子。今天这些雕塑的沟壑里，早已爬满雨水洗不净的青苔，它们皆是约翰与茱莉亚爱情的见证。

木兰庄园的中心建筑是当时德雷顿家族的宅邸，算上屋顶和阁楼，共有三层。那天，比讲解员口中的故事更吸引我的，是一只在门前踱步的蓝孔雀。它如同一只久居的宠物一样，气定神闲，优雅地跳上正门口的石柱，随随便便就构成了一张绝美的图景。庄园背后至今仍是一大片水沼，可供人登高望远，只是这片田地今天不再具有经济价值了。一艘木制的驳船停在岸边，它其实是展览的一部分，登船后就能看见对十八世纪稻米生产运输业的描绘。我去探访木兰庄园的那天恰好下着小雨，不大不小的雨点让花园内外的一切都有了更多动感。雨幕里，松萝肃然齐整，田沼苍凉壮阔，宅邸内暖色调的灯光用力蒸发空气里的潮润，雕塑们仿佛在流着泪。那被打落了一地的杜鹃花瓣，也不知该丢还是该留。

佐治亚州有些宅邸，华丽更胜木兰庄园，比如在家里安了电梯的庄士敦–菲尔顿–海耶旧居（Johnston-Felton-Hay House）[34]，比如水榭有百米之长的天鹅屋（Swan

---

[34] 庄士敦–菲尔顿–海耶旧居 Johnston-Felton-Hay House
地点：佐治亚州 梅肯市
【建筑】★★★★
【丰度】★
【趣味】★★
【加成】物质生活史 ★★
建于1855年，1973年被列入《国家历史地标保护名录》。该建筑的匠人手艺高超，房主也极具巧思，因此具有冷热水系统、中央制暖、联通15个房间的传唤装置、三层高的宴客厅、室内厨房、通风系统，以及最出彩的法国进口的电梯装置。屋子内部的物质文化生活内容值得一看，对三个曾经拥有过它们的家庭也有历史记录。

House)[35]。《乱世佳人》电影里斯嘉丽如宫殿一般的居室，真是丝毫没有夸大。说到底，在工业化程度相对较低的美国南部，文化的形成其实和中国的地主阶级是很相似的：是，我的精致生活是建立在对他人的剥削之上，但也已经有了如此复杂且美丽的文化与习俗。你瞧瞧，多么雅致，凭什么告诉我这样是不道德的？所以，在当时决意分裂的南方豪绅看来，践踏其选择生活方式的自由，是不符合美国精神的，他们要捍卫自由，正如国父们带领他们抗击英国暴政一样。只可惜功败垂成，成了未尽之功。其实，若是不把对黑奴的剥削计入其中，这种说法确实是自洽的。换言之，接受这套话术需要有一个前提，那就是黑人不算美国人，甚至不算人。

奥古斯塔那尊醒目的纪念碑，在另一侧写有更激进的言辞：

没有一个国家，诞生时如此纯白而美好。

也没有一个国家，陨落于至纯之罪恶。

No Nation Rose So White and Fair.

None Fell So Pure of Crime.

对邦联追思至此，我猜它必然建造于内战结束伊始。再仔细一找，果不其然，它建于1878年，是由一个名为"奥古斯塔遗孀纪念联合会"的组织出资建造的。顾名

---

〔35〕亚特兰大历史中心 Atlanta History Center
地点：佐治亚州 亚特兰大市
【建筑】★★★★
【丰度】★★★★
【趣味】★★★★
【加成】美国史 ★★ 城市史 ★★★
亚特兰大历史中心是文化地点的集群，这里最核心的建筑是新建的博物馆，里面有关于亚特兰大历史的回顾，着重突出了铁路、1996年奥运会和城市绿地建设等几项特色内容。最具特点的展览内容是亚特兰大之战的全景多媒体展示，除了特别的视听体验之外，游客还可以深度理解南方视角和大众传媒视角下的内战解读。在这栋现代建筑的背后是天鹅屋 Swan House，也是亚特兰大历史中心的门面之一。这栋豪华的建筑建于1928年，它的台阶水榭是全城最热的景点之一。同时，在这栋建筑四周，还有战前农舍的展示，显示出各个阶层兼顾的学术企图心。

图4-2　亚特兰大历史中心的天鹅屋（Swan House）正面

思义，这些人纪念的是她们的丈夫与儿子。今天，这尊纪念碑乍一看只是酒吧街绿化带上的一个标记，实则凝结了一代南方人的不甘与愤恨。这个国家的裂痕，如同被这柄石刃切开的街道两边，分立得如此明白。

!

　　1918年春天，亚特兰大，米切尔家的一位母亲在为自己女儿的教育问题发愁。

　　玛格丽特·米切尔（Margaret Mitchell）在亚城（即亚特兰大）念了最好的女子高中，可是大学呢，大学该怎么办。米切尔家不缺钱，但是南方缺女子大学。梅希望自己的女儿能够和同龄的男孩一样，接受美国最好的、最完整的教育，就像她哥哥一样，去哈佛大学。没有办法，梅决定送玛格丽特去北方。

1918年，美国内战已经结束半个世纪了，可是北方仍是异乡。当玛格丽特坐了五天火车来到"麻省"的史密斯学院时，她发现与她同坐在一个教室里的，居然有黑人。这在她的老家是不可想象的。种族区隔的法律支配着梅森迪克森线以南的大地，"隔离但平等"的原则将种族之间的不平等隔离到了你看不到的地方，玛格丽特就是在这样的环境里长大的。

高中的时候她编排过种族主义者创作的话剧，在那个作者的世界里，三K党是骏马上神采英拔的护国勇士。在米切尔家的家宴上，南部邦联一直在打胜仗，以至于玛格丽特七八岁时才意识到，原来战争三四十年前就打完了，至于故事的结局，没有人提。在玛格丽特的世界里，那些为"国"捐躯的亲人们，是书架上不倒的相框，是她流淌的血液。在玛格丽特的世界里，和黑人坐在一起上课是违背自然的。

这些对世界和过去的想象，最终都融进了《飘》的字里行间。玛格丽特·米切尔笔下的南方，其乐融融，恬淡静好。钟鸣鼎食之家的舞会上，人人彬彬有礼，即便含情，也浓而不烈。在粗蛮的"洋基佬"入侵之前，亚特兰大连一个斯嘉丽的闹腾都承受不得。白人们谈着高档的恋爱，黑人们帮着白人们谈高档恋爱。在米切尔的笔下，黑人没有单独存在的价值，他们要么舍不得离开白人，要么离开白人就一事无成，要么离开白人之后心心念念要回来。

所以早在《乱世佳人》公映之初，就是一直挨骂的。这有什么可意外的呢？在1939年版的电影里，这些黑人角往往没有给观众一个交代就从故事里消失了。奴隶制的残忍几乎只字未提，三K党虽被隐去名字，可还是英雄。谁都不想在电影里被代表，更何况代表黑人的是怯懦、狡猾、愚忠、迟钝。所以批评《飘》并不是什么新鲜事。

2017年8月，田纳西州孟菲斯市一家影院在播放了34年《乱世佳人》之后，终于将其下架，保守派美国人和不明所以的许多中间派气得跳脚，视之为奇闻。这场风波驱使我去了一直想去却一直没去的一个地方，玛格丽特·米切尔的故居。它就在我学校附近，步行20分钟就能到。

这座小楼里，二层讲述了《乱世佳人》电影的摄制过程，一层则关注书作的形成与影响，也展示了米切尔的生活起居空间。她写下传世名著的小桌子铺着碎花桌布，打字机被摆成歪斜模样，窗口凸出，好让更多阳光洒进来，她在桌前敲字的小小身躯与大大梦想，顿时浮现眼前。米切尔拥有令人羡慕的爱情，讲解员在介绍他们夫妇共枕的床榻时，特地强调了两人的身高差。米切尔只有一米五，她的丈夫却是一米八几的大高个，但是两人的床却小得很，既短又窄。丈夫迁就妻子把自己缩成一团，着实可爱。

当年《乱世佳人》在亚特兰大首映时，万人空巷，州长直接宣布了三天假日，好让大家看个痛快。于是，罗氏大剧院前，三万人身着复古裙衫在寒风里排起长队。这部同情战火中的亚特兰大、讴歌南部人民生命力的电影，毫无意外地在原著作者的故乡大获成功。运镜和声效上的野心不但为《飘》赢得了奥斯卡奖，更使之成为了好莱坞历史上第一部严格意义的视觉大片。斯嘉丽在炮火轰鸣的亚特兰大街头被人流席卷的画面，也成为美国人心中一个时代的记忆。

在美国之外，人们喜欢的是斯嘉丽的敢爱和敢为，她倔犟不屈的求生精神，尤其是上半场结尾时的誓言——只要扎根故乡，便可一切重来，在那个动荡的年头给了世人多少勇气。对于全世界的女性，斯嘉丽提供了一种让人又爱又恨的生活哲学。故事里，所有男人都围绕着她登台谢幕，这也是为什么白瑞德的扮演者虽然借此片收获"好莱坞之王"的美称，却蔑称它是个"娘们儿片"。游走在追求爱和当"小三"之间，斯嘉丽挖闺蜜墙脚，抢妹妹未婚夫，吃锅看盆，三次结婚三次离婚，服丧期间穿着黑纱和新欢跳舞。要搁今天，得被网民骂死。

斯嘉丽生动而超越时代的主体意识，算是银幕上的女权主义吗？答案并不重要。米切尔从不标榜女权，她的母亲梅·米切尔——女性投票权运动的先驱——也没有。这些敢为人先者，尤其不喜欢惹来标签碍手碍脚。你可以说米切尔是个种族主义者，可那时候的南部谁又不是呢？等到功成名就，她资助女性扫盲，也资助黑人群体，科普医学知识。第二次世界大战期间，她不但资助红十字会，志愿缝制衣物，还出资建造了两艘美军战船，一艘防空一艘巡洋，两艘战舰都叫"亚特兰大号"。

人世间的诡谲与无奈，戏里戏外比比皆是。例如，整部电影里，斯嘉丽是个觉醒的、主动的人，很有直面挑战的勇气，可到了海报这里，却是躺在男人怀里，是她在欢爱中最无力的时刻。又如，米切尔一生愿望就是闻名于世，可是成名不过十余年她就因一场车祸而英年早逝。再如，被黑人指责为种族歧视的保姆戏份，却为女星海蒂·麦克丹尼尔（Hattie McDaniel）斩获历史上第一个属于黑人的奥斯卡奖。面对批评，麦克丹尼尔说："与其真的当每小时赚个七分钱的保姆，那还不如让我当一个每小时赚七十的女演员。"

结束时，我问讲解员如何看待最近这电影惹出的许多麻烦。那是一位黑人大婶，特别典型的黑人大婶，就仿佛是海蒂·麦克丹尼尔从电影里走出来的样子。她推了推眼镜道：

"我们不该用现在的标准去衡量过去的人。如果他们好好读过她的书，就会知道她不是那样的人。我不认为她的心里包藏着恨，我愿意相信她是个善良的人。"

后来，我又专程去了田纳西州。

田纳西是一个呈横条状的州，东头两端各有一座大城。东头是纳什维尔，西边是孟菲斯。孟菲斯就是下映风波事发地，除了少数景点集中的地区和街道，其余城区荒凉破败，像是在劝人别在街头多走。相比纳什维尔，孟菲斯的乡土味道更浓些，它是三州交界处，数条州际公路交错汇集，路上的集装箱大卡车如迁徙的动物群落一般浩浩荡荡。与其说孟菲斯是座大城市，不如说它是高速公路途中的一座大型休息站。在卡车司机主导的文化氛围里，也就不难理解为什么《乱世佳人》能在此地经久不衰30余年了。

东头的纳什维尔，除了乡村音乐，还曾因一次盛大的博览会而闻名，那就是1897年创下两百万人次参观纪录的棉花博览会。当时的美国，有原材料，有劳动力，有制造业，唯独没啥文化，所以纳什维尔仿造雅典卫城，建了一批即用即拆的希腊式建筑，其中唯一幸存下来的是一座"山寨"帕提侬神庙。今天，它孤零零地伫立于绿草地上，四周是棒球和飞盘在父子手中来来回回，没有半点神庙该有的静穆。一尊高达12米的雅典娜巨像立于其中，她一手托举胜利女神，一手执盾，长矛靠在肩头，头盔下，双目注视前方。这尊雕像用了8磅真金敷裹，裙摆如金色的瀑布一样流向地面。盾牌中央是女妖美杜莎的头颅，一条象征雅典城民的蛇躲在盾牌后面。可以看得出来,十九世纪末的美国人用尽了力气附庸风雅,却总还是不伦不类。尤其是这尊雅典娜雕像的蓝眼睛,似乎做得空洞了些,那一抹不大不小的蓝色将满屋的金光衬得庸俗浮夸,好似我曾见过的许许多多土味佛像。

既然叫棉花博览会,就还得务实推广产业。农业厅是当年展览的重头,除了展示各州农副特产,在展厅大楼前还特意制作了一片棉花田和烟草地出来,好让那些五谷不分的城里人见识一下棉花生产的情境。和所有世博会的活体景观一样,当时他们选了一位黑人行走田间采摘棉花,又选了一位白人监工看着他干活。黑人们确实已经不是奴隶了,可是贫苦佃农除了多领一份工资,似乎与奴隶也没有什么旁的差别。南北战争结束已30年,本该盖棺定论的胜负仍悬在空中,本该被洗褪的不公不义,自然也总有新的存续方式。

!

蒙哥马利的市中心只有一条街,这条街在美国城市里倒是少见: 大约有六车道之阔。这段路的起点是一座青铜质地的华美喷泉,终点是政府和议会大楼,两旁照理说该是热闹的商店酒吧,或许是去的日子不对,萧条得紧,路上走着的人都没几个。在这条路的尽头的一角,是一座平平无奇的两层小白楼。墨绿的窗户,屋檐下有些简单的雕纹,似花环,似鹰头。这里是南部宣布独立之初临时政府的所在地,亦即邦联"白宫"(邦联首个白宫)[36]。

1861年2月21日,邦联临时国会指定这栋1835年建成的屋子为总统居所,杰斐

---

[36] 邦联首个白宫 First White House of the Confederacy
地点: 阿拉巴马州 蒙哥马利市
【建筑】★★★
【丰度】★★
【趣味】★★★
【加成】美国史 ★★★★
建于1835年,1974年入选《国家历史地标名录》。外部平平无奇,内容还是具有特色的。其对面是阿拉巴马州档案历史部,有关于本州历史更为完整的呈现。

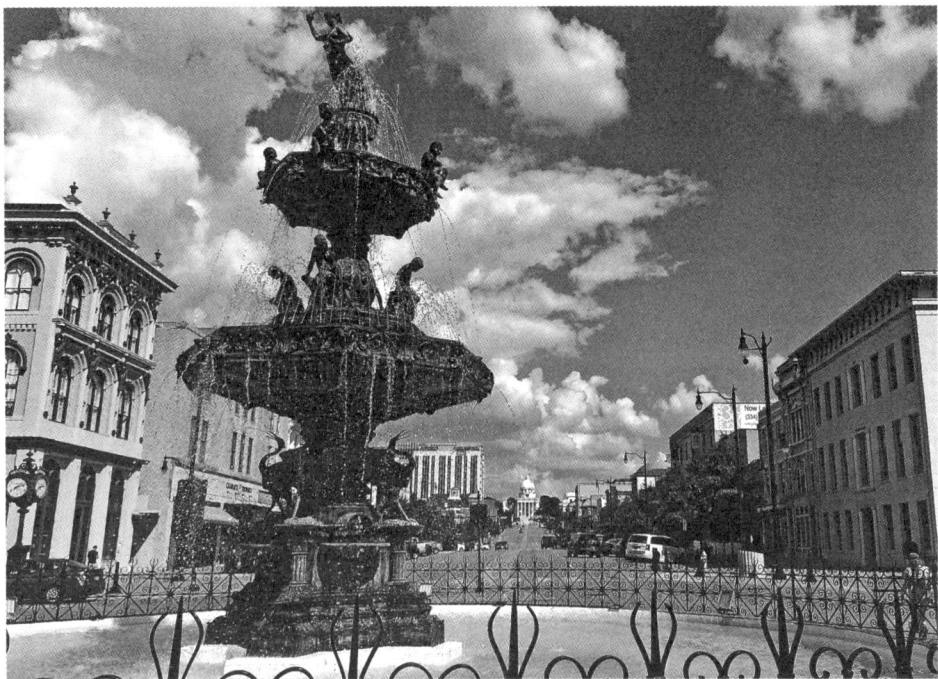

图4-3 蒙哥马利本该最热闹的街,道路尽头右侧就是联邦首个白宫所在

逊·戴维斯(Jefferson Davis)和家人安居于此。同年夏天,杰斐逊迁居弗吉尼亚州里士满市,那里的"白宫"(邦联白宫)[37]更有总统派头。眼前这栋五扇窗户宽、七级

---

[37] **邦联白宫** White House of the Confederacy

地点: 弗吉尼亚州 里士满市

【建筑】★★★

【丰度】★★

【趣味】★★

【加成】美国史 ★★

杰斐逊·戴维斯全家曾居住于此,为了照顾多病的妻子,戴维斯居家办公。1865年4月2日,邦联撤出里士满,该建筑被废弃。北军占领后,林肯曾到此地参观,据说他只参观了一楼,没有去戴维斯的居家空间。今天所见是1988年大修之后的样子,根据各种记载和研究,大体恢复了旧貌。此地现在是里士满市美国内战博物馆(同城也有单独的主题博物馆,虽手段较为新颖,但体验一般)的一部分,需要导览带领参观,一天数次,需提前安排时间。

台阶高的小楼是1921年6月从原址搬迁到市中心来的。地理位置一变,历史地位也跟着一起变了。负责迁址的组织叫做"邦联首个白宫保护会",和奥古斯塔纪念碑背后的遗孀联盟相似,这个组织也是由27位女性组建的,成立于1900年7月1日。

有了专家们对建筑内部的一番修复,这座白宫里面比外面看着舒服。空间不大,却很温馨。里面放了些十九世纪中期的古董,例如当时州参议院用的桌椅台灯之类,也有反映杰斐逊·戴维斯生活的用品物件与来往信件。战后三年内,戴维斯因叛国而身陷囹圄等待制裁,南部人民怕他在门罗碉堡的监牢得不到善待,专程送了一把漂亮椅子过去。这把一个半世纪前的椅子,现在也在博物馆中展出。

在一半人眼中的分裂分子和叛军头子,在另一半人眼中就是英雄。此地展出了一页密西西比州某报对杰斐逊·戴维斯一生功绩的回顾:作为参议员的他,对创设史密森学会、建立联邦民政制度、修建巴拿马运河、建造联通美国两岸的铁路等历史伟业都起到了重要的推动作用;在担任战争部长期间,戴维斯在西点军校推行人文课程,派遣军官团去克里米亚战争现场学习欧洲最新的军事战术,推行新式武器。戴维斯1808年6月3日生于肯塔基州,作为陆军将官,参与过很多战争和工程建设。他是一位爱国者,若非国运无可挽回,他也不愿成为什么邦联总统。就职后,戴维斯在90天内就将松散的邦联诸州联合起来,建造了统一的邮政系统、货币体系、陆军海军,并起草宪法。靠着南部相对落后的工业底子,邦联能与联邦缠斗四年,还多次看见胜利曙光,本已非常难得了。

杰斐逊·戴维斯晚年迁居密西西比州的波伏瓦城,在最后的几次公开露面中,他曾在当地法院前对一群年轻人,郑重其事说了这样一番话:

> 我眼前的脸孔,是青年之脸孔;若非如此,我是断然不愿现身的。执掌吾辈南境命运的诸君呵,是出于对故国之爱,我才打破沉默,对汝等恭谨训言几句。过去已死,就让它与亡者和曾经的希望愿景一起,都一并埋葬了吧;未来已来,一个金光万丈的未来,一个吾国荣耀无边举世赞叹的未来。我恳求诸君,放下冤仇之念,放下派别之见,去跻身建设之列,以吾虔诚之愿,成此国家破镜重圆之业。

密西西比州后来不但把波伏瓦城的杰斐逊·戴维斯故居变成了博物馆，更是在1998年建成了杰斐逊·戴维斯总统图书馆和博物馆。要知道，这种荣耀是历任总统才有的，一般会选址于他们的家乡，而一位叛出联邦的伪总统，绝对不可能有资格。杰斐逊·戴维斯总统图书馆的存在不是政府行为，和伪白宫相似，它是由创立于1896年的"邦联老兵之子"组织营建的。杰斐逊·戴维斯呼吁后人团结，可他们却不领情。

杰斐逊·戴维斯去世后，棺椁披挂邦联旗，在蒙哥马利州议会大楼里停留两日，供人瞻仰吊唁。这些也都是总统待遇，可见历史定论不重要，在美国，只要还有人认你做总统，你便是真总统。今天，那面棺椁上的邦联旗也收藏展示在邦联白宫里。这地方麻雀虽小，五脏倒俱全，野心与苦胆还尤其大。

南部至今仍有很多人相信当年邦联11州宣布独立是为了捍卫州权，并非是为了捍卫奴隶制，尤其是战事后期局势反转，南部兵燹之厄深重，构成了受害者叙事的基础。1864年，北军将领谢尔曼率军围攻亚特兰大，目的是摧毁这个铁路枢纽，切断前线南军的供给。炮击从7月20日就已开始，当时城中还有许多没有战力的老幼妇孺。9月初，南军迫于攻势撤退，亚特兰大沦陷。被占领的两个半月里，破坏仍在继续。许多房子被拆，木材被用来修建兵营。在出发去往萨瓦纳之前，谢尔曼命令工程师毁掉城市整个铁路系统与工厂。11月11日，火光冲天的亚特兰大为半个多世纪后上映的《乱世佳人》早早绘出了电影史上最为灿烂而惨烈的海报。所以战争虽然停止了，憎恨却没有。1891年2月，亚特兰大的仇人谢尔曼将死，当地报刊仍然没有一句好话："想想他留下的破瓦颓垣，受害者们无法原谅，无可遗忘，这也是自然的事。"

我所服务的一位教授，因为在课上用史料证据费心论证南北战争就是因奴隶制而起，收到同学的差评。这些大学里的青年人才，不是什么乡巴佬或是种族主义者。之所以做出了激烈的反应，是因为课堂里出现了与他们成长过程中听到的一切都不相符的内容，这令他们本能地感到不适，必须将其斥责为阴谋，才能保全自己的知识与阅历。

这也就解释了为什么一个来自纽约的房地产商人，绝无可能看得起南方乡巴佬的斜杠政客，能够赢得南部诸州热烈的追捧。说白了，他们最中意的那份"坦率"，无非是一种类似自家"爷叔"的气质。对他们来说，一般政客千方百计要杜绝的信口雌黄最是有效。只要风格对路,哪怕说的是谎,也一样能令他们信服。

!

　　站在中国看美国,我们只在意强弱,不在意内里的构成。我们习惯于把强大与团结画上等号,却也容易忘了,即便是一省、一城、一校,甚至是一个寝室,非要划分彼与此也是不难的。这片新大陆的试验田更是如此,那个由崇神的、重商的、反英的、尚农的等各种利益集团相聚而成的社群,从一开始便如没化开的奶粉一样,既成浆,也成块。在决定美国命运的1860年大选里,南方政客也并非清一色拥护奴隶制,也有人为了保持联邦的统一,愿意在宪法的基础上寻求一些妥协,来自田纳西州的约翰·贝尔(John Bell)就是一例,他是当时刚刚成立的宪法联盟党的总统候选人,他在寻找分裂之外的解法,不过是没赢罢了。

　　这种半溶不溶的状态,贯穿了整部美国历史。就拿建国初期的萨瓦纳攻城战来说,英国要对反叛的美国进行镇压,东岸一切重要港口皆不可放过。凭借海军优势占领萨瓦纳之后,他们修建了许多壕沟以为工事。1779年10月9日,战争开始于清晨5点,联军当时已围攻了萨瓦纳三周之久,这场攻城战是最后一搏。值得注意的是,在这场血腥战役里,双方构成都并非完全以"国"为单位。美军这一方除了有大陆军,还有法国的榴弹兵、替法国王室卖命的爱尔兰人、波兰的骑兵、海地过来的黑人志愿军等;英国那边除了有正牌红衫军,还有苏格兰人、来自德国的雇佣兵、配发了枪的反美奴隶、切罗基印第安人,还有从美国其他地方赶来的"保皇派",他们认为脱离英国大逆不道,仍然以英国人自居。这一攻城战持续了数个小时而未果,美军方面死伤惨重,只能撤离。

　　今天,当年战斗的遗址上除了象征性的几块墓碑,还有一面巨大的星条旗飘扬。每年的10月9日清晨还会有场景重现的活动,这是萨瓦纳一年一度的重要"节日"。在战斗最激烈的春山堡遗址,萨瓦纳于2006年用木结构重现了当年堡垒的模样。这是英国人当时为了抵御美法联军所修建的14座堡垒之一,看似非常简单,也不具攻击性，那是因为重建时没有复原壕沟底部的成排的桩刺。换作是当时，单是失足跌入壕沟就够死一回了。十九世纪时，这一带因为修建铁路，壕沟成了建筑垃圾天然的填埋场，这个血泪浸染的遗址故此一度消失。多亏了考古学家们，先是靠辨别土色明确了战壕和柱础所在，然后又发现了桩刺腐烂之后的一条条黑色印迹，最后再根据毛瑟枪的弹丸和扳机装置中的残件，确定了地层的年代，终于让这一历史事件重见天日。

萨瓦纳市历史博物馆[38]就是春山堡遗址一旁的旧火车站改造而成，陈列主体都在原来候车区的铁门之后。在馆内，会有一个穿成十八世纪民兵样子的讲解员，四处搜罗观众，把他们拢到一起，再带队出去。这位讲解员出现在我背后的时候，着实把我吓了一跳，毕竟他手里挂着的是一杆长枪。我们被要求扛着不同阵营的旗帜，跟着他重走春山堡攻城战的旧路。在堡垒里，他还会演示毛瑟枪拖拖拉拉的使用方法。

美国内战中的顽抗，是南方博物馆都绕不过去的一环。如铁甲船"萨瓦纳号"，它就是这种意志的集成。"萨瓦纳号"由南部邦联独立建成，钢铁由亚特兰大锻造，运到萨瓦纳切割钻孔组装。这艘战舰52米长，10厘米铁甲覆盖在半米厚的木板之上。因为笨重无比，"萨瓦纳号"行驶速度只有6节，也就是每秒3米，单是掉个头就需要30分钟。可这已经是邦联最顶尖的战舰了，它曾成功震慑北军，使其迟迟不敢包围萨瓦纳港。1864年12月，"萨瓦纳号"正式参与战斗，城市沦陷后，"萨瓦纳号"一直停留在河上，协助南军撤退。12月20日，在与北军交战一整日后，该舰试图逃

---

〔38〕萨瓦纳市历史博物馆Savannah History Museum
地点：佐治亚州 萨瓦纳市
【建筑】★★★★
【丰度】★★★
【趣味】★★★
【加成】美国史 ★★★
由火车站改造而成。展览内容包含很广，从印第安人和白人互市的蜡像到19世纪晚期的牙医诊所，从独立战争到南北战争。这座博物馆记录了一些很不寻常的故事，例如：有一条名叫Buster的小狗，在当时铁路公司的工作现场，它会把小块儿的煤叼起来，然后放到一个盒子里。有时候如果煤块太大了，它拿不了，还会跑到人的旁边叫唤，让他们知道有块煤需要被捡起来。这些关切点为以本地乡情为基础的博物馆提供了有益的借鉴。

脱,却被南军自己早先布下的水雷拦阻,北军将领谢尔曼笑称它是一头"困狮"。21日,在舰长的命令下,"萨瓦纳号"冲向岸线并在南卡罗来纳搁浅,船上180名官兵将其点燃,以防止它落入敌军之手。那一天,火光映红了几里之外的天空,如今关于这艘战舰,剩下的只有一台船模,在博物馆里纪念这段壮烈的历史。

建国之初的破碎与对抗,之所以给人看了也无妨,是因为作为一个移民国家,真正为美国提供凝聚力的并非种源上的互认,而是靠大众传媒人造出来的"英雄"与"神",他们制造了美国人所共有的集体记忆。

比如阿甘。

许多人不知道,电影《阿甘正传》中最为经典的场景便是取自萨瓦纳的齐佩瓦广场(Chippewa Square),广场中间的雕塑是佐治亚州的开创者奥格索普将军的石像。这尊1910年揭幕的塑像,手中握剑,神态警觉,面朝南界,象征着对于西班牙势力的警惕。座下的四只石狮子,分别捧着奥格索普家族、佐治亚殖民地、佐治亚州和萨瓦纳市的四枚纹章。电影中的阿甘,就是坐在这个广场前的长凳上,与人分享一盒充满惊喜的巧克力,还有他充满惊喜的人生。

这部在许多国人看来是励志经典的高分片,于美国人更多意味着深情与归属。导演用一个笨拙执拗之人的一生,串起大半个二十世纪的历史事件,不同代际的人在这同一个人物身上,看见了不同的自己。那条经典的长凳其实并不真实存在于齐佩瓦广场,当年主演坐的是剧组放在那里的道具。这条长凳也不是木头做的,而是用树脂仿制的,如今它被收藏在萨瓦纳市历史博物馆里,也堪作镇馆之宝了,没人见了它会不拍照留念的。

外人眼中的美国,精明狡狯,哪怕祸祸全世界也绝不肯吃亏,但这人造出来的"英雄"却是反其道行之。阿甘至纯至善,操着一口南方乡音,做事不问道理,只讲持恒,最终得到了许多常人可望而不可即的幸福。随手一查,按照剧本,他果然是来自阿拉巴马的红脖子。

说起来,"红脖子"本也不是什么不好的词,白人农民躬身劳作,脖颈被晒到发红,这该是劳动光荣的勋章,结果却在工业资本与垄断巨擘撑起的繁荣盛景中,很快沦为一个落后产业的肉身象征，变成了贬义词。美国迅速洗脱了自己初级加工者的身份，正因为崛起是如此之快，红脖子的存在才是一种哲学意义上的必然。

一如硬币的两面，美国的一南一北，腹背相依，一面是肉，一面是甲。没有一个个"阿甘"，哪有这外在的强悍。从这个意义上说，一切被遗忘的与弱小的美国人，都是红脖子。

！

离开美国前，我遍访了当年要脱离合众国的11州。这一路充满惊喜，就连不停绕圈的纳斯卡赛车（纳斯卡赛车名人堂[39]），也因为有了一段与禁酒、逃逸、竞速、DIY机修有关的历史而高级了起来。

在北卡罗来纳州夏洛特市，有一座新南部博物馆（列文新南部博物馆）[40]，里面

---

[39] **纳斯卡赛车名人堂 NASCAR Hall of Fame**
    地点：北卡罗来纳州 夏洛特市
    【建筑】★★★
    【丰度】★★★
    【趣味】★★
    【加成】纳斯卡赛车迷 ★★★★★
    2010年竣工的纳斯卡赛车名人堂位于夏洛特市中心，耗资1 600万美元。馆舍建筑的灵感来源就是纳斯卡赛车的环形赛道，显示出螺旋上升的姿态。其中陈列包括纳斯卡赛事的历史起源、名车、名人展厅、赛车内部的结构呈现与解说，还有各种互动式多媒体陈列。除非是资深的纳斯卡赛车迷，一般游客恐难看出门道。

[40] **列文新南部博物馆 Levine Museum of the New South**
    地点：北卡罗来纳州 夏洛特市
    【建筑】★★
    【丰度】★★★★
    【趣味】★★★★
    【加成】美国史 ★★
    和一般的南部历史类博物馆不同，新南部博物馆聚焦的是美国内战之后的南部建设。永久陈列《从棉花地到摩天楼》展示了夏洛特经济形态和城市面貌的变迁。该博物馆外部朴素，居于一个街角，但是内部陈列手法却相对新颖开放，朝气蓬勃，叫"新南方"当真是名副其实。

提到南方人与北方人不同的"话风",我深以为然。南部说话委婉,北方说话直接。若不愿做一件事,北方人出直拳——"我不会做的";南方人则会说:"我想我可以考虑一下。"在商店超市结账时,北方人一言不发,结完走人;南方人则会与柜员攀谈一番,聊天气,聊节庆。在南部,年轻人经常会用"先生"和"夫人"来称呼长辈,我在佐治亚州理工学院当助教时,也曾被学生称为"Sir";在北部,基本都是以名字直接招呼。即便是称呼教授,也是直接用"教授"而不用"先生"。显然,比起辈分上的长幼,职业层级在北方人看来才更重要。

在亚特兰大的六年,我已习惯了与超市柜员攀谈,与办公室的清洁工人攀谈。我喜欢每次结尾时的那句"祝你一天愉快",虽然不足以真的让我愉快上一整天,但

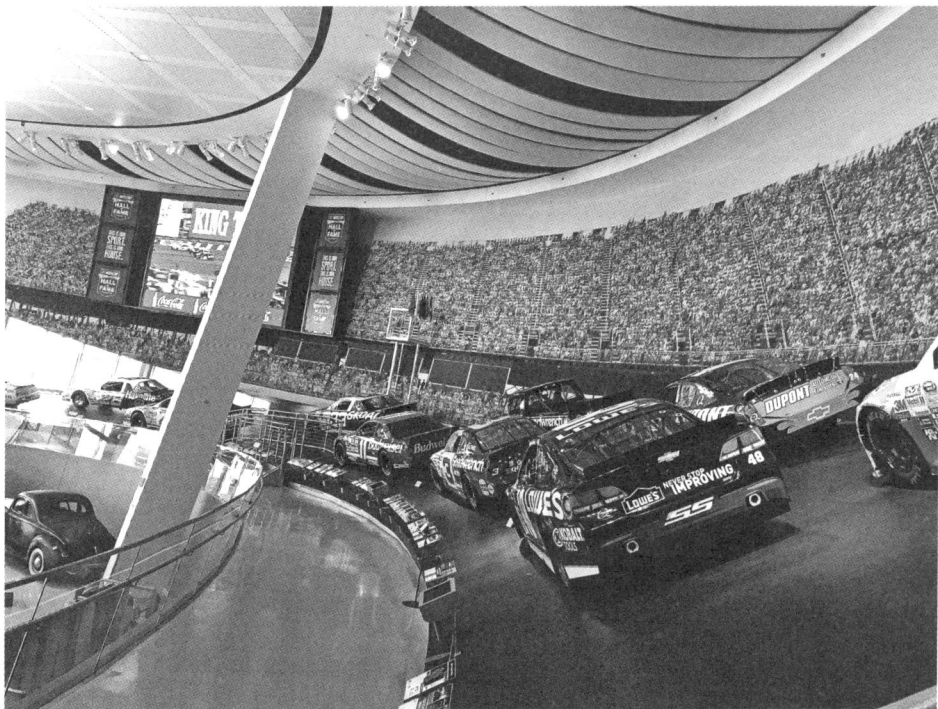

图4-4 夏洛特纳斯卡赛车名人堂里仿佛有引擎的巨响一般

至少可以在之后的五分钟里，眼前阳光明媚，红霞如绢。可见这些旧时等级社会的"遗毒"也并非全无用处。说到底，在职阶与买卖之外，人与人之间还是需要额外温情的啊。

世界上本没有列鼎而食的乡巴佬。

傲慢的人多了，乡巴佬便也多了。

有一天，我对那位美国朋友实话实说："我好像喜欢亚特兰大胜过纽约了。"

"你可算长进了。"他笑道。

美国高级的菜馆多是法式，偶有意式。可要论起美国本土的烹饪文化，还得看黑白混杂的南方。那些年南部之行最大的惊喜，是伯明翰一家小店里的华夫炸鸡。

之前不是没有吃过这道南部名菜，华夫与炸鸡，两样乍看之下无关的东西，要如何和谐并存、自成一体是一门大学问。在阿拉巴马的伯明翰，我找到了当地最有名的店，它居于一个十字路口，停车竟还算方便。菜上来的时候我发现，他家用的不是厚而硬脆的烤饼，而是薄且软糯的华夫，软到可以把炸鸡包裹起来。蓝莓陷落在华夫饼的网格里动弹不得，透露着不可言喻的乖巧；草莓则被切成丁，如花瓣一样，散落在一团奶油周围。五块炸鸡围在一侧，拿起来一口下去，外脆里嫩，火候是如此恰到好处，油脂沿着手指蔓延，却丝毫不惹人讨厌。店家的糖浆，没有用外头零售的那种充数，而是自制的。所以没有那种工业化的浓稠与纯净，而是稀的、不透亮的，但却清甜爽口。

华夫炸鸡一不小心就会变成油腻叠加甜腻的热卡轰炸，据说当年这道菜被发明出来，就是黑人爵士乐手彻夜演奏筋疲力尽后，将晚餐与早餐合并为一餐的产物，炸鸡负责顶饱，糖分负责醒脑。这家店没有落入追逐生理快感的陷阱，而是让所有成分都在往清爽靠拢。炸鸡油而不腻，润而不肥，华夫甜而不齁，暖而不燥，如同冬日里的火，春日里的蜜。临走时，我去到柜台，和黑人大妈道别。她问好吃吗，我用力握了握她的手表达了敬意：

"此生从未有过之体验！"

她大笑起来，想来她应该不是店主，却也自豪。

图4-5　伯明翰华夫炸鸡的美好岂是照片能传达的

　　南方的浑杂，一如炸鸡，只要有心用心，简单的东西、互斥的东西，也可成为美食。我和柱子后来都成了南部饮食的俘虏，体重飙升。我们还专程去拜谒过山德士上校之墓，感谢他让我们的儿时记忆里充满指尖的飘香。

　　哈兰德·山德士（Harland Sanders）虽然参过军，在古巴上过战场，但他不是真的上校。1949年时，因为炸鸡店小有名气了，他被肯塔基州州长授予"荣誉上校"称号。为了让自己名实相副，他开始蓄须，以军服和领结示人。后来因为给鸡块裹粉容易弄污军装，他索性把衣服换成了白色，还特地将胡子也漂白了，和蔼可亲的商标形象由此诞生。

　　然而，真实的山德士上校一点也不和蔼，他被生活磨出了一身火暴脾气。1890

年生于印第安纳的他，六岁时父亲就过世了，养家的重任由他来担。为了照顾弟弟妹妹，他做过佃农，卖过保险，在铁路上灭过火，在电车上检过票，甚至在阿肯色州，他还做过一阵律师，可因为脾气实在暴烈，曾在法庭上和委托人争吵起来，从此以后就没再干这行。之后，山德士又辗转去俄亥俄河上开渡轮，卖轮胎，连接生的活儿都干过。1930年，40岁的他终于攒够了钱，在北卡罗来纳州开了一家加油站。他偶尔会给卡车司机弄些吃的，做炸鸡颇有一手，这一弄就弄出了大名堂。

历史上第一家肯德基不在肯塔基州，而是位于犹他州的盐湖城，饭店老板是山德士开会时认识的朋友。1952年，山德士来到这家店，为他做了招牌炸鸡。店主觉得这来自南部的美食在此地大有前景，遂打出"肯塔基州炸鸡"之名。两周后，饭店门前汽车排成了行，山德士大为吃惊，两人于是达成合作关系，推出了连锁品牌。1955年，山德士卖了旧店面，开始了他的环美之旅。那年他65岁，靠每个月105美元的养老保险度日。他开着他的老福特车，每到一个饭店都展示一下他的炸鸡，并和店家约定：卖出一块鸡，他只收5美分授权费。1964年，肯德基有600分店在手，山德士一次性出售利权，一夜之间荣升百万富翁。但是他的脾气没有变，即便是混商界，他也是出名的会骂人，还不带重样的。新的投资人如果影响了肯德基的口味，他一样拍案而起，甚至不惜对簿公堂。

炸鸡文化和山德士本人的个性是共通的。艰难生活里，它是对幸福的向往。简陋粗暴，没有设计，却让人快乐，欲罢不能。我在纽约生活时，就已经知道即便是快餐，在美国也是要按照顾客的阶级与种族划分出几个档次的。肯德基属于低端品牌，专属于黑人与穷人，所以即便是在肯塔基州，肯德基也不是最受欢迎的。可是我却在我的南方岁月里，爱上了炸鸡的好，然后带坏了柱子。

当年盐湖城的那位店主可真是个营销鬼才，他发明了桶装式的炸鸡，发明了"吮指好滋味"（finger-lickin' good）的金句。同样的菜式，放在新南部菜的高端餐厅里，用刀叉吃，就完全不得滋味；若是在市郊的KFC店里，便可从桶里直接掏出来吃。在脂香四溢的空气里，无论是远渡重洋的两个中国青年，还是隔壁桌的一家三口或一家五口，都可以放肆陶醉。也是在那样放浪形骸的时刻里，我们可以不问语言、不看肤色，相视一笑。

1980年12月16日，山德士在路易维尔去世，16年后他夫人葬在了他的身边。山德士夫妇所在的墓园——洞丘公墓[41]里，还有许多名人。最大的墓碑属于拳王阿里，他2016年才去世，所以墓前人流不绝。夕阳从赭红色大理石后放射出来，将吊唁者的身影在草地上拉得老长。

幼教先驱帕蒂·希尔（Patty Hill）也葬在这里。十九、二十世纪之交，她是在路易维尔工作的一名幼儿园老师。希尔一生致力于推广学前教育，在哥伦比亚大学师范学院内参与创立了儿童福利研究所。1893年，她为了欢迎入园的新同学们写了一段小曲，名叫《祝你生日快乐》，这首歌至今仍时时被人唱起。

同在这个墓园的还有艺术家尼古拉·马赛（Nicola Marschall），他是十九世纪中期从德国移民来的青年艺术家。原本在杜塞尔多夫学院就读的马赛，为了更好的职业发展，通过亲戚关系来到阿拉巴马。他受聘于友人，为南部邦联设计制作了那款著名的"国旗"——十字星条旗，同时还设计了邦联标志性的灰色军服。战争期间，他官至南军上校，战后他举家搬迁至肯塔基州，以画肖像为生，直至1917年去世。他一生中不但为邦联伪总统戴维斯画过肖像，也给正牌总统林肯画过。我们去的那日，马赛石棺前的泥土里插着一面小小的邦联旗。这个叫嚣着背叛与压迫的符号，似乎唯有在那里，可以是一件安安静静的艺术品。

新闻里，南北势不两立，黑白水火不容，这不是生活的真相。没能溶到一起去的

---

〔41〕洞丘公墓 Cave Hill Cemetery

地点：肯塔基州 路易维尔市

【建筑】★★★

【丰度】★

【趣味】★★★

面积1.2平方公里，始建于1848年，洞丘公墓是路易维尔最具历史感的景点。位于城外，需要驱车抵达。在不舍得用城中之地建造公园的岁月里，这里曾是路易维尔市民休闲的好去处。因为有多位历史名人落葬于此，所以直至今日都人气十足。除了文中提到的山德士、阿里、希尔、马赛以外，埋在此地的还有路易维尔的创立者、独立战争期间的将官乔治·罗杰斯·克拉克。

奶粉,虽然有块,但也是浆。

时间如同一条大河,什么都能承载,也什么都能吞没与遗忘。

浩浩汤汤,浑浑沉沉,奔流不止。

一如夜色里滔滔的俄亥俄河,一边是所谓北部,一边是所谓南邦。

岸那边的辛辛那提灯火如炬,我和柱子只一个劲地想,下一家好吃的炸鸡会在何方。

成为学者

！

有些"文化传统"，以前总觉得是咱独一份的，其实不少竟来自美国。比如给人戴上又尖又高的帽子，对其人格进行羞辱这件事，以前只在国产电影对政治风波的描述里见过，后来我在萨瓦纳的一座学校旧址，见到了一段文字记载。原来十九世纪末美国老师惩罚"差生"便是采用此法，大概可以算是"社会性死刑"里的先辈了。

这种惩罚叫做Dunce Corner，或可译作"傻瓜角"。表现不好的学生会被发配到教室角落，用独一份的桌椅，并且戴上一顶高帽子，上面竖着写有"傻瓜"字样。根据博物馆的文本，这种传统源自十三世纪的欧洲学校，高帽子原本是让学生东张西望的动作变得更容易被老师察觉，头转着不方便，学生就能集中精力学习。然而在实际操作中，高帽子很快走样，变成了一种惩罚与侮辱。在美国，这一做法一直延续到二十世纪初。

这所记录了"傻瓜角"的旧学校，今天是萨瓦纳的一处小型历史博物馆，名为马希文化遗产中心（Massie Heritage Center）[42]。建筑得名于彼得·马希（Peter Massie），他是苏格兰裔，1841年捐赠了5 000美元给萨瓦纳市，用于贫困孩子的教育事业。市政府先是把这笔钱用于煤气灯公司和佐治亚州中央铁路公司的投资，到

[42] 马希文化遗产中心 Massie Heritage Center
　　地点：佐治亚州 萨瓦纳市
　　【建筑】★★
　　【丰度】★★★★
　　【趣味】★★★★
　　这是一个空间不大，展览却层次极为丰富的小型博物馆。一楼有沙盘激光展，将萨瓦纳市的变迁和重点建筑一一描绘，一边还有船模展，凸显港口曾经的繁荣。与之相连的另一栋楼里还有佐治亚州生态展、建筑鉴赏展，将天然和人造环境都用不大的篇幅描述清楚了，例如：萨瓦纳所在地理位置既是河口又是海口，还有高出河面的岩壁构造，这使它易守难攻，是天然的军事工事，今天这里被改造成了步行街的两层结构。马希文化遗产中心是参观萨瓦纳的必去之地，强烈推荐。

1854年,钱生钱利滚利,数目够了,再开工建设了这栋号称希腊复兴风格的简朴建筑。学校于1856年10月15日开始运营,当时招收有150名学生,1名校长,2位老师,3位助理。美国内战期间,北军攻入萨瓦纳,这栋楼被征用,成为伤兵病房。内战之后,学校为了获得更多来自联邦政府的资助,不得不讨好北方价值观,开始招收女性学生。于是,学校里出现了45名女生。

男女虽然同校,却并不总在一起活动。学校被严格地一分为二,在一楼,一面围墙将后院截断,厕所也被一切为二;不过后院两翼的楼梯皆可通往二楼的大教室,可见上课还是得坐在一起上的。今天这个教室仍然保持原样,1895年的语法题与数学题仍然放在桌上,朗朗书声似乎依稀可闻。美国的教育向来崇实,孩子们要做的数学应用题也是要用于解决实际问题的,例如根据体积来计算马车厢里能装多少袋麦子,根据单价和重量求算一桶煤炭的总价,根据本金和利率来计算银行该给多少钱,等等。

1870年代的老师除了教书之外,还有许多职责需要承担。他们需要给油灯加油,清扫烟囱,需要带当日上课所需的一桶水、一筐煤,需要细致地削好铅笔,要考虑到每个学生不同的用法切削仔细了。男性教师每周可以有一晚上的自由时间去找对象,以免耽误终身大事;如果是去教堂礼拜的话,则可以有两晚。每天十小时工作之后,可以用业余时间读读圣经和其他优质读本。女性教师一旦被发现有生活作风问题,或者是决定结婚了,即刻就会被辞退。学校不喜欢抽烟的、喝酒的、常去泳池和舞厅的老师,这还可以理解,但是校方明文规定不希望老师在理发店刮脸就匪夷所思了。当老师的收入不高,忠实履行职责,并且五年内不犯错,能换来周薪增加25美分的优待,就这还得得到上级委员会的同意。难怪校方要劝说每位老师多多存款,以备不时之需,并称:"这样他就不会在凶歉之年成为社会的负担。"环境与待遇如斯,也不难理解为什么老师们频频要把学生塞去"傻瓜角"了——实在也是不值得掏出耐心与真心的。

我本科期间,游泳是必修课,这也是来自美国的规矩。

当时在北京,学校强制要求上两门体育课,其一是太极拳,意在弘扬国粹,其二是200米游泳，意在保你小命。之前出过事，学生暑期出游，行船时意外落水溺亡，着实令人惋惜。学校自此强制要求全校本科生上游泳课，要一气呵成游完200米才算合格。可即便初衷是好的，也会连年碰上因为不能顺利通过而闹腾的学生，一些体质实在虚弱，一些水性实在不行，说起来也都是各自专业方面的人才，总不能因为人家不会游泳就不给发毕业证吧？好像到我毕业几年后，学校的游泳课就不再是必修了。

后来我去亚特兰大读书才知道，在格外关注身体力量的美国南部，早就有过必修游泳的传统，就连缘起和结局也都一模一样：因学生溺亡而起，因学生闹腾而终。佐治亚州理工学院在1996年奥运会期间承接了游泳和跳水项目，为此改造了相关设施，今天这个奥运标准泳池的尽头，仍然挂着一面巨幅美国国旗，而另一头则被扩建改造为一个大型健身场馆。佐治亚州理工学院的健身房几乎全年无休，早上六点就开门，晚上十一点才结束。2014年初亚城小雪，全城停摆，只有学校健身房笑傲霜雪，坚持开放。学校里多的是一清早就来挥汗的爱跑者，我这个原本不好动的，在这里也逐渐养成了定期锻炼的习惯。可见有些事，靠逼不如靠养，教育的脑筋还是应该多动在供给一侧。

!

佐治亚州理工学院位于亚特兰大市，亚特兰大市位于佐治亚州。

亚城是座不大不小的城市，办过奥运会，凭借旧日铁路枢纽的地位，拥有今日全世界最繁忙的机场。除此之外，亚特兰大还是可口可乐和达美航空两家公司的总部所在，拥有西半球最大的水族馆。不过，连奥运会都没什么人记得，更别提旁的了。

佐治亚州理工学院成立于1885年，美国内战后百废待兴，南方工业底子原本就差些，佐治亚州理工学院的出现就是为了搞基建。和一些学校以委身交通行业为耻，非要为校名拽文的做法不同，佐治亚州理工学院很以修铁路这件事为荣。时至今日,上下课的铃声仍然是一声尖锐的火车汽笛,骄傲地响彻校园,响彻亚特兰大整个中城区。我们外来的演讲嘉宾常常会被吓到——因为听着实在很像防空警报。

2014年1月,我入学的第一年,亚城迎来了十年一遇的雪情。学校如临大敌,关停了所有的食堂餐厅。其实到头来也就下了薄薄一层,学生连个像样的雪人都堆不起来,可见只能勉强算下雪。但是全城交通竟已瘫痪,我提着从邻近"棒约翰"店面买回来的几个披萨,从容行走在被封冻的车流里。那是我在亚城度过的第一个春节,因为只有"棒约翰"营业,我吃了整整五天披萨,冯导那一年的春晚挺好看。

科技史系在旧的土木工程楼,红砖棕瓦,算上地下统共四层。这栋楼是有年头的,朴素,却有股子灵气。没有山仙,没有潭龙,可有一只奇异的松鼠,它显然是得了白化病,毛色比一般松鼠要浅,眼睛还是红的。同事们都说,它是我们的吉祥物,考试和开题前只要能见到它,就一定会有好运。

佐治亚州理工学院的建筑风格叫佐治亚式,砖面是赭红,其余的像门柱、门框、窗沿则多用白色。佐治亚州理工学院的校园是朴实的,但也不至于呆板机械。春天里,紫色的玉兰花盛放,满树的白海棠虽然落了一地,但树上依旧满满匝匝。走到图书馆的门前,有浅粉的樱花可赏。学校太大了,面积几乎与整个亚特兰大中城区相当,我在那里学会了滑板,摔过几跤惨的,还偏偏摔在了最热闹的地方。那次是在兄弟会的派对门前,摔得厉害,得被人扶着才能起来。一位好心的姑娘送了我半包纸巾,大概是看我摔了半脸血,不然就得是一整包了。

博士生的课程很难,难到我力不从心。我常常在办公室待到凌晨两三点,有时还会忍不住致电各路老友,向他们诉苦。我逐渐意识到,硕士是硕士,博士是博士。硕士是你带钱去读,学校没什么可为难的。博士就不一样了,是学校发你钱让你读,你自然需要不断证明自己值得。最后一周是考试周,十天里要攒出三四篇三四千字的大论文,我从此赖上了功能饮料,一晚上喝两罐也是有的。

读博的第一年里,我遇上了一门让我头疼的课:美国城市史。那是一门本科生课程,作为旁听的研究生,教授对我另有一番要求,尤其是期末论文的连贯性、深度和严谨程度。城市史名义上是我的博士方向,我也选了美国华埠的历史来写,已经是偷懒的了，但我的研究能力其实很弱，学术英语写作更是"扶不上墙"。上课听不懂，读书跟不上，文章写不出，交过一篇非常糟糕的作业。教授是个比我长七八岁的青年教师，叫丹尼尔博士。也许正是因为他刚刚完成了严格的博士训练，对我的表现十分顶真。距离期末还有一个月的时候，我提交了读博生涯的第一篇作业，是一篇书评，得到的评语是这样的：

> 辛成，
>
> 你向我展现的是你确实做了阅读，而且对于我们课堂上讨论的学界主流趋势有着扎实的理解。但这篇作业真的不能算作一篇研究生的论文，它也没有达到我此前列出的对本科生的要求。它既没有引论，也没有结论，论述也不清楚。有鉴于此，此文读来杂乱无章。
>
> 在读博期间的所有课业中，你都得有强有力的引论、清晰连贯的论证、强有力的结论，然后回顾前述要点，或者再深入反思。现在你这篇读起来就像是两篇书评生拼硬凑在一起，而两篇都没有达到理想的组织水平。
>
> 如有问题，请联系我。
>
> 作业得分：C

想过会很糟糕，但没想过会这么糟糕。

同事们知道了，劝我说这没什么的，说多半是教授的个性有问题，我不是第一个吃亏的，可我还是难以释怀。看来到了博士阶段，为人处世的机巧不管用了，努力不能靠装，即便我是个外国人，只要成品质量不行，就不会得到宽恕。

我开始怀疑我是不是真的适合干这行，毕竟原本申请读博的时候就是打过退堂鼓的，暗暗希望五个申请全军覆没，这样我就可以结束这段本就有些不情不愿的苦行，去干点轻松的、钱多的活儿。导师之前也劝过我，学术这条路寂寞清苦，能别干就别干。眼下，这些心思这些话，一股脑儿涌上来，倒真的觉得自己要坚持不住了。后来，在朋友的鼓励下，我有了一个想法：一件事情到底合不合适，不是想出来的，而是试出来的。既然决定要试，那力道就必须是十成，不然这个实验便是无效的，也不可能得出正确的结论。三心二意，反反复复，只会徒增痛苦。

想明白了，拼他一个月。连借带买，我弄来一堆关于华埠的书，硬着头皮一一啃了，有的啃得细些，有的粗些。几本读下来，学术产品的惯用套路逐渐明朗，文献与文献之间的联系也浮现出来。纵然写作是一如既往的吃力，但我忽然觉得下笔言之有物了。一个月之后的作业，丹尼尔博士给我的评语如下：

辛成，

我读着这篇文章，脸上挂着大大的笑容。你写了一篇很棒的论文，基于你对选取的文献细致探索了，观察得很透彻。全文中你提出了好几个有趣的论点，提供的历史细节恰到好处，读来很是晓畅。

不过，我还是要告诉你，你的英语写作在措辞和语法方面还要狠下功夫（当然我是站着说话不腰疼了，我用中文啥也写不来，更不要说像这篇论文一样复杂的内容了！）。我不清楚你要如何解决这个问题。你或许可以找个同学聊聊，或者和你的导师讨论一下。显然，最理想的状态是让你的好想法直达对方思维，不受语言阻碍，尤其是考虑到你接着要开展的是原创性的工作了。

让我最后为你这学期的坚韧鼓掌，确实是令人敬佩的，也劳有所得。请务必保持联系，我殷切盼望了解你研究的进展，如果你觉得有需要，我也十分乐意提供帮助。

作业得分：A

丹尼尔博士虽然盛情称赞了我的进步，可因为前番打分太过惨淡，最后的课程成绩也不怎么好看。但我不介意，满心欢喜地申请下一学期去做他的助教，后来我们成了能就着美国城市问题说上好些话的朋友。也是在替他做助教的过程中，我对美国本科生有了更多了解。少数学生，尤其是坐在阶梯教室后面的，会把脚搁在前面或旁边的椅子上，像是在看电影一样。他们有时也有让我惭愧的正直：一次考试，有一道选择题比较难，学生答错了来找我询问，我解答之后告诉他，教授在制作考卷答案的时候，自己也错选了和你一样的答案，所以没什么大不了的。这个学生非但没有窃喜，反而一脸严肃地对我说：作为助教，你为什么要损害教授的信誉呢？我一时竟不知该如何作答，后来我才懂了，对于他来说，并没有想要助教这个角色站在他的阵营那边，而是希望我忠实于我的本职工作：既然是为丹尼尔教授打工，自然是不该说这些有的没的，那样太不专业了。

也不是没有投机取巧的。有一次课前，我亲耳听到一个学生没有完成上一节课的阅读作业，只是在开课前五分钟从邻桌那儿打听了一下，竟然在课上第一时间主动举手答题了，在教授那里博得了一个好印象。不过，佐治亚州理工学院整体上学

图5-1　亚特兰大佐治亚州理工学院的修车铺

风是很好的，踏实吃苦，对待考试很认真，可是一到假期，学校里也是一个人都不留的。美国青年人信奉"work hard, play hard"的原则：正事办得有多用力，撒欢就也一样用力。做学生做得那么职业，倒是很值得学习。

因为是一所工科学校，佐治亚州理工学院很有劳动的氛围。教室里设备出了问题，我还在一头雾水的时候，学生们已经冲上前来，几个人围拢着，各种试错，然后讨论方案，最终着手解决。学校停车场的底层是一个自行车铺子，与其说是修车铺，更像是个修车俱乐部。这里没有运营者，只有共用的各种工具，用完了放回原处去。即便是与我同系同届的文科生，作为一个环保主义者，她也会动手践行自己的价值理念。她家有一小片园子，养鸡栽树都在那里，时常会带给我们新鲜的鸡蛋与无花

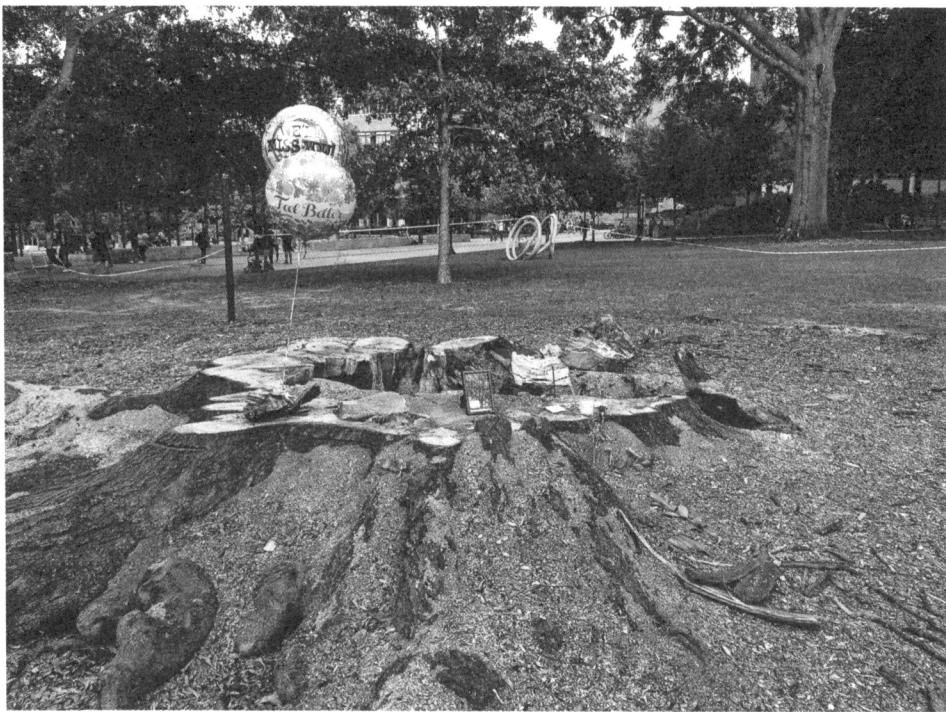

图5-2 亚特兰大佐治亚理工学院草坪上，学生们在纪念一棵大树的逝去

果,顺便捎上几句价值观浓度极高的话。

　　学校里最大的草坪是校园中央一处浅洼地,名为Tech Green——理工绿地。作为一所工科学校,几乎所有的学生都知道这片草坪下面是蓄水罐,雨水最后都会聚集于此,然后被二度利用。平日里,总有学生在草坪上来回投掷飞盘和橄榄球,也会有三三两两的在那试飞新造的无人机。走到一旁图书馆的天台花园,看下来的风景更是活泼悦目。

　　有一天,草坪附近的一棵大树忽然裂开,咔的一声巨响,一侧树干几乎要砸到地上。回过神来的学生们第一时间奔向树下,察看有没有人受伤。第二天,学校把这棵原本要七八人才能环抱的大树给砍倒了,草坪上只留下了一个树桩子。老树切开了也是嫩黄色,是才与这个世界问候的样子。尽管围了一道安全线,但同学们还是翻过去给树桩敬献各种"贡品"。有人送了玫瑰和蜡烛,有人系了两个彩色气球,一个上面写着"Feel Better"(尽快好起来),另一个写着"We'll Miss You"(我们会想你的)。还有同学把带有这棵树的照片打印出来,把相框立在树桩上。这样的学生,怎能叫人不爱。

!

2017年9月17日,我在"脸书"上看到了亚城的本地大报AJC发布的一则新闻:

《佐治亚州理工学院一学生于校园中被警察击毙》

　　枪击案每天都有,近距离发生在身边还是头一遭。新闻封面图中,这个学生戴着酒红色边框的眼镜,披肩的长发,可脸庞又是男子的棱角,双颊有青色的胡茬。背后挂着的是象征"性少数群体"平权的彩虹旗,看得出来,这是个有故事的人。

　　我猛然想到,这则新闻恐怕与我前一天晚上的经历有关。那是晚上十一点多,我还在办公室工作。手机忽然响起,打开一看,是学校通过短信形式发送的校园警报:"校园里出现了一个 Active Shooter(行动中的枪手),请各位同学待在室内,在通知更新之前不要外出。"

浮现在脑海中的画面让我慌张,校园里有人拿着枪,正在移动中,尚未被警方制服。夜色深了,我抬头看向路面,昏黄的街灯透过玻璃洒下来。黑暗和孤独,这些平日里对科研来说最好的佐料,此刻成了恐惧的源头。我想到,如果这时候枪手被警察逼到此处,如果他看见玻璃窗下的我,会不会朝我开枪,会不会踹碎玻璃,跳下来把我绑为人质……各路动作电影在我眼前闪过,编排出惊心动魄的剧本。手里的工作不得不停下,我得先找一个安全的地方待着。

我不能离开办公楼,甚至不敢离开博士生办公室,躲在一面墙后却又发现环绕整个办公室的玻璃窗仍会将我暴露。我只能拿着手机躲在墙角,那是视线的死角,我在那里刷新闻,急切地等待着下一条校园警报告诉我好消息。

大约半小时之后,手机振动,打开一看,危险解除,可以自由活动了。我长出一口气,也不再有心情继续工作,三步并作两步冲向我停在后院的小本田车,像《速度与激情》里那样一通操作,快速驶离校园。

怕父母担心,也就没和他们说起此事。当晚那么一紧张,睡得倒是格外香,谁又能料到那个被校警"解除"的危险,竟是佐治亚州理工学院自己的学生。

被击毙的学生名叫斯考特,有不止一个学生拍到了事发全过程,这些视频很快在网上传播。依旧是那令人熟悉的灯色,斯考特被击毙的地点是学校北部的停车场门口,灯光力道更足,没留任何暗角。这位所谓的"行动中的枪手"看上去并没有持枪,他的衣服松垮得像睡衣,也不可能挂枪在身上。视频中,两位校警双手举枪,体态保持着职业性的紧张,令他们紧张的是斯考特手里的东西,那虽然明显不是枪,但也确实看不清是什么,后来看网上的说法,是一把多功能刀具。斯考特对着校警吼了几句"Shoot me"(朝我开枪啊)。警察没有行动,双方低声对话,视频里听不清楚。

据论坛上的学生说,对峙持续了不短的一段时间,其间校警反复警告了斯考特,但他始终没有放下手里的刀。最终结束对峙的,是斯考特的一个前冲动作。才刚刚摆出了那样的姿态,枪声就响起了,斯考特应声倒地。太快了,仿佛校警一直在等待这样一个瞬间，等待让他们开枪解决问题变得合法的瞬间。有人在网上说，校警做得很对，警告了那么久，已经仁至义尽了。但是也有人问，真的有必要打死斯考特吗？更令人生疑的是：斯考特到底为什么会出现在那里？他手里没有枪，为什么学校会发出那样的校园警报？他做这些事情的原因到底是什么？

随着论坛上四面八方的信息越来越多，完整的图景逐渐复原出来。斯考特是自己报的警，说在学校北部的停车场附近出现了active shooter，需要学校出警处理。然后他从宿舍楼下来，穿着睡衣和拖鞋，带着他的刀具来到他给定警察的地点。等校警到达之后，斯考特主动寻求事件升级，目的就在于让警察开枪打死自己，完成这出颇具象征意义的自杀局。这就是他不听劝阻，始终都没有放下刀子的原因。

论坛上，一些人开始责备斯考特的阴险，为什么自寻短见还要让别人的手染上血；另一些人觉得斯考特所为乃是壮举，他用自己的生命揭露了美国警力的制度性问题。据说斯考特生前性格开朗，在学校人缘极好，因此论坛上双方争战不止。随着主流媒体入局，骂战很快又变成了一场校内校外的舆论攻防。那天，校长极为罕见地向全校师生发了一封邮件，没有事件的回顾，没有改革的决心，更多地是表达哀悼，抚慰为主，这在网上又引发了一波讨论。看"脸书"我才发现，我和斯考特竟然有一位共同好友，我们同在人文学院，她在学校很活跃，基本谁都认识。那天，她发了一则长帖：

　　昨晚被杀的学生是佐治亚理工学院"性少数群体"联盟的主席，这个组织运行了许多年了，是学生自己组织的。没办法，学校方面没有足够的正式建制来满足"性少数群体"学生的心理健康需求，尤其是在这样一所压力巨大、竞争性极强，而且价值观还颇为保守的学校里。学校官方的"性少数群体"资源中心，尽管我赞赏他们的工作，不过我也希望大家注意到，这个机构成立不足两年。与佐治亚理工学院同等级别的大学早在十几年前，甚至几十年前就已经走在前面了。全校学生数逾两万六千人，但这个官方资源中心仅有一名全职员工，而且这个所谓"中心"的办公室看上去像是用一个残疾人卫生间改出来的。

像斯考特这样的学生,不断地组织和主持活动,在校园里发声,其所面临的都是这样一种冷漠的校园文化和制度环境。

如果我们的"性少数群体"学生和性别界限模糊的学生能够获得像橄榄球校队队员那样的资源,有专门的设施、辅导和心理健康维护,那么佐治亚理工学院的校园生活又会是怎么样一种光景呢? 如果我们的电脑系统能更新到满足跨性别学生和性别无法简单按照男女划分的学生的需求,不用他们每学期开学伊始被迫去向教授做各种解释该用什么代词来称呼他们,如果他们可以选择校园卡上符合他们真正性别的身份,如果学校的咨询中心能有学校武装安保十分之一的预算和编制……

我不知道我们要如何从实然抵达应然,但很明显,校领导层管理层的意愿是使其变为现实不可或缺的。如果要说我们校长的邮件还算言之有物的话,那唯一的内容就是我们必须发出集体的声音,要求领导层必须拥有一点点改变的意愿,反正现在看起来,他们是完全没有的。佐治亚理工学院的学生不应该被这样对待。

很显然,斯考特的亡故并不是一人之事、一校之事。在很多人看来,这件事是美国社会的缩影。警方枪支滥用,学生心理成疾,"性少数人群"权益难维。一些人觉得应该好好反思,做出改变,一些人觉得一切都合理合规,一个人有病,责任不在制度。一些人觉得斯考特的死象征着边缘人群的整体状况,一些人觉得让校警署深陷舆论漩涡也不公平,各色各样的愤怒都找到了发作的理由,然后风暴渐渐成型。

9月18日,斯考特死后次日,也就是学校物议沸腾一整天后,学生们组织了一场烛光守夜活动。烛光守夜是西方人的一项传统,源自希腊罗马时期,人死后数日内都要明烛驱邪,为亡者引路。活动的组织者给每个前来守夜的学生都发了一支白色的蜡烛。活动地点选在学生中心门口的喷泉处,现场来了两百多人,他们围坐在喷泉水池边的座位上,另一侧的草地上也站了好些人。

天空还是靛青色的时候,有人做了两个简短的演讲,他们巧妙回避了关于此事件所有的雷点，也没有任何一句有力道的呐喊。校警的权责的问题，学生的精神健康的问题，边缘化人群在学校的处境问题，全都没有提到，就好像校方行政权力已经为这个守夜定了调了。有组织者走入人群，拿着长嘴的打火机，将人们手中的蜡烛逐一点亮。此时天色已暗，幸好无风，烛光祥和地照在师生脸上，没有人说话。喷水池前放置着斯考特的遗像，默哀之后，人们依次举着蜡烛走下去，在斯考特的相片前经过，然后将蜡烛吹灭丢进一旁的垃圾桶里。一个人声团唱了杰克逊五兄弟的名曲《I'll Be There》（我将与你相随），送走逐渐散去的人群。

活动临近尾声时，现场开始出现了不同的声音。烛火灭了，祥和也一并燃尽了，学生中开始出现 "It's not okay!（这事没完）" "Fuck the police!（干死警察）" 的喊声。有人放声哭泣，有人开始吼叫，抗议学校管理层和校警署。草地上突然出现了一队学生，他们举着床单似的横幅，上面写着 "Defend LGBT+, End GTPD"（保护"性少数群体"，取缔佐治亚理工校警署），角落还标注了一个象征着无政府主义（Anarchism）的圆圈 A 字。他们口号振振，叫人心跳加快。秉烛悼念的队伍还没走完，里面也出现了不一样的声音，年长些的人劝年轻些的要保持守夜的调性，年轻些的便指着斯考特的照片咆哮起来："我是他们的朋友！你能懂我现在是什么感受吗！你根本都不认识他们，他们是被学校杀死的！是校警署杀了斯考特！"

这个学生口中的"他们"，其实就是斯考特一人。斯考特就是"非二元性别者"，认为简单的男女之分无法界定自己的性别身份，也认为这种二元划分毫无必要。为了表达"雌雄一体"模糊共生的状态，斯考特生前都要大家用复数来称呼他，第一人称时是"我们"，第三人称时是"他们"。

那位年长些的人摇着头说："你们这样做改变不了任何事。"

"起码我们在做些什么吧！起码我们得要做些什么吧！难道就像刚才那些演讲一样什么都不提，什么都不去改变吗？！"

在升温的混乱里，主张取缔警局的队伍吸纳到了一些参加守夜的学生，有人从包里掏出了公路救援用的闪光信号棒，点燃之后，红色的光刺破夜色。一支打着标语、吼着口号、三十多人的队伍，举着他们能搞到的最接近火炬的东西，开始向校警署进发。

他们喊着"Justice Now"。还我公道。

他们喊着"Cop is the murderer"。警察是杀人犯。

我感到形势不妙。

去往警署的路起起伏伏，虽然已是夜里，沿途仍有不少学生。他们无一不被这支队伍吸引，却极少有人加入。有不少人和我一样跟在了队伍后面，想要看事情的后续发展。三辆警车早早地就在沿路布好，警灯不住闪烁，一切都被搅成红蓝一团，警察用车外喇叭劝阻游行队伍散去，并称这次集会并不合法。学生们高举着拳头和标语，无所畏惧，并向警车投出几枚不知哪里来的烟幕弹。和平的校园小路，扬起了战场一样的灰，路灯的光线边缘被勾勒出来，变成了一柄柄伞。警车一路后退，显然不希望这么快就与学生发生冲突。队伍身后的车流堵了起来，起初还有些绕过游行队伍去的，看到烟雾四起后，就纷纷调头了。

最终还是来到了校警署门口，警察已不会再退，冲突随即爆发开来。我隔得远，只听得抗议声越来越大。忽然间，金色绿色的烟花从人群中射出来，现场陷入混乱。警察起初没有吭声，等到粗大嗓子的吼声响起，随之而来的就是学生的尖叫。和面对斯考特时一样，警方等到了合法出手的契机。后来我看到了近距离拍摄的视频，原来是学生们围攻了警车中的一辆，有个学生跳上了发动机前盖板，把挡风玻璃踹出许多裂痕来。

形势扭转极快，校警的反攻才一开始，战线就从靠近警局的一边来到了路对面。发出嚎叫的学生是被两个警察死死摁在地上的那位，他的双臂已被扣死，膝盖上被警察坐住压实，绝无起身的可能了。周围的其他学生也不敢再挑衅，只是在一旁用手机拍摄并大声质问："你们怎么可以这样做！你们还打算伤害多少学生！"

到达现场的警车越来越多，除了本校校警之外，连几家友校的警车也到了，甚至还有附近地铁系统的。警车排成了列，挑头的学生被带走，事态似乎逐渐平息了。正在此时，有三个人低着身子从我眼前快速跑过，除了扣上了卫衣的帽子，他们还用方巾遮住了下半张脸。一人手里拿着我形容不出的工具，另一人拎着一个小型液化气罐。我正在琢磨这仨人是什么来头,忽然远处传来惊呼。

一辆警车着火了。

我忽然意识到刚刚从我眼前溜过去的三个人,很有可能就是纵火犯。被点燃的SUV停在距离冲突地点约二十米处,在警局的另一侧。很显然,大家都把注意力集中在了学生和警察的角力上,没有人在看顾那辆落单的警车。

火势升级很快,从浓烟四起到火光冲天只用了几分钟。校警开始驱离围观者,把我们赶到路的尽头。随后,消防车救护车纷纷赶到,还有少数媒体记者尚能自由出入。那辆警车最后变成了一堆被黑烟缠绕的废铁,我们被隔得很远,仍然闻得一清二楚那股烧焦的味道。校警署前的大路被黄色封锁线围住,变成了禁区,围观的学生们渐渐散去,校园重归安静。走在回去的路上,我想把方才的见闻发到"脸书"上去,这才看到校园安全警报一个小时前已经发送了:"学校此刻正在发生暴力游行示威,请不要离开你的宿舍或办公地点,不要在户外活动。"我把烛光守夜及之后的经过发到"脸书"上。当晚,一个CNN的记者竟然通过朋友关系,顺藤摸瓜找到了我,做了一次电话采访。

第二天,学校一切如常,所有的课程与会议都照旧进行。

我清晨路过警局的时候,那辆被烧成焦炭的警车还留在原地,等到中午健身完再去看的时候,它不在了。走在去往学生中心的路上,我发现地面上多出来许多用粉笔写下的话。这是佐治亚州理工学院传统的"治愈"项目,会专门有人给沿路经过的同学们发粉笔,在意见出现分歧的困难时刻,把想说的话说出来。这些发粉笔的学生会先写下几句导语,例如"给斯考特的家人和学校里的'性少数群体'学生留句话""给学校留句话",这样学生们就可以拿着粉笔有的放矢,让内容组织更显出主题来。

在致敬斯考特的部分,学生们写道:"You are Loved"(你们是被爱着的)、"Spread Positivity"(传播正能量)、"You are Loved More Than You Know"(你们比你们所知的被爱更多);支持校警署的文字也不在少数:"Show Support for GTPD!"(支持校警署的工作)、"I Trust GTPD"(我信任学校警署)。在那些呼吁博爱的阔论中，有一条写道："Above all, love each other deeply, because love covers a multitude of sin."（最要紧的是彼此切实相爱，因为爱能遮掩许多的罪），此君还给标注了出处，"彼得前书4：8"，颇有美国南部的风骨。

还有一处粉笔字吸引了我的注意，一眼便能看出它是由两人分两次完成。第一个人写下的是"GT ♡ GTPD"，而第二个人用不同颜色的粉笔和不同的笔迹在"GTPD"之后又加上了"LGBT"（性少数群体）。此二人想来可能不是朋友，不过这样私自篡改原文，倒也不显得有什么恶意。

然而在校园之外，"斯考特事件"变味得很快。

从烛光守夜变成暴力抗议，原本不过是一场校园内部的冲突，是一场悲剧之后多方情绪的自然宣泄，但是纵火烧车让这起事件有了"流量入口"。究竟是谁放的火，当时尚未可知，可是福克斯电视台已经言之凿凿是佐治亚州理工学院自己的学生了，声称是他们加入了名义上反法西斯实际上从事暴力恐怖活动的Antifa之后，变得极化了，然后开始批评当代美国青年娇生惯养难成大器。CNN的总部在亚特兰大，也算是近水楼台，采访了我之后他们也快速放出了新闻。左翼媒体不会纠结于烧车之事，而是会谴责警察暴力执法，尤其是校警打死自家学生这样的荒唐事。

一则故事里，左、右翼媒体各取所需，各方都拿着最"炸"的环节说三道四，没有人关心起因与经过，更没人关心我校学子是如何快速超越分歧、恢复团结的。说到底，正常的事情没有新闻价值。兀鹫哪会去管猎物是怎么死的，它们只在意怎么还没死透呢。

一直到毕业那年，我都不知道斯考特为什么选择这样赴死。倒是后来在与一位教授交谈中，我得知了那三位纵火嫌疑人的真身和他们的归宿。那天，我原是去找传媒系一位教授请教论文相关问题的，渐渐聊开才知道，原来她是"性少数群体"教工权益组织的联络人——她就是教师世界里的"斯考特"。教授说，校警署花了大力气，调用了全校所有的监控，才终于在小半年后弄清了三个人的身份。其中有两个是校外人员，两人之一是学生，此二人均已被起诉；另一个是本校女生，斯考特生前好友。她被免于追究刑事责任，但已被学校开除，并且列入了佐治亚州大学系统的黑名单。这意味着,佐治亚州境内所有公立大学都不会再录取她,无论她学术表现有多么优异。

佐治亚州的教育资源不仅是在南方,在全美也都算是响当当的。公立大学中除了佐治亚州理工学院,还有好几所数得上号的好大学。对于家境一般的学生来说,在本州就读公立大学是最实惠的选择。这位我不知道名字的女青年,她的一把火,怕是烧掉了自己至少一半的前途。

"这惩罚是不是太过头了。她只是出于愤怒,做她认为正义的事。"

教授耸了耸肩:"他们认为免于追究刑事责任已经很大度了,我也没有办法干涉这个决定。所以这事儿完了之后,我也是不想在这儿继续干了。你是不知道,和那些学校领导层的人谈事有多么费劲。"

那天谈话结束后,我一直念着此事,想起事发当晚我一位同事的留言。记得当时我贴出了事情的来龙去脉之后,立刻就有同系的博士生留言,说一个美好的活动被少数人绑架最后变成这样的结局,这实在令人感到悲哀。我表达了认同。另一位平日里就激进些的同事却是一百个不同意,他少有地带着讥讽的语气说:

"对,没错,杀一个人和烧一辆车是一回事。"

两分钟之后,他把这条留言删了。几个月后,我们再有机缘谈起此事,他说:"我搞不懂你啊辛成,你们这些人怎么能把烧车作为一件坏事来看呢? 一个学生被警察谋杀了,那是一个人的生命啊,那甭管烧儿辆车都是无法对等的啊。怎么会认为那次抗议是一种失败或是被绑架的呢? 我觉得他们做得很对啊! 应该再烧几辆才对!"

我当时竟也无言以对。我想起与"烧车君"相识之初,友谊的奠基石就是对《黑豹》的不屑。那是"漫威"唯一的以黑人为主角的超级英雄电影,讲述的是非洲某国看似赤贫,其实在地下城里,当地人利用陨石中的特殊材料"振金",构筑了无比发达的科技文明。关于振金科技要如何使用,两位男主发生了分歧。反派认为应当解放全球被压迫的黑人兄弟,重建秩序为清算旧根;黑豹则认为应当保守秘密,有保留地运用科技,改善现有种族矛盾。说到底是一场革命派与温和派之争,最后胜出的当然是温和派。

我反感此片是因为它将非洲的复杂文明归功于从天而降的外星资源，这非但不符合历史事实，更在暗示若非如此，非洲人靠自己无法达成科技，甚至没有文明可言——这话就说得有点太满了。"烧车君"反感的理由则更简单，他说："反派的路径才是正确的啊，就应该来一场彻底的革命，跟这套秩序讲什么道理，维护个什么和平。"

"去他妈的世界！"他说。

我毕业那年春天，那位传媒系的女教授离职了，去了伦敦任教，我没能得以话别。那个春天，我在回国前去了趟底特律，去看我久违的黎巴嫩室友纳德君。他不久前刚刚成功从绿卡持有者晋升为美国公民，我们在一家非常不地道的日料店，举着非常不地道的清酒，为他庆贺。

关于斯考特的这场风波，他当时就有耳闻，同为校友，他想要从我这里了解更多，我便把事情的经过又捋了一遍。想起他当年因为穆斯林身份而遭遇的那些明里暗里的不公，本以为他会对抗议者多一些同情，可他却说："既然有法律在，他们也知道违反法律的后果，那么就没有什么值得同情的啊。"

他说："嘿，这是他们自己的选择，人都要为自己的选择负责的，不是吗？"

我说："说到底他们只是小孩啊，谁还没有个被愤怒冲昏头脑的时候呢。"

他说："嘿，他们都超过18岁了吧，不是吗？他们不是小孩，他们是成年人了。"

说的也对。只是，纳德君讲的道理，我又怎么会不知道，我只是有天真的期待罢了。康德说，道德是纯粹基于义务而做的事，若有功利所得，便不算道德。这么看来，那些为了故去的友人而愤怒失态以致私利受损之人，便都是极为高尚的人。然而，这份高尚却是为法律所不容。在美国这片法制过度发育、民众无比好讼的土地上，不知为何，物权看着仿佛比人权更重要些。

!

我与美国警察有过三次亲密接触。

第一次是与佐治亚州理工学院的校警。那天是晚上，我工作到深夜三点，骑自行车从办公室回宿舍,车程大约十分钟。因为是三点,没车没人,我就借着下坡闯过了一个红灯。停在路口的校警巡逻车闪着警灯追上我。起初,我并没意识到他们是冲我来的,直到被他们减速叫停。

停下之后,一位警官过来要查我的驾照。我说:"我没有车,没有驾照,学生证可以吗?"他们拿了我的学生证,表情怎么得有点失望。罪名当然是闯红灯,我说:"现在这么晚了,路上也没人,这也不行吗?"警官摇摇头说"Rules are rules"(规矩就是规矩)。

第二天,我把这事讲给同事们听,他们直说这可真是扯淡。我说,那警灯把我给闪的呀,什么都看不清,连拿走我证件的警官长啥样都看不清,闪得我心慌。

"这玩意儿就是故意设计成这样的!他们就是要这样压迫着你!""烧车君"如是说。

第二次也是与我校校警。那是一个夏天,四位亲戚从休斯敦来亚城游玩。一天晚上我们从中城西侧的商圈吃完汉堡离开,忽然车后警灯亮起。我正纳闷怎么回事呢,一边缓缓靠向路边,车里的亲戚们已如惊弓之鸟,七嘴八舌叫我冷静,是警察要你干嘛就干嘛,千万别反抗。那是我第一次驾车被警车叫停,倒还算冷静。

警察走过来后我才发现是我们的校警在此地巡逻,他要了我的驾照看了看,然后说:

"你知道你的远光灯开着吗?"

一看仪表盘,啊呀,确实不知什么时候给打开了。

"哦,抱歉,可能刚从停车场里开出来的时候碰到了。"

"这附近有很多酒吧,开远光灯是很危险的。不只是你会影响别人的驾驶,而且喝了酒意识不太清醒的人很容易被光吸引,就跟飞蛾一样。你开着远光灯,他就更有可能会朝你的车撞过来。所以赶紧关了,好吗?"

"好的好的。"

警察把驾照还给我,没有任何记录便放行了。上路之后,亲戚们直夸我淡定,然后又反复叮咛:在美国千万不要和警察过不去,一定要做到他说什么你就做什么,绝对不要辜。

第三次要稍复杂些。

我开车去往奥古斯塔参加南部医学史学会的大会,距离亚特兰大两个多小时车程。州内公路相当于中国省道,不很宽阔。我这一段有绿化带作为隔离,两侧各有双车道,限速70"迈"(英里/小时)。我确实想在天黑之前抵达,所以在以80迈的速度前进。大家车速差不多,又只有两条车道,超车需要大幅提速才行。

彼时天色已晚,我正行在左侧车道。凭车灯样式,我判断我后方出现了一辆道奇。它不知为何离我车尾很近,几乎要贴上来了,还对我闪了闪灯。我以为后车是嫌我开慢了,毕竟右侧车道的车与我速度相当,他被堵了,只能请求位于超车道的我加速,给他腾出路来。我踩了一脚油门,想走到右车前面。就在此时,后车忽然亮起了警灯。

我骂了一句,然后减速停到路边,心里倒也没有七上八下。在车里等了十分钟左右,警察终于走上前来,我摇下车窗。

"你是有什么紧急情况要去处理吗,先生?"警官问。

"我去奥古斯塔开会,宾馆在城外,所以不想太晚到。"

他抬了抬眉毛:"这不是紧急情况。你知道你开得有多快吗?"

"可能90迈吧。"

他显然没想到我这么淡定地说了出来,一般人可能会说"我不知道,先生",但我很清楚我的速度。限速是70,我按照亚特兰大的习惯,没高于限速之上10迈。后车逼我,我又往上提了10迈。

"95迈。"他说。

我表示这很难叫人相信,我说我知道自己在限速之上,所以也全程盯着仪表盘,我记得我是90迈。

"如果你有异议,我可以给你看我们车上的测速仪。"

"这就不必要了。"我摇了摇头。

警察开了罚单,叫我不要超速,然后便走了。我也没敢立刻就出发,免得和他并行一路,便又待上了几分钟,等警车先离开。在路上,越想越觉得这事有点不对劲。

会议开得很有收获。回到亚特兰大之后,我拿着罚单跟同事说起此事。他说:

"你被整了啦,这是经典套路。反正你已经超速了,他就把你速度再逼上去一点,超过限速20迈以上就可以罚得更狠一点。"

"怪不得他非要说是95迈!"

"你看这罚单上写的,要么线上用信用卡付掉,要么去当地法庭申诉。他们知道你绝对不会再开车去到这么偏的地方了,一般人也不会为了'二百刀'费这些工夫。"

"那我确实不可能为这事情再跑一趟的,还要上法庭……"

"是啊,所以这就是他们创收的一种方式了。"

很为白人中产和蓝领说话的福克斯电视台曾经有过这样的论断,他们说,说唱歌词里总是抹黑警察,充满暴力,甚至说警察就是要杀黑人,就是要靠杀他们来耀武扬威。他们说,说唱音乐对黑人造成的恶劣影响比什么都大,可说唱音乐源自生活,福克斯的主播们所不能理解的,其实不是歌词,而是歌词背后的生活。后来,肯德里克·拉马尔(Kendrick Lamar)把福克斯批评说唱的片段做进了他的说唱唱片里,批评了他们的批评,还少见地获得了格莱美(格莱美博物馆[43])"年度专辑"的提名。托他的福,在音乐工业的世界里,正面描述匪帮的生活已经成为主流的一种。拉马尔说,他希望历史记得他是那个挑战边界的人,在别人看来反常的,对他来说不过是

---

[43] **格莱美博物馆** Grammy Museum
地点:密西西比州 克利夫兰市
【建筑】★★★
【丰度】★★★
【趣味】★★★★
【加成】音乐 ★★ 流行文化 ★★★★
2016年建成开放,是洛杉矶总馆的南部分馆。以历届格莱美奖为线索,关注各种音乐流派及其各个年代的发展,纵横两线兼顾。该博物馆尤其关注美国南部的音乐流派,例如以B. B. King为代表的密西西比蓝调和亚特兰大的地下说唱。陈列互动性尚可,但偏向较为低龄的观众。总体来说中规中矩,基调平实,音乐爱好者可以一去。

每日见闻而已。家乡不同，我无从知晓警察杀人是不是为了耀武扬威，但我知道警察们确实够威够武，让许多人害怕，甚至是不必要的害怕。

"烧车君"说他有个堂兄，这人是他此生所见最大的人渣，他偏偏在费城是个警察，所以他对警察不可能有好印象。可那位拦我下来叫我关远光灯的警察，怎么看也不可能是个坏人。新闻里也常会看见警察因为执行公务牺牲的事，网上评论区不乏叫好者，令我困惑。以前只会感慨网络冰冷良善不存，现在则也会多想一层：这样的仇恨，何以至此？又何以应者比比皆是？越是面临大是大非，人们越是感性，只是很多时候我们不知道我们依赖的不是道理，而是经验。我所看见的，也只是从独属于我的井口望出去的罢了，我竟还以为那就是天。

!

经历了佐治亚州理工学院枪击案后，我无法再相信任何美国媒体的报道。我要在任何图像与人生被他们压得扁平之前，用自己的眼睛先去看看。所以我想亲赴现场，去探一探与枪有关的一些事。2017年10月，在校园枪击发生一个月后，一块"枪秀"的广告牌立到了我家门前。所谓"枪秀"，就是摆摊展示并买卖枪支的集市。我查了查，枪秀地点距离我二十分钟的车程，我决定要去。

枪秀办在考布郡（Cobb County）的社区中心。该郡是佐治亚州第三大郡，位于亚特兰大西北，人口74万，家庭年收入中位数7万美元，照理说不是什么穷乡僻壤。可是，等我驶入考布郡时，却见沿街的铺面冷清，除了连锁快餐之外，看不到什么好馆子。饭店好坏是个具有指标意义的现象，待停下车来一查，考布郡人口中竟有11.1%属于贫困人口，其中白人几乎占一半，再考虑到考布郡六成是白人的种族构成，可以说是非常典型的共和党票仓了，也难怪枪秀会在这里举行。

所谓"社区中心"，其实是一个篮球体育馆，应该是附近居民们见证自家孩子为校出征的风采的地方。绕了一圈才找到停车场的入口，不得不说，心跳很快。说是为了做新闻调查而来，脑海里略过的却仍是别家新闻里的画面，我甚至在考虑要不拍个远景就算来过了。驶入停车场的时候，一个白胡子大爷穿着美国农村最经典的法兰绒格子衬衫从我车前走过，与一般老大爷不同的是，他手里用包提着一支步枪，长得跟鱼竿一样。我客气地让他先过，他低了低棒球帽檐向我致谢。

停好车，把方才的惊叹缓缓放出，然后收拾好情绪，若无其事地朝场馆走去。我不敢举着手机到处扫，长着亚洲面孔、穿着学生装的我本就已经格格不入了，要是给人逮住了为难可怎么办？十分纠结，到处都是值得拍下的画面，我却是个不合格的战地记者。

在体育馆入口有黄底黑字的告示，提醒来者不可携带上膛的枪，不可有散装子弹，不可有荷弹弹匣。原则一目了然：可以带枪，但是不能带子弹。正在纳闷怎么才能知道枪里有没有子弹时，我就在入口处被人拦下了。拦住我的是一个同样穿着法兰绒衬衫的小哥，或许是因为戴了眼镜，看着倒是斯文。他微笑着说："看来你没有带包，OK，入场费是40美元。"这比我想的略贵了些，可也不至于让我意外。刷卡支付了门票之后，小哥在我手上盖上了个戳，是一只墨绿色的小爪印，当天可凭此多次出入。我通过之后回头看了看，如果有人带着包来，小哥会查你的包。如果有枪，就会检查是否上膛，是否另有弹匣，这样就能确保入场者手里的枪都不具有威胁性了。

一入场我就转去了厕所，洗了把脸，定了定神，然后长出一口气，再走出来。这真的就是一场枪的市集，与枪有关的一切都可以集中在这里展示上几天，增加点流水，也给自己的枪械铺子打出名气来。枪秀的二层是看台区，卖的是小件和周边，比如枪托、子弹、弹匣、军刀、十字弓、瞄准器等，也有枪械和战争主题的工艺品、扑克牌、老地图、拼图，还有麻醉枪。一层篮球场边的看台座椅全部收起，地面的空间被拉到最大，枪摊和鱼店似的，把要卖的东西一条条、一杆杆整齐放好。

我渐渐在这些逛枪秀的人身上，察觉到平日里熟悉的感觉：POLO衫、棒球帽、卡奇布短裤、简单的跑鞋、军用的方巾、沧桑的胡子。除了白人男性之外，偶尔也会有其他的。比如为数不多的黑人男性，比如不在少数的白人女性。一些摊位的主人也是女性，她们多半是一件略贴身的打底衫，外头一件宽松的衬衫，有法兰绒的，也有更轻薄些的；牛仔裤不松不紧，不至于过于凸显女性的气质，也不至于松松垮垮、全无精神。女子们缓步走在枪林之间,手插在裤兜里,一头金发挽在耳后,和逛街没有区别。在场的也不乏幼儿和少儿,他们走在父母身边,自然而纯熟地拿起桌上的枪,有模有样地端详,煞有其事地问起摊主种种细节。有些摊位为了招揽孩子的生意,特地售卖弹弓和儿童野营包,把枪漆成粉蓝粉红,做成玩具模型。但你看得出它们是真家伙,留给子弹的孔,黑乎乎的依旧吓人。

我下楼走入枪秀主场,路过一个个摊位。手枪价格大多是一百到三百美元不等;步枪则贵得多,有的要七百美元,有些要一千二。这让我忽然明白了,这个哪儿都不挨着的"社区中心"须得开车才能抵达,又有40元的票为门槛,枪本身也不便宜,可见能来这里消费的都不可能是穷人。我这才意识到,让我渐渐感到安心和熟

图5-3 亚特兰大城郊的枪秀,篮球馆的结构依稀可辨

悉的,并不只是穿着,而是他们中产身份所包含的安全感。对于他们来说,家中拥有一支枪或几支枪不过是一种奢侈品,和拥有一辆车、一个烧烤台、一个户外泳池没什么区别。这些人家境殷实,遵纪守法,他们就是自己口中的"负责任的枪支拥有者"。

回家之后,我对枪秀背后的运行逻辑做了点功课,发现还真不是谁都能来这里摆摊卖枪的,持有联邦枪支许可证的卖家必须对一切交易行为高度负责。枪秀看似很随意,持证卖家仍有许多规则必须严格遵守。不能把枪卖给十八岁以下、没有父母陪伴的未成年人,不能把枪卖给拿着非该州驾照来该州买枪的人,不能把枪卖给不愿意填写背景检查的人。如果持证卖家为了蝇头小利而破例,那么不但执照会被吊销,还会面临牢狱之灾。

在美国,虽然宪法第二修正案名义上保证持枪的"自由",但其实政府已多有设限,规范和限制枪械流通。理论上,一切枪支交易都必须要经过持证的卖家才行。即便是亲友之间的馈赠转让,按道理也是游走在法律边界的。馈赠一方应当将枪送到自己所在州的持证卖家处,并由该卖家把枪送至接收一方所在州的持证卖家,再由接收方上门领取,并支付手续费,做好背景检查。即便是在枪秀,没有经过背景检查的人也不能即刻取走枪,而是必须填表,由卖家上报,经联邦调查局核查之后,才能被告知来上门取货。这看似形式主义的流程,目的只有一个,那就是确保每一支枪都在联邦系统的视线之下,如果在案发现场出现了枪支,执法人员能在第一时间就锁定它的主人。

然而,所有的法律管的都是持证卖家,那么无证的呢?长期以来,区别两者的唯一标准就是"是否以枪支交易作为谋生手段",这就留下了一片灰色地带。2016年1月4日,奥巴马签署行政令,试图填补这个漏洞,要求"进行枪械交易"的所有人都必须持证。无证散户要去枪秀转让一支自己不想要的枪,也必须先办证,还需要对买家走背景检查的程序。这就侵犯到一些人的"自由感"了,原本一件很简单的事情,由于政府介入变得复杂难办了。况且法律程序似乎没什么用,美国许多枪击案,尤其是致死人数多、媒体报道广泛的那种,所涉枪支都是合法获得的。

所以，每逢枪击案发生，"负责任的持枪者"都会说，我们所做一切都是合法的，也没有侵害任何人的权利，为什么要因为少数人做错事而让我们受到惩罚。他们还会说，枪击案发生的概率比车祸低多了，也没见人在车祸之后就认为该禁车的。居住在大都市的左翼们很少有枪，对这种传统大多无法理解，他们既看不到其必要性，也认为利弊相权之后理应全国禁枪，彻底杜绝隐患。其实，立论双方都在刻意回避那些"不负责任的持枪者"。他们都知道那些人是谁，可他们都已熟练地学会不说。话又说回来了，对那些负不起责任的人来说，守法竟是一种奢侈与特权，想想生活该有多么危险艰难。

!

在佐治亚州理工学院的校园里，持枪与否，怎么持枪，也是个问题。

佐治亚州于2017年5月通过了一条法律，名为"USG HB 280"，7月正式生效，其内容大致来说就是允许学生带着手枪来上学上课。倒也不至于考差了就掏出枪来把老师打死，这个法律关乎一个极为敏感的枪权问题：Open Carry，公开持枪权。

所谓"公开持枪权"，就是在公共场合秀出你手枪的权利。走在大街上，你可不可以别一把手枪在皮带上，这得要讲法。美国各州的公开持枪权大约可以分为三类：纽约、伊利诺伊和加利福尼亚等5州，不允许任何形式的公开持枪；佛芒特、内华达、阿拉巴马等30州，允许公开持枪；德克萨斯、田纳西、艾奥瓦等15州，允许公开持枪，不过必须先去办个证，证明你有资格这样做。办证的时候政府会查你的犯罪记录，再给你做个精神鉴定，等等。佐治亚州就属于需要办证才能公开持枪的那一类。

大学校园更特殊些，公开持枪或隐蔽持枪都是被法律禁止的。所以，原本在佐治亚州理工学院，即便持证，你也不能带枪。不可藏在车里或书包里，更不要说在公开场合露出来了。"USG HB 280"改变了这一切，学校从此不再是无枪地带，隐蔽持枪不再违法。此番立法尊重了州长意见，对上一版本作了修改，增加了许多校园内的禁枪区域：学生居住区域、上课的教室、教职工办公室、运动场馆、大学的学前班与托儿所,以及使用校纪校规约束管理学生的场所。

看上去是安全了些,但这其中也有纰漏。譬如,学生确实不能带枪进入教室,但是这只适用于一种情况,那就是当教室里一起上课的还有高中生的时候。换句话说,大多数时候学生都是可以带枪来上课的。再有,学生确实是不可以带枪进入运动场馆,但此处的运动场馆指的是校际运动比赛进行中的场馆。禁枪是生怕球迷情绪激动,引发极端行为。除此之外,学校的健身房、游泳馆、运动室等,皆可带枪进入。

该法律甚为敏感,佐治亚州理工学院学生会因此进行了一次民意调查。科技史系有学生参与学生会工作,作为代表,她便群发了邮件,鼓励大家积极发声。一连串电邮的往复由此展开:

博士生A:我们博士生的办公室,算是教职工办公室吗?虽然我们助教助研,但是我们不是教职工,学生可以带枪进来吗?如果算,那怎么告诉他们这里是不能带枪进入的教职工办公区域呢?

代表:我们办公室应该算吧。

博士生A:那么,学生来找我们问问题的时候,我们可不可以提醒他们此处是不能带枪的?

代表:我问了的,他们说你可以提醒他们,但是你不能直接问他/她有没有带枪。

博士生B:为什么学校不来标示哪些地方可以带枪,哪些地方不能呢?

代表:这个法律一开始就说了的,学校不承担传播法律和教育公民的责任,这个责任完全在持枪者自己,他们得要自我学习起来哪些地方能带,哪些地方不能带。

博士生B追问:那我们可不可以在办公室门口贴一个小告示,说这里不可以带枪。

此时,系主任忽然发声:贴小告示是不可以的,问他们有没有带枪也是不可以的。校园持枪合法化只是一个符号战争罢了,并不会真的让学校里枪支泛滥的，因为没有多少学生有持枪证。你们越是这样贴告示，越是落人口实。随他去就好了。

博士生C质问道：请问是谁禁止贴小告示或者询问学生是否带枪呢？到底是州法"HB 280"规定的，还是佐治亚州理工学院自己的窝囊政策？

某位老教授发信道：听我的，不要贴告示。你越是贴，那个地方就越是成为目标。他们会闹，说为什么这个地方不可以带枪进入，你这是践踏宪法歧视持枪者！根据我的经验，不要跟他们对抗，不要成为出头鸟，最好的办法就是装作什么都没有改变的样子，留神观察就好了。

博士生C怒道：道理我都懂，但是我不同意。第二修正案是宪法，第一修正案就不是了？！听到本系教工说出这样的话来真是让人警醒！到底是什么权力在限制我们对持枪问题的言论？！什么言论是非得要获得系里许可才能说的？！我在我自己办公桌上贴一个告示关系里什么事，请问？！纵容国内恐怖分子这样剥夺我们言论自由的权利，我们这个历史学社会学系还办不办了？！虽然州法一时半会儿改不了，但是我们应该敢于和任何干涉我们学术自由和表达自由的势力对抗到底！

系主任淡然道：你自己办公桌上可以贴，不过那个标示不能做成好像学校官方的一样。另外，即便是贴，我也建议措辞要中性，不要猛烈抨击拥枪群体。我愿意与博士生们进一步就这个问题探讨。

最后，博士生C用一张A4纸，打印了两份属于他的告示，把它们贴在了工位上，电脑旁贴了一张，背后墙上贴了一张。我无法得知"USG HB 280"到底是让校园变得更安全了还是更危险了，因为如老谋深算的系主任所言，一切似乎并未改变。我们被告知要同情理解一些同学带枪来上课，因为对他们来说不带枪就好像女孩没有化妆一样，会令他们缺乏安全感。当我们无尽地争论、拉锯、站队、批判之时，校园持枪这件事变得越来越不荒诞了。它变成了一个技术问题，而不再是性命与夺的问题。一切都相安无事，直到有事发生，然后人们再度忘记曾经有事，继续相安无事。

！

美国三亿人口,民间枪支数量两亿七千万到三亿一千万不等,怎么算都是人均一支枪。之所以有这么多枪,除了有宪法托底,有些人群也是有真实的需要。中西部和南部的拥枪率要高于东西海岸,这与城市化程度密切相关。我去过南部的乡野,去过中西部的林边,要是遇到野兽与歹人,当真是无可求托,只有靠自己保护自己。

我们在课堂上读过梅里特·史密斯(Merrit Smith)写的《哈珀斯费里兵工厂与新技术》,讲述了十九世纪初期美国面对强敌环伺的不利环境如何提升武器制造水准的故事。临近毕业前,我专程前往哈珀斯费里,算是一种朝圣。

此地英文名为Harpers Ferry,原有“渡轮”之意。该城虽为西弗吉尼亚州所辖,实际上在三州交会之地,波托马克河和仙那度河将其夹在中间,地理位置重要。华盛顿总统看中此地丰富的水力资源和交通水网,故而定址联邦兵工厂。工厂沿河而建,河水由运河引入工厂地下,推动巨大的木制涡轮,进而驱动整条车间里的所有车床机械。一位没有任何一幅肖像存留于世的伟大工程师完善了车床工艺,使得哈珀斯费里兵工厂生产的步枪机件可以做到随意替换,这样一来即便步枪因走火裂开,其最昂贵的核心金属部件仍然可以回收利用,这就极大降低了战争的成本。今天,这些机床陈列在哈珀斯费里小小的工业博物馆[44]里。这个过程中,政府的大单、军方的标准、工程师的巧思、熟练匠人的手艺,四者缺一不可。美国立国初期,全民皆

[44] 工业博物馆 Industry Museum
　　地点：西弗吉尼亚州 哈珀斯费里市
　　【建筑】★★
　　【丰度】★
　　【趣味】★★
　　【加成】技术史 ★★★★
　　位于哈珀斯费里小城入口处的一栋建筑的一层,外部做旧以模仿二十世纪初的风貌,内部面积很小,陈列朴素,以展示当年的机床工艺为主。更像是一间陈列室,而非所谓博物馆。除了机床实物之外,也有多媒体资料展示它们的使用方法,并配有解说。

图5-4 哈珀斯费里的各种机床改变了历史

兵,需要枪;制造业腾飞,靠的也是枪。波士顿的"自由之路"[45]上,处处都是民兵持枪作战的遗迹。从这个意义上说,美国的独立与崛起,无一不是由枪械作为见证的。

───────────────

〔45〕自由之路 Freedom Trail
    地点:马萨诸塞州 波士顿市
    【建筑】★★★
    【丰度】★★★★
    【趣味】★★★
    【加成】美国史 ★★★
    "自由之路"是波士顿的一条自助旅游线路,在地上有灰色的轨迹与纹章,标记各个重要节点,全程四公里。从始建于1634年的波士顿公园到烈士墓园,从1713年建的原州务大楼到1770年加速独立战争爆发的"波士顿大屠杀"旧址,从宪法号旧船到波士顿攻城战中的邦克山战斗遗迹(参见本章题图,第143页),这段线路是将波士顿独立战争时期遗址遗迹尽数"打卡"的捷径。尽管其中大多数景点已经基本没有什么历史氛围,但仍有一些美国最古老的建筑值得一看。

1859年10月，一名叫做约翰·布朗（John Brown）的白人废奴主义者对哈珀斯费里兵工厂发动了一场奇袭，他带领了16名白人，5名黑人，靠着几杆枪就击退了守军，扼住了国家军火供给的咽喉。政府立刻派部队进行镇压，布朗被捕，并以叛国罪被处以绞刑。行刑前他说道："这个国家奴隶制的罪恶，不用鲜血是洗不干净的。"

布朗的义举搅动了美国的舆论场，成为日后南北内战的数条引线之一。今天，布朗被捕的地点建了一座方尖碑，原本的建筑掩体早已荡然无存，他的事迹都保存在对面的约翰·布朗博物馆[46]里。小小的纪念碑矗立在半截高地上，俯瞰着静静流淌的两条河在此地相遇，荡起缓缓涡旋。这碑，不只是纪念布朗之死，也是纪念一份孤勇，一份独属于自己的正义。正如我所见过的各种美国人，不管来自南北东西，总还是很信一个理的：求人不如求己。

在美国动作片的黄金时代，诞生过一批这样的电影，主角凭借一身孤勇与几杆大枪，就能单挑黑恶势力。《第一滴血》中的兰博，因为越战老兵的身份被当地官员嘲讽刁难，冲动袭警之后逃入山林，运用游击战的经验干翻了重武装的政府追兵，连直升机都能打落下来。《虎胆龙威》里的麦克莱恩，在妻子的职场派对遇到恐怖袭击，被困于楼中。他试图报警，可洛杉矶警察不信任他，联邦调查局还四处添乱，个人之外的力量无一值得信赖，只有手里的枪最靠得住。这是二十世纪八十年代的美国精神，这些孤胆英雄们无疑是一个个当代的约翰·布朗，用一人之躯贯彻着越战一代反战反政府的大义。

讽刺的是，这些荧幕上反体制的英雄们在九十年代的续作里，迅速被体制收编，

---

〔46〕约翰·布朗博物馆 John Brown Museum
地点：西弗吉尼亚州 哈珀斯费里市
【建筑】★★
【丰度】★★
【趣味】★★
【加成】种族 ★★ 美国史 ★★
哈珀斯费里体量最大的博物馆，记载了布朗率兵争夺兵工厂的义举，对其生平、审判、社会影响与当时美国社会对奴隶制的整体争议都有较为详尽的介绍。

去海外讨贼破案去了。曾经尖锐的官民矛盾随着经济状况的回暖而缓和,沐浴在新自由主义下的美国电影,不愿再探讨时代之痛,而是忙着堆砌特效,赚全世界的钱去了。枪是自由与正义符号没错,可归根结底,也是一笔生意。

个人枪械的经济规模在150亿美元以上,这背后是不断被制造出来的需求与热度。美国步枪协会看似是一个爱好者自发的民间组织,可也离不开各路制造商与经销商的财流支撑。越是松绑对枪械的管理,枪械的流通贩卖就越繁荣。这也是这个组织一到枪击案刷上新闻,就会现身发声的原因——他们是"负责任的持枪者"们的代言人。

美国步枪协会的总部位于首都华盛顿特区的郊外。据说,说客集团与美国的政治权力核心依法必须维持一定距离,于是它便舒适地存在于这四十分钟的车程之外。蓝色的玻璃建筑高六层,第一层中被局部改造为博物馆,名为国家枪械博物馆[47]。

博物馆里藏有世界上许多不可多得的珍品枪械:1620年"五月花号"拓荒者所携带的古董步枪,于南北内战中首登历史舞台的加特林机关枪,哈灵顿与理查德森公司为1876年费城世博会所制的象牙珍珠手枪套组,还有纳粹党二号人物戈林专属的 Merkel 303 镶金散弹枪,等等。陈列中,步枪手枪按照时序码放,呈现出发展进化的态势来,如走进了自然博物馆一般。礼品店中,两排书架夹成锐角,一侧是关于枪械与战争的历史书籍,另一侧是介绍各种枪械型号的藏家手册。观众们饶有兴致地翻阅着,其中有不少是一家几口一同前来。对于那些初入青春期的孩童来说,这

---

[47] 国家枪械博物馆 National Firearms Museum
　　地点:弗吉尼亚州 菲尔法克斯市
　　【建筑】★★★
　　【丰度】★★★★
　　【趣味】★★★
　　【加成】枪械 ★★★★★
　　全美最大的枪械主题博物馆,共收藏有 2 500 支枪。依照时序和枪支自身型号的发展演变组织展览,除了文中列举的一些奇珍,还包括多任总统、奥运射击冠军、历史名将谢尔曼、废奴主义者约翰·布朗等人所使用或拥有的枪支。更适合圈内人,展陈手段对外行不太友好。

图5-5 在国家枪械博物馆,有一种文化在父子之间传承

件危险的玩具就这样悄无声息地嵌入了他们的记忆之中,成了习以为常的经验与生活。

在博物馆前厅的墙上,捐赠者被分为六个档次,根据款额大小被给予不同称号:捐款五千到一万五的被称为"探险者",向上到五万元的被称为"维和战士",向上到十万元的被称为"自由卫士",向上到五十万的被称为"麦迪逊之鹰",向上到一百万的被称为"协会缔造者",最后是一百万以上的被称为"总统圈内人"。有趣的是,"自由卫士"和"协会缔造者"这两档里悬挂的名牌最少,我问了问前台小哥,他说这只是捐赠者们的个人习惯而已,并没有什么套路可循。前台小哥穿着浅灰色的西装,戴着金边眼镜,金色的头发一丝不苟地向后倒去,神情和样貌都是精致而严谨的,像是从画报里走出来的青年共和党人,很有德国味道。他的态度温和谦逊,可我却察觉到一股涌动的力量。

国父之一的美国第四任总统麦迪逊曾说过这样的话:"除了美国人民所独有的武装的权利之外,那些由民众相连而成的、有权委任民兵军官的次级政府组织的存在,构成了抑制野心的屏障,任何形式的单一政府组织都不可逾越这道高墙。"这就解释了为什么会有"麦迪逊之鹰"的抬头。那些被枪械所象征的散落权力,曾在联邦与地方之间赋予动能。这种动能会在不当的时刻撕裂这个国家,也会在适当的时候持续产出政治活力,让权力架构不断自我更新。之所以美国放任每年四万人死于枪口之下,是因为他们都知道,睁一只眼闭一只眼带来的好处也是巨大的。所以无论是幼童玩枪打死妹妹,还是屡见不鲜的校园枪击案,管他呢。所以,新闻再荒谬,现实依旧岿然不动。

那天晚饭,我住在华盛顿的美国朋友请我吃了一顿假川菜,久未相见,兴致勃勃。当得知我刚从美国步枪协会的总部归来,他不住赞叹我的勇敢。

"这没啥勇敢的,并不吓人,你也该去看看。"我说。

"你不会捐钱了吧?"他问。

"博物馆是免费的。"我答。

"那就好。"他说。

!

2019年3月,我通过了毕业答辩,拿到了博士头衔。

博士之名在美国十分珍贵。那天,新晋"沈博士"很快乐。同事们都在场为我鼓掌,丹尼尔教授也发来贺信。他说很久以前就已经觉得我是同事而非学生了,恭喜我正式成为他的同人。我还收到了来自楼上经济系同学们赠送的七彩小贺卡。我们两个系的办公室是相通的,共用一个厨房饭厅。大家都是战友,彼此懂的。"烧车君"则戏称我为"拉屎博士",他还很认真地查了中文里"拉屎"二字怎么写,歪歪扭扭地描摹了，写上贺卡。

之所以叫"拉屎博士"，是因为我的博士论文写的是上海租界时代给排水工程的变迁，有自来水，也有马桶与下水道。论文能写成，有三位教授功不可没。其一自然是我的导师，他为人谦善，生活简朴，一心向学。起初也是真心劝我不要读博，后来见我性子慢慢沉下来了，便十分耐心地指导。我们每次约谈，导师的桌上都堆满了"馆际互借"来的书，他躲在书山之后，孜孜不倦地做着他热爱的研究。吃不惯食堂的西餐，他就用酱菜罐子装几个白煮蛋作为午饭。这个做法，后来被我也学了去。

其二是我的研究生部主任，他是南非人，工科出身，当年参与南非的核能项目，后因项目终止搬去欧洲工作，研究跨国科技传播，最后落脚佐治亚州理工学院。我入学见的第一位老师就是他。他要我为读博期间的艰难做好准备。他说，每天工作十二小时或十四小时，都应是家常便饭，你的书才能念出名堂。他教我做任何一次公开汇报，哪怕是学生间的，也要记得穿西装打领带，要混这个圈子，得先有这个圈子的样子。

其三是我读博头几年时的系主任。他犀利如出鞘的快刀，上课没有一句含糊的话，任何不机灵的发言都得不到他的反馈，说了蠢话还会收到他投来的眼神，叫人羞愧难当。可当他夸你的时候，你也会知道他是真的在夸你，没有任何哄骗敷衍的。读博时接受教学培训，我说如果我有一天要成为老师，我会向往成为他的样子。培训师问，告诉我他是什么气质。我说，威严感。班级哗然，你怎么会觉得威严感是一个好品质呢。他们摇头说，学生都喜欢会询问他们生活冷暖会开玩笑的老师。

我读书的那几年里，美国的大学是变得有些奇怪了。教学上本末不分，对学生得阿谀谄媚才行。临近毕业时，我听说本系的一位老师被停课了，她上的是性别研究，却被学生举报"对跨性别人士不友好"。究其原因，是因为在考卷里出了一道题，有关染色体性别。雄性的性染色体为XY，雌性的性染色体为XX，我们高中时就学过的，可在美国本科生这里却踩了雷。举报者说，用生理定义性别是不对的，因为性别是一种社会构建，一个人即便性染色体为XY，但如果他自己认为自己是女性，那么他就是女性。

激进的青年学生有这样的想法并不奇怪,奇怪的是裁决武断、只会甩锅的职能部门。在政治氛围居中的佐治亚州理工学院,单单一封举报信竟也能停了老师的课。一种热衷于黑白二分的美式漫画逻辑正在占领高地,这让我非常不适。它用危如累卵的土坝,去拦截时间的长河,把完整的历史切成碎段,然后只论是非,不论经过。

导师说过,做历史,得要七分故事,三分道理。

他还说,八二开也可以!

他说,道理就在故事里,不用额外去讲。如果还要额外去讲,那说明你的故事没有讲清楚,研究没有做好。他说,说好故事是我们最大的职责,其余的留给别人评述就是了。

回想答辩通过的那天晚上,亚城的红霞很美。一头是归鸿,一头是星空,红蓝一色,如同落日掉进了微暖的海里融化开来,分不得彼此。多年后,我重翻相册才懂得,那日天空上画着的,就是历史学者的使命。

成为发明家

！

在美国，一个人可以发明一个州。

在亨利·弗拉格勒（Henry Flagler）对佛罗里达州（佛州）产生兴趣之前，这里只是西班牙人的旧殖民地罢了。阳光普照，热带气候适合度假休闲，南部的富人们来这里避寒，看看海滩，看看鳄鱼，但是时节一过就又会回去。城镇成不了规模，小农经济支配着十九世纪的佛罗里达，养牛的、养猪的、养蜂的、晒盐的，还有棉花与烟草，各自为政的种植园让佛州始终找不到修建铁路的理由。

直到弗拉格勒登场。

弗拉格勒的生意主要在美国的东北部和中西部，为了给妻子养身子，他遵从医生的建议，来到了温暖的佛罗里达。佛州的好天气没能逆转天命，妻子不幸身故，不过弗拉格勒不久就娶了照顾他妻子的女仆，一对新人再次来到佛州度蜜月。也是在这次旅行中，弗拉格勒爱上了这座日光下的小城，圣奥古斯汀。

圣奥古斯汀始建于1565年，是欧洲人在北美大陆上建的第一座城。西班牙人选中这里是因为它易守难攻，还有自流井提供水源，他们想以此为基地，与胡格诺派法国人争夺地盘。赶走了法国人，又等来了英国人，双方龃龉不断。最终，西班牙王室斥资建造城中城圣马可斯堡（Castillo de San Marcos）[48]，巩固圣奥古斯汀的战略位

---

〔48〕圣马可斯堡 Castillo de San Marcos
地点：佛罗里达州 圣奥古斯汀市
【建筑】★★★★
【丰度】★★
【趣味】★★★
【加成】早期美国史 ★★★
美国最古老的碉堡建筑，建于十七世纪晚期。其建筑形式为星形，有四角突出，为增加火炮射程之用。此地长年来受到美国官方重视，多有保护，第一次保护的5 000美元拨款可以追溯到1884年。如今，这里除了展现堡垒的内部空间，如士兵宿舍和粮仓弹仓之外，还会上演情景剧，复原西班牙人使用大炮的场景。

图6-1 圣奥古斯汀的圣马可斯堡（Castillo de San Marcos）

置。圣马可斯堡固若金汤，城墙选用的岩石包含大量的贝壳遗骸，质地疏松，缓冲力佳，大炮的弹丸亦不能将其击碎，因此创下58天久攻不破的纪录。英国人恼羞成怒，将堡垒之外的圣奥古斯汀付之一炬。

佛罗里达对于西班牙来说太重要了，从菲律宾和中国南海来的珍奇、秘鲁的银、智利的金，一旦从巴拿马上船，都得顺着墨西哥湾的洋流，在进入大西洋前往西班牙之前经过佛罗里达。圣奥古斯汀成为此地首府之后，古城的命运也随地缘政治的大势跌宕起伏。1763年《巴黎条约》签署后，西班牙用佛罗里达换回了七年战争中失去的哈瓦那和马尼拉。1783年另一份《巴黎条约》签订后，北美十三州独立成国，佛罗里达不在其列,它又被英国"还"给了西班牙。美国立国之后,视西班牙势力为阻挠其南进的心腹大患。西班牙方面又因常年与英国周旋,向美国借了不少钱。美国政府最终以免除5百万美元债务为筹码,从西班牙手中换得东佛罗里达,这时圣奥古斯汀仍是佛州州府,一直到西佛罗里达也并入联邦,州府才重新折中拟定。

圣奥古斯汀虽然因为几经易手,没有留下多少"北美大陆第一城"的历史风貌,但是因为在美国内战期间免于战火,保全了度假天堂的地位。十九世纪晚期,行业寡头崛起,富豪们雄厚的财力越来越以可见的形式表达出来,在佛州兴建自己的夏日"行宫"成为一种风潮。弗拉格勒原本想买下其中一栋给新婚妻子,对方不卖,他便索性一掷千金,开始建造属于自己的高级宾馆去了。

1887年,宾馆建成,以著名的西班牙探险家、不老泉的寻觅者、波多黎各和佛罗里达的"发现者"庞塞德莱昂命名。楼如其名,这座宾馆采用西班牙文艺复兴的风格,融合西亚的宗教审美,正堂如宫殿一般宏伟,高塔如庙宇一般肃穆,建筑选材所用的赭红与乳白又多少中和了布局的严肃,让人觉得暖意融融。凭借弗拉格勒的财力,这座横空出世的宾馆延揽了当时全美最拔尖的团队:建筑设计出自卡雷尔与哈斯丁——初出茅庐的二人后来成了纽约公共图书馆的设计者;大厅内装设计出自路易·蒂凡尼——他的公司提供了宾馆餐厅的全部彩色玻璃;伯纳德·梅贝克设计了540间宾客卧房——他后来成为旧金山艺术宫[49]的设计者;画师乔治·梅纳德

---

〔49〕**艺术宫** Palace of Fine Arts

　　地点:加利福尼亚州 旧金山市

　　【建筑】★★★★

　　【丰度】★★

　　【趣味】★★

　　【加成】博览会 ★★★

　　位于旧金山北缘,系1915年为巴拿马–太平洋世界博览会所建,原本用于陈列艺术作品,故有艺术宫之名。居于中央的是一栋49米高的开放式圆厅,柱头上站立塑像,两边有长廊伸出,将一片水草丰茂的人工湖环抱其中。设计师梅贝克从罗马和希腊建筑中汲取灵感,营造出神殿废墟一般的神秘气质。今天这里已基本没有陈列内容,只有建筑供人参观,游人稀少,更添荒草颓垣式的沧桑。

图6-2　旧金山艺术宫，如今只剩沧桑躯壳

绘制了入口大厅的穹顶壁画——十年后他成了国会图书馆[50]壁画的绘制者。庞塞德莱昂是全美最早一批开业时即带电运营的宾馆，而为它提供直流电发电机的不是

---

[50]**国会图书馆 Library of Congress**
地点：华盛顿特区
【建筑】★★★★★
【丰度】★★★
【趣味】★★★
建于1800年，是全世界最大的图书馆之一。美国总统杰斐逊是这一文化建制的积极推动者，他同时也贡献了大量藏书，今天的博物馆中有一专属区域用以展示这批收藏。在可供游客参观的区域里，当属中央大厅（The Great Hall）最为壮美（参见本章题图，第181页），其顶层的壁画叫人叹为观止。国会图书馆与国会山大楼彼此连通，但此地游人相对较少，是闹中取静的好去处。

别人，正是弗拉格勒的朋友、著名发明家托马斯·爱迪生。

庞塞德莱昂宾馆的成功，成了一个州历史命运的起点。弗拉格勒把原本的"正业"丢到一边，把越来越多的时间和精力投入到了佛州旅游业的缔造中。为了容纳慕名而来却没有空房可住的游客，弗拉格勒在庞塞德莱昂对面又建了一座新的宾馆，同样也是采用西班牙式风格，命名为"阿尔卡萨"。他的霸业沿着佛州东岸一路南行，铁路、宾馆、铁路、宾馆，一直到达南端的无霜之地。弗拉格勒靠修建铁路换得土地的所有权，将迈阿密这个曾经只有通商之用的小港湾筑造成为全球旅游娱乐业皇冠上的明珠，他也因此被冠以"迈阿密之父"的美名。1913年5月23日，弗拉格勒去世，佛罗里达东岸的火车全部停运十分钟，以示哀悼。他的遗体从棕榈湾沿铁路一路向北，据说

图6-3　圣奥古斯汀弗拉格勒大学曾经是奢华的宾馆，很难想象这里的学生能刻苦学习

沿线站满了目送他离开的群众,最终落葬于圣奥古斯汀,回到了这一切功业的起点。

我和友人来到圣奥古斯汀时,很为这座城市不伦不类的"沧桑"感到惋惜。1808年所建的城门柱子是此地唯一的古迹,当年为防范印第安人所建的护城河已被草皮填满,其余基本都是十九世纪晚期之后的创造。所谓的"古镇小城"尤其叫人尴尬:它像个我们再熟悉不过的旅游城市,有着各种哗众取宠的夜游活动和廉价的冰箱贴铺子。除了还算新鲜的生蚝炸虾和蛤蜊浓汤,再没有什么值得留恋的。

当时我们不知道弗拉格勒是何许人也,来到弗拉格勒大学门前,遇到了他单手插兜的神气铜像,才逐渐明白这整座城的由来。弗拉格勒大学就是当年的庞塞德莱昂宾馆,客房被打通改作教室,抬眼看见学生们正忙碌穿梭于曾经的休闲之地。弗拉格勒大学唯一开放供人参观的只有中央大厅,不过仍很值得一去,穹顶上金色的繁美壁画让人低不下头来。阿尔卡萨宾馆被改造成了莱特纳博物馆[51],底层原本整层注水,用作泳池,如今被改作餐饮区,从挂着的彩灯来看也有承接饮宴业务的能力。地面上的部分,胡七八糟的"宝贝"堆放于曾经是宾馆的各间大厅,没有太多章法:矿石、灯具、动物标本、会自动演奏的乐器、人偶、面包机、玻璃蒸汽机、圆形打字机、水晶餐具、瓷质大瓶,大约只要是亮晶晶的东西,馆长都会像是个孩童一样揣进兜里。

在这杂乱无章的收藏中,也有难得一见的好东西,例如一台名叫"墨顿-维姆舍斯特-霍尔兹影响仪"的机器。之所以叫做"影响仪",是因为一个带有铜片的玻璃圆盘,转动后会产生"影响",亦即把电传给临近的玻璃圆盘,这样层层传递,靠手摇产生的电流就能作为医用,起到"电疗"的效果。这台机器的发明人叫做维姆舍斯

---

〔51〕**莱特纳博物馆 Lightner Museum**
    地点:佛罗里达州 圣奥古斯汀市
    【建筑】★★★
    【丰度】★★
    【趣味】★★
    行走在建筑中就能够感受到其前身是宾馆,收藏整体散乱。在一层,有一组自动演奏的乐器,是这一博物馆中最为精彩的部分。导览会将这些自动钢琴拆开,让观众看到内部构造,将打洞的"乐谱"整条拉出来,解说当时人们是如何通过购买这样的一大卷"乐谱",实现在自家的自弹钢琴中"播放"音乐的。这些自动化乐器展现了十九、二十世纪之交美国富人们对文化和机巧的双重追求,很有特色,值得一看。

特,是个德国人。之所以会有这样一台机器在这里,是因为当这里在二十世纪末还是宾馆时,这台机器曾是二楼的一项理疗福利,入住的顾客可以坐上一个支在木几上的椅子,感受电疗的新奇与刺激。

在圣奥古斯汀的旧监狱[52],公开处刑是人们赶到城外来抻着脖子看的大戏。这里发生过八次绞刑,每次都是热热闹闹的,有时能引来500多人来围观。记者的相机会在行刑前被警长收走,放在一旁的储藏室里,行刑后再归还。迄今唯一的漏网之鱼拍摄于1908年,拍摄者把当时新出现的体量较小的相机"柯达小精灵"藏在身上后,竟然瞒过了警长,拍下了绞刑前的时刻。照片中即将就死的人名叫西姆·杰克逊(Sim Jackson),犯的是谋杀,他用一柄刮胡刀杀死了自己的妻子,据说下手之狠毒,脖颈几乎要被割断。

这个按理应该鬼气森森的地方,外表全然不是那样。它看着根本不像一座监狱,有尖顶,有前廊,倒像是一栋安妮女王风格的住宅。其实,这座监狱也是弗拉格勒的手笔,旧监狱肮脏不堪,离弗拉格勒的宾馆又太近,他就花了一万美元把那栋房子拆了,改成了赌场,在城外又建了一座漂亮干净的房子作为监狱。弗拉格勒不希望这座监狱肮脏突兀,希望它能融入圣奥古斯汀整体的建筑审美,所以才修成如此形状。据说,它刚建成的时候,开车路过的游客甚至会去询问客房一晚多少钱——竟是将它误认为宾馆了。

佛罗里达以适宜养老著称,也以盛产怪胎闻名,其原因都在于丰沛的阳光。几近热带的气候使得这里比美国任何地方都接近野蛮的自然,鳄鱼、白化的鳄鱼、彩虹

---

[52] 旧监狱 Old Jail

地点:佛罗里达州 圣奥古斯汀市

【建筑】★★

【丰度】★

【趣味】★★★★

建筑位于圣奥古斯汀市郊。四层建筑中,有三层是黑压压的牢房,可以走入参观。一层有区域专门关押黑人,算是将种族区隔进行到底了。在监狱里,女囚要负责洗衣服做饭,男性则被"租"出去给附近的农场主帮工,来回运输都用笼子,脚上戴着镣铐。这里的卫生状况堪忧,一直到1914年才装上抽水马桶。此地的导览者非常具有戏剧性,浑身是戏,带领游客进行沉浸式游览,让这个原本单薄的历史景观充满了惊悚和好笑的故事。

鹦鹉、象龟、眼镜王蛇、森蚺、巨蜥，这些在佛罗里达都不罕见。家门前出现鳄鱼的时候，可以拨打热线电话迅速捕捉再放生。我们在圣奥古斯汀鳄鱼农场与动物公园[53]见过喂食时的鳄鱼群翻腾起的水花，也在圣奥古斯汀的灯塔与航海博物馆[54]登高望远时想象过足以让船只搁浅的巨浪。也是这样的生态，让佛州人有种澎湃的性情。在圣奥古斯汀的小城背面，我们吃了在美国八年最令人怀念的早饭。店主的水波蛋是一绝，它是如此鲜嫩，以至于入口时会随翕张引起的气流而动，如同活物一

图6-4　圣奥古斯汀灯塔

---

〔53〕**圣奥古斯汀鳄鱼农场与动物公园** St. Augustine Alligator Farm Zoological Park
地点：**佛罗里达州 圣奥古斯汀市**
【建筑】★★
【丰度】★★★
【趣味】★★★
【加成】动物 ★　亲子 ★★★
乍看只是个动物园，但是却是来自1893年的历史景观，即便是现址，也是1920年营建的，距今百年多了，1992年入选《国家历史地标名录》。园中的动物展陈较为老旧，也并没有什么了不得的珍稀品种。不过，走在木栈桥上，从满池的鳄鱼头顶路过，仍然是令人难忘的体验。

〔54〕**圣奥古斯汀灯塔与航海博物馆** St. Augustine Lighthouse and Maritime Museum
地点：**佛罗里达州 圣奥古斯汀市**
【建筑】★★★
【丰度】★★★
【趣味】★★★
该景点由一座灯塔和几座裙楼构成。灯塔建成于1874年，高50米，可拾级而上。除了迎接引导商船外，第二次世界大战期间也是观察是否有德国潜艇靠近的地点。裙楼包括访客中心、展览室和守塔人及其家庭所居住的小屋。与世隔绝的他们，万事都得靠自己：点灯、种菜、养鸡。当有船搁浅时，他们会邀请船员来家里喝上一杯热咖啡。此处还陈列有美国海岸警卫队队员们的艺术作品集，收藏有2 000余幅画作。

般。我禁不住要问她这等极品是如何烹制的,店主兴致勃勃地教,甚至不吝于公开至为关键的工序,整个脸上都洋溢着艺术家杰作初成时的神采。可当我在临走前不识趣地讨要一瓶可口可乐时,她的神情又忽然冷了下来。因为佛罗里达是个奇怪的地方,这里只有百事可乐。

!

佛州能有今天,要感谢俄亥俄州,因为是在俄亥俄州,弗拉格勒才做成了百万富翁。1870年,标准石油公司(Standard Oil)成立于克利夫兰,创始人中除了弗拉格勒之外,还有大名鼎鼎的约翰·洛克菲勒(John D. Rockefeller)。

在煤油走进千家万户之前,美国人夜间照明用的是鲸鱼的皮下脂肪,称作"鲸油"。当时,石油的用途还不为人所知,农户们掘地偶尔发现黑色的液体流出,还避之不及,最多是闻着味道觉得可以入药,装瓶去卖。直到1855年,耶鲁大学的一位化学教授对原油进行蒸馏提纯之后,从里面分离出了煤油、润滑油、汽油与石蜡,人们才意识到这黑色的液体用途广泛,或许是个宝。尤其是煤油,纯度高,比鲸油照明效果好上不少。但由于不成规模,炼制成本无法下降,煤油并不能真的被广泛使用。

要让煤油变成一项有用的"发明",必须要让原油开采与炼制都变成规模经济。首先是开采,掘地挖油如挖水井,一旦有人吃了螃蟹,就会遍地开花。自1859年有人在宾夕法尼亚州(宾州)的泰特斯维尔试钻成功之后,商人们纷纷来到宾州西部采油。供给增加后,原油及其一切加工物的价格都应声下跌。十九世纪中叶,美国人口与城市都在稳步成长,尤其是新兴的中西部地区,地理上连通供需两端的俄亥俄州,如克利夫兰,成了炼油重镇。不过,粗放式的原油业造成了令人触目惊心的浪费,材料利用不充分,转换率低,大量废料倾倒入河,洛克菲勒的成功就是在这样的同行衬托下实现的。野蛮生长期的丛林法则非常简单,谁能制出最便宜的煤油,谁就是赢家。洛克菲勒完善精炼流程,物尽其用,在开采环节用自制设备与自雇人工,将成本减半,他的公司迅速脱颖而出。1870年,在其弟和弗拉格勒的资金支持下,洛克菲勒将公司重新命名为"标准石油公司"。

在地流程优化完成之后,洛克菲勒开始压缩运输成本。这个领域的法则也非常简单:无论是由纽约中央铁路公司或宾州铁路公司走陆路,还是从艾略运河走水路,最大的供应商总能获得最大的议价权。对于极其计较效率的铁路和运输公司来说,谁都想争取到大供应商,因为大供应商货流稳定,可预判性强,能够靠数学就把握整体风险与成本。洛克菲勒在这样的规则下,与铁路大亨范德堡谈成了返利协议,使得标准石油公司的产品市场价格一降再降。1865—1870年间,煤油市场价格从每加仑58美分降到了26美分。利润空间缩减是消费者的福音,但大量同行企业不堪重压濒临破产,洛克菲勒将它们收购赎买,去芜存菁,完成了行业内的水平兼并,确立寡头地位。

此后,标准石油公司对内研发精炼技术,化废为宝充实储量,对外优化国际航运手段,加强海外市场销售管理,硬扛来自俄国的原油竞争。也是在这一时期,"美孚"之名开始为中国百姓所知。到十九、二十世纪之交,标准石油公司的垄断地位已无法撼动,必须依靠市场外的法律手段才能将其逐步分解,恢复市场的活力。

尽管标准石油公司总部1885年就从克利夫兰搬去了金融发达的纽约,但是原油精炼行业搬不走,相关产业及其衍生品成了美国中西部地区的主心骨,最具代表性的当属汽车制造。

在福特(亨利·福特美式创新博物馆[55])改写历史的光环背后,很多人其实忘

---

[55] 亨利·福特美式创新博物馆 The Henry Ford Museum of American Innovation
地点:密歇根州 迪尔伯恩市
【建筑】★★★
【丰度】★★★★★
【趣味】★★★★
【加成】汽车 ★★★ 技术史 ★★★★★
一片大型博物馆区,并不仅限于福特汽车,居于中央的建筑是复制费城独立宫而建的钟楼,展区由此向左右两翼展开。海量展览内容,需要6—8小时的参观时间。展陈中最具风格的是"美国制造"环节,此处收藏了大量十九世纪中期的蒸汽机和二十世纪初的巨型涡轮发电机,这些展品在其他地方难得一见。其余藏品包括肯尼迪总统的座驾、爱迪生的"最后一口气"真空管、麦当劳的早期霓虹招牌、罗莎·帕克斯故意坐错座位的那辆公交车,等等,将"美式创新"的文章从各个维度做足。搭乘接驳车后,游客也可前往福特工厂进行参观,并接受最新款车型"软广"的狂轰滥炸。

了，许多后来驰名的汽车品牌最早都是制造马车出身的。抛开动力模式不谈，本质上都是车身、轮轴与轮子的组合。位于印第安纳州的斯图贝克汽车就是其一，家族作坊起家，南北战争时期接到大单，为北军制造了大量标准化的马车。因为在工艺上实现了零件互拆互换，很受政府青睐，1898年的美、西战争和后来的第一次世界大战中又得以接单壮大。二十世纪二十年代起，斯图贝克开始生产汽车，除了一贯可靠的质量外，斯图贝克也靠出众的设计胜出。与当时一些已经做大的美国车企不同，斯图贝克大胆起用法国设计师，这位名叫雷蒙·罗维（Raymond Loewy）的法国人就是后来的"工业设计之父"，他标志性的流线造型不但塑造了斯图贝克的汽车，也定义了后来的火车、飞机，还有可口可乐的招牌瓶身。

来到位于南本德市的斯图贝克汽车国家博物馆[56]，其黄金时代的车型在二楼整齐排开，例如老上海电视剧中常见的1939年款"冠军"（Champion）、登上《时代》杂志封面并被纽约现代艺术博物馆作为艺术品收藏的1953年款"星际线"（Starliner）等。不过进入二十世纪六十年代，斯图贝克等美国品牌开始遭到海外竞品挤压，尤其是后来的日本汽车。日本汽车改变了行业规则，迷你、实用、省油成了重中之重。斯图贝克1964年推出的家用汽车"戴通纳"（Daytona）朴素无华，新车售价2 635.83美元，折合今天2万2千美元，已经足够便宜，却仍未能挽救厂牌命运。两年后，百年老店倒闭，也带走了南本德这座小城的繁荣，如今它只能背靠圣母大学的人才资源和消费水平，才能勉强守住高校后院小吃街的地位。

---

[56] 斯图贝克汽车国家博物馆Studebaker National Museum
　　地点：印第安纳州 南本德市
　　【建筑】★★
　　【丰度】★★★★
　　【趣味】★★★
　　【加成】汽车 ★★★ 技术史 ★★
　　从家族作坊起步到行业巨头，这里展示了斯图贝克汽车的发展史。各种名款逐一呈现，对于公司在二十世纪下半叶所面临的困境也毫不讳言。除了文中所说的那些明星车型，此处还有斯图贝克为林肯总统设计制作的马车、1902年的电动车，等等。

图6-5　底特律艺术馆内"美国制造"的创世神话

　　制造业在美国中西部留下的却远不只是工业遗产。工厂制造需要大量的年轻劳动力，使得中西部成了一块天然的磁铁。被小农经济困住的黑人佃农和来自东部的叛逆青壮年纷至沓来，碰撞出了空前繁荣的流行文化。

　　在克利夫兰，热血无处安放的白人少年们在"种族唱片"中找到了宣泄的出口，黑人的音乐让人不能安分，他们在酒肆舞池尽情躁动，在体育场群聚听现场演出，与前来驱赶他们的警察斗殴。当地广播电台发现了这股风向，把火点得更旺了。原本来自南方的蓝调与节奏开始在这工业地带被赋予铁锈的腥香，由风骚变得刚硬。

1986年，当摇滚名人堂[57]筹备委员会在全美选址时，去工业化后困顿不堪的克利夫兰不惜代价抢到了这座后来由贝聿铭设计的玻璃金字塔，现在它成了当地唯一值得一看的景点。

在底特律，福特汽车的如日中天赐予了该地"汽车城"之名，也定义了一切事物的生产流程，包括音乐。一个名叫贝利·高第（Berry Gordy）的黑人青年随家人从佐治亚州搬迁至此，他不识谱，却很能写出朗朗上口的旋律。高第在林肯-水星汽车厂工作，每天看见一个个底盘从这头进，一辆辆汽车从那头出，他想着，也许音乐也是可以这样制作的。

1959年，高第成立了摩城唱片公司以贯彻他的理念。摩城唱片定期召开组会，每个创作者都将自己写好的旋律放到会上讨论，然后投票选出最具有推广潜力的歌曲，或是将多个优秀的部分拼合起来使用。高第发明了一种"摩城模式"，除了录音棚，他还买下了邻近的住房，供旗下艺人居住，这样一来倘若夜里灵感袭来，就能直接起身敲门，来棚里讨论，然后录歌。摩城唱片签约的艺人需要经过完整且严格的声乐、仪态、形象训练，等等，洗掉黑人身上的生猛，成为白人受众喜欢的样子，才能顺利出道。这样近乎冷血的市场思维为摩城唱片在成立的头十年里79次拿下"公告牌单曲榜"排行前十，培养了迈克尔·杰克逊、戴安娜·罗斯、莱昂纳尔·里奇、马文·盖伊等一批巨星。

---

〔57〕摇滚名人堂 Rock & Roll Hall of Fame
　　　地点：俄亥俄州 克利夫兰市
　　　【建筑】★★★★
　　　【丰度】★★★★★
　　　【趣味】★★
　　　【加成】流行文化 ★★★★ 音乐史 ★★
　　　贝聿铭标志性的玻璃金字塔造型，建成于1995年。收藏了大量摇滚乐史诗级巨匠们的乐器、唱片、服饰与物品。此地对于一般观众来说，很难摸到门道，对于爱好者来说，又显得太过浅薄。这种定位让这个原本应该非常重要的文化地点，似乎只能起到将美欧摇滚和流行音乐作为一个整体笼统打包传播的效果，这就会令许多人扫兴了。总体来说，官气太重，灵气不足。

图6-6　摩城唱片录音棚旧址，游客来自全球各地，文化大同仍似可期

　　"黑色资本主义"的光环之下，摩城的音乐始终保持着南方小农经济的泥土味，还有黑人与生俱来的逗趣。我曾在亚特兰大的城郊看过摩城两拨老将的演出：1961年成军的 The Temptations 和1953年成军的 The Four Tops。有的成员已经离世，所以换了几个新人，但几个七八十岁的老爷子一待音乐响起，就立刻舞动起来。那左摇右摆的舞姿在当下看来是如此滑稽，却又有十足的感染力，让全场的大叔大婶们不论肤色，都纷纷起身一起摆动。有位团员虽已老态龙钟，却仍兢兢业业，演出一丝不苟，直到几曲下来实在站不动了，才拿了把椅子坐下，大家对此报以温柔的掌声。

今天，摩城的录音棚被改造成纪实性的摩城唱片博物馆[58]，可以跟随导览走入，体验当年巨星初长成的时代氛围。导览除了会带着大家合唱摩城金曲之外，也会提起：录音棚里曾有一台及胸高的自动贩售机，里面卖的是糖果。员工们会把平日里积攒的硬币放在售卖机顶上，然后一个十几岁的盲人孩子就会摸着路到这里来，拍拍打打抓起零钱换糖吃。这个孩子就是后来因为一首《电话诉衷肠》而为国人所熟知的乐坛巨匠史蒂夫·旺德。

!

去往北方的黑人正在把黑人音乐变成流行口水，留在南方的黑人却在让它更加"非洲化"，比如詹姆斯·布朗。他推出的单曲几乎都没有朗朗上口的旋律，所以他在"公告牌排行榜"上保持了一项纪录：在有最多单曲进入榜单的艺人中，他的冠军单曲是最少的。布朗似乎也从未在意过这些，名为"炸弹先生"的他走上舞台就是支配，就是享受，就是让汗水在台上台下蒸腾，累垮观众。他的歌多是近乎野性的嘶吼，循环的呐喊与节奏，但是他凌厉的舞步与滚烫的台风却让看似简单的音乐变得非常不简单。这种不可复制的狂野影响巨大，也让一批以节奏而非旋律为基础的新式黑人音乐被发明出来，布朗因此荣列第一批进入摇滚名人堂的乐坛先驱。

布朗生于南卡罗来纳州的农村，母亲生他的时候才十六岁。刚出生时布朗没有

---

[58] 摩城唱片博物馆 Hitsville U.S.A. (Motown Museum)
地点：密歇根州 底特律市
【建筑】★★
【丰度】★★
【趣味】★★★★
【加成】音乐史 ★★★★★
曾经的摩城唱片功能建筑群，集办公行政和录音于一体，自1985年起就已成为博物馆，供来自世界各地的乐迷瞻仰。此地是定时导览型博物馆，时长一小时，须合理安排时间。

呼吸，是他的小姨靠人工呼吸把他救了回来，这预示了他后来越挫越勇的一生。布朗四岁时全家搬迁，来到了佐治亚州的奥古斯塔，他的第一个家是他小姨开的妓院。赤贫的生活教会了布朗艰辛与奋斗，他的父亲好赌成性，常年不在家，母亲不堪充满暴力威胁的婚姻折磨，只身去往纽约，布朗成了没爹妈的野孩子。少年的他当过拳击手，也学会了钢琴、吉他和口琴，萌生了成为艺人的念头。十五岁时，布朗在停车场砸碎车窗玻璃进车偷衣服，因抢劫罪被关进少教所。也是在那里，他竟遇到了贵人提携，出狱后开启了演艺生涯。

原生家庭的伤害伴随了布朗一生，他无法释怀当年母亲弃他而去，到功成名就之后才逐渐恢复联系。布朗一生四段婚姻，暴力不断，婚外情也不断，真真假假的孩子有十几个。奥古斯塔把这些八卦都装进了历史博物馆里，还有这位"灵魂乐教父"夸张的行头。昔日南部棉纺重镇也只有紧紧抱住盛名不坠的传奇艺人，才会有人记得来看这座城曾经的荣耀点滴了。

奥古斯塔是因运河而繁荣。最早发起修建倡议的人叫亨利·康明（Henry Cumming），他是奥古斯塔首任市长的儿子。那是十九世纪四十年代，他提议效仿"麻省"一些小城，修运河，兴产业。在那个时代，蒸汽机仍是个新奇玩意儿，得用最基础的人力和工具完成开凿，所以卖过力的劳工又多又杂——监狱里的重刑犯、盖完了跨国铁路正愁找不到工作的华人劳工、冲着工资而来的黑人

图6-7 奥古斯塔运河国家遗产区内景

佃农,还有刚从意大利移民而来的石匠。运河竣工后,除了船运,也积极用于工业生产。和哈珀斯费里的兵工厂同理,运河之水通过导水管进入工厂,推动涡轮,通过一系列转轴齿轮,驱动车间里的机器。河水推动的织机令生产效率大大提高,每年只需向政府支付每马力5.5美元的"水力费"即可,工厂与作坊在河边层现迭出。1890年,奥古斯塔建成了用水力驱动的电厂,有轨电车与夜间照明随即出现,小城走上了现代化之路。

今天的奥古斯塔运河国家遗产区[59],原来是某旗舰企业下属的一家工厂。屋顶上的天轴与皮带机件还在,两个蒸汽锅炉也在,直径近乎一人高的引水管也被局部保留。运河刚建成时,奥古斯塔利用棉花资源就近的优势,成了美国纺织业的中心。二十世纪初,母公司财务状况岌岌可危,虽然世界大战中的订单让它又活了过来,但最终还是于1983年关张。其实在这之前,奥古斯塔就已经没有什么工业底子了,经济全球化,尤其是来自亚洲的竞争,让这些工厂彻底失去了立足之地。这片遗产区最值得称道的是对工人记忆的保护,就连关门前一个月工人上工的照片都还珍存着,大量的口述史资料在屏幕上循环播放。工厂运营的最后一天,工人们在这里哭泣,相拥,不分种族,不分彼此。

今天的我们很难想象美国南部曾经也是工业勃兴之地,阿拉巴光这名字就透

---

[59] 奥古斯塔运河国家遗产区 Augusta Canal National Heritage Area
地点: 佐治亚州 奥古斯塔市
【建筑】★★★★
【丰度】★★★
【趣味】★★★★
【加成】工业遗产 ★★★★
全美最小巧也可能是最好的工业遗产类展陈,除了追溯奥古斯塔的市政建设,也高度关注工厂与工人本身,显示出难能可贵的双重关照,而非只是借用工业遗产的躯壳。该工厂的母公司是成立于1845年的格拉尼特维尔公司(Graniteville Company)——南部最成功的纺织公司。创始人是一位查尔斯顿的珠宝商人,美国南北战争期间这家公司为邦联织布制服,战后将业务扩张到奥古斯塔,建起这座工厂。今天,工厂的整体建筑格局被完好保留,在参观区域之外,也可以走到当年工人休息用的花园,或者到工厂之外的运河边沉思,想象当年船只如流的热闹场景。

着土气,谁能想到这里曾出现过"全球钢铁之都"呢?

伯明翰市号称是世界上唯一一座集炼钢所需三大地质要素于一身的城市。作为原料的铁矿石、作为燃料的煤、作为还原剂的石灰石,在这里都有。得天独厚的地质条件为伯明翰带来了无限商机,这座城市于1871年立市,到十九、二十世纪之交时已是高楼遍地,电车、银行、宾馆、摩天楼一应俱全,因而也有"魔法之城"的美名——它的发展实在太快,如被人施了魔法一般。

1904年圣路易斯举办世博会,伯明翰的精英们迫不及待地想要被世人发现,赶制了一件代表城市精神的艺术作品——他们只用了七个月时间就设计完工。那是一尊17米高的瓦尔坎神雕像,这位罗马神话中的冶金铸造之神一手握着箭镞向天,一手拄着铁锤向地。这尊雕塑在世博会上大获成功,引来观者无数,为伯明翰赢得了当年的矿物类最佳展示奖。会后,瓦尔坎被带回伯明翰,作为永久纪念。

今天,二十世纪初的铸造之神在瓦尔坎公园与博物馆[60]里安家。拾级而上,来到土坡顶端,只见雕像上大下小,头重脚轻。有人说这是雕塑家在忠实呈现神话里瓦尔坎的残疾,也有认为这是为了纠偏从下往上看时的透视。乘坐电梯来到观景台,看见伯明翰从建筑到土地都透着铁锈的红。导览员告诉我,脚下的山城就叫做红山,过去这里曾经有人为了每个月36美元的工钱辛苦刨土寻矿,今天这里有人告白、求婚,说"我愿意",在这写满历史的地点写未来。

在塔顶上,我看见一座钢铁厂。问了,是个景点,便开车前往。那是名为"斯洛

---

[60] 瓦尔坎公园与博物馆 Vulcan Park and Museum
地点: 阿拉巴马州 伯明翰市
【建筑】★★★
【丰度】★★
【趣味】★★★
公园所在的山,就叫做红山,这是因为铁矿的缘故。伯明翰用了五年时间,为瓦尔坎雕像重建了"基座",可供人们乘坐电梯,在雕像脚下登高望远。在一旁的访客中心,展出了伯明翰冶金业的发展和城市崛起的历程。

斯高炉"（Sloss Furnace）的国家历史地标[61]，曾经是世界首屈一指的钢厂，全年无休，全日无休，鼎盛时期每日产量可达900吨，如今只剩下空空躯壳。游客中心对人口略作了些空间设计，然后很快就直奔主题。一列列钢架支起烟道，仿佛层层叠叠的鸟居，将空间拉得如时间一样长远。我去的时候再没别的游客，但前人们在炉壁钢柱上画下的涂鸦，却提醒我游人无处不在。耸立的高炉之下红色与绿色的铁管交织，仿佛裸露的血管，刚强中带着脆弱。

当时，铁液会从高炉流出，流入刻好了槽的沙地，再从沟槽蔓延向两翼，慢慢变成猪群在槽边争食的样子，这也是为什么英语里生铁叫做"pig iron"。铁逐渐凝固，还是又红又热的时候，得赶紧用一层沙子盖住，然后用厚木底的鞋子在火热的铁块上来回踩踏，趁热用镐头把铁块与槽的连接断开，将它搬上运输小车。这一切操作都在人能承受的温度极限边徘徊，可是也必得如此，因为若再冷些，就很难塑形，很难断开了，会耽误下一个环节。能胜任此种工作的人十中仅一，这些黑人劳工纵使再强健，工作几年后也会被钢铁的重量压弯腰。难怪时人说：

> 把生铁块断开，把生铁从砂床运走的工作，即便是产自一个不大的高炉，这工作也不是人干的。如果有可能用骡马或者牛去做这工作的话，那防止动物虐

〔61〕斯洛斯高炉国家历史地标Sloss Furnaces National Historic Landmark
地点：阿拉巴马州 伯明翰市
【建筑】★★★★
【丰度】★★
【趣味】★★★★
【加成】工业遗产 ★★★★★
斯洛斯高炉从1882年运营至1971年，1981年成为国家历史地标。工厂和高炉本身就非常值得一看，当然更值得称道的是历史学家们对一些小故事的复原，其中一则是关于两头驴的。当时的工人们将生铁块装车之后，需要由驮畜把生铁块拉去仓库，这两头拉车的驴，一个叫Jim，一个叫Cora，它们一拉就是好几年。最神奇的是，它们每天一到下午三点，也就是下工的时候，就会自己停止工作，然后自己跑到谷仓里去休息。正是这些小故事，让这处冰冷而刚硬的工业遗产具有了一些宝贵的温度。今天的游客中心，更多地是一个展陈空间。这里不但讲述了钢铁厂的历史，也展示一些与机械和钢铁相关的艺术作品。

待的协会早就要来干预了,而且他们确实应该来干预干预。

说这话的工程师叫爱德华·邬林(Edward Uehling),毕业于新泽西州的史蒂文斯理工学院。经过构思设计,他于1895年获得了一项名为"自动生铁铸造机"的专利,但是由于造价太高,未能付诸实践。等到财力够了,钢铁业已饱受冲击,无暇应对旁的了。除了来自海外的竞争,伯明翰钢铁业更多受到来自塑料的威胁。太多原本需要使用金属的材料,渐渐地都追着又便宜又方便的塑料去了,家家户户的水管就是头一样。

科技迭代虽然带来冲击,可也带来机遇。斯洛斯高炉之所以能一直燃烧到1971年,也是多亏了不远处的小城亨茨维尔,这里一直十分需要钢铁。这座连州际高速都不光顾的小镇,正是因其隐蔽性而被美国军方选中,作为研发基地。今天这里仍

图6-8 斯洛斯高炉国家历史地标,新旧分明,却又共成一体

图6-9　斯洛斯高炉国家历史地标的高炉遗迹

有美国航天火箭中心[62]，与同类馆在佛罗里达州和得克萨斯州的高调热闹相比，这座航天博物馆暮气沉沉，记录了亨茨维尔已被尘封的旧日辉煌。

冯布朗（Wernher von Braun）是这座馆的灵魂人物，连他年轻时候的手稿与绘图，这里都有收藏呈现。那是一个纺锤形的单人飞行器，可以带上足够支撑100小时飞行的食物与氧气，可以乘坐它前往太空。冯布朗少年时期的梦，源于火箭科学家赫曼·奥博茨（Hermann Oberth）的书籍文章，而奥博茨的太空梦则是阅读科幻小说后所想。1932年，二十岁的冯布朗获得了柏林理工学院机械工程学士学位，然后如愿跟着导师奥博茨一起设计液体燃料火箭发动机，两个人开发了第二次世界大战

---

[62] 美国航天火箭中心 U. S. Space & Rocket Center
地点：阿拉巴马州 亨茨维尔市
【建筑】★★
【丰度】★★★★
【趣味】★★★
【加成】航天科技 ★★★
博物馆中展示了各类与航空航天相关的大小创新。在室外，"土星5号"火箭的复制品矗立，一旁是大大小小的格式火箭，包括"土星1号""朱诺2号""红石号"，等等。在室内，是水平放置的"土星5号"，它被截成几段，供游客察看各级推进火箭是如何相接的。孩子们可以从冯布朗的办公室和美国首个太空站Skylab的内景中，畅想幕后英雄们工作的画面，也可以从各种火箭的比例模型和发动机中，了解火箭运行的机制。这一景点整体上有一种年久失修的陈旧感，就连航天飞机都是用石膏将就造的，但这种破败的气质与"被抛弃的南方"的整体调性颇为相符，倒也别有一番韵味。

时著名的V2火箭。1942年10月3日，V2投入使用，这种新型武器帮助纳粹德国在与英国的空战中占尽便宜，前后造成了3 500多人的伤亡。

德国战败之后，美国收割了一大批归降的欧洲顶尖科学家，冯布朗也是其中之一。1945年9月，冯布朗受聘于美国陆军，来美执掌两款制导导弹的开发。才花了7个月的时间，美军就成功在新墨西哥州试射V2，后来这支数百人的团队迁往亨茨维尔。1950年，冯布朗成为亨茨维尔制导导弹开发小组的技术主任，继而又成为亨茨维尔兵工厂的制导导弹开发部部长，他的团队研发出了美国国防部首款大型洲际制导导弹"红石"，"太空竞赛"的帷幕逐渐拉开。

起初步步落后于苏联，但1961年5月5日，水星-红石3号的成功载人飞行给了美国底气，肯尼迪总统当月宣布美国将挑战登陆月球，NASA随即获得10亿拨款，"阿波罗计划"启动。1961年10月27日，"土星1号"发射成功，证明将多个火箭发动机集成使用是可行的。1962年1月25日，冯布朗关于三段推进火箭的提议得到了批准，"土星5号"的构思初步成型。1963年肯尼迪总统遇刺，美国高层对于登月的决心没有动摇。1967年是多事之秋，先是火箭在试验场爆炸，一周后三名千挑万选的宇航员又因实验中突发火灾而惨死于实验舱内。攻坚克难后，1968年12月21日，"土星5号"带着"阿波罗8号"的三名宇航员完成绕月环行，他们成了第一批进入月球引力场的人。次年，美国完成了登陆月球的计划，此后苏联在同一赛道屡屡受挫，"太空竞赛"以美国宇航员在月球上插上国旗的经典画面为标志落下帷幕。

在火箭研发的过程中，为了获得公众和国会的支持，冯布朗做了大量科普宣传工作。他风度翩翩，登上《时代》杂志封面时，看着与影星无异。冯布朗在各种面向大众的报刊上发表科普文章，他还作为技术顾问为迪士尼频道制作了三档与航天有关的少儿栏目。1972年登月后返回的"阿波罗16号"指挥舱被命名为"卡斯帕"（Casper），是一部动画片里的白色小鬼。据说，是有小朋友看到宇航员们一身白色，说看着像小鬼卡斯帕，官方干脆将这个太空舱命名为"卡斯帕"，把航天梦种在孩子心间。NASA甚至还制作了小鬼卡斯帕和"阿波罗16号"的联名款胸针，可以说玩性很大了。这种亲和感在亨茨维尔航空航天中心四处可见，人们可以走上舷梯桥，

图6-10 亨茨维尔美国航天火箭中心的"土星5号"

爬进指挥舱，钻到引擎之下，或是近距离观察IBM为"土星5号"制造的"大脑"。

驶离航天城，外面的亨茨维尔更加漂亮。各色树叶为街道点缀，欧风小路边的披萨铺子飘出阵阵麦香。市中心有一座小小的艺术馆，它背面的人工湖周围都是遛狗的人。亨茨维尔城外还有一大片别墅区，其豪华程度令人咋舌。附近加油站的小哥告诉我，那里面住着许多医生。可见，航天事业虽然止步于冷战时代，但亨茨维尔并没有一蹶不振。

此地作为兵营的历史源于美、西战争，由于战线在墨西哥湾，所以政府需要找一个靠南的地点来训练和驻扎士兵。亨茨维尔地广人稀，水源充沛，又有铁路通达，甚为合适。一万四千名士兵到达此地，结果还没来得及大展拳脚，战争就匆匆收尾。亨茨维尔从此也就有了军工和医疗的双重背景，这也是为什么军工虽然垮了，但它仍然能够靠着医疗底子与人才储备，维持小康之城的面貌。

!

西雅图的崛起，也是靠地理上的运气。

今天的西雅图有微软，有波音，可当年它的作用不过是个杂货铺子。1896年，美国（阿拉斯加）和加拿大的居民在克朗代克河岸边发现了金粒，乡邻们都来到此处寻找金矿，引发了淘金热潮，"克朗代克河有金子！"成为时代的口号。克朗代克河位于美国（阿拉斯加）与加拿大国境交界，靠近北极圈，先走水路再走陆路最为便捷无险。于是，美国国内最靠西北的港口西雅图，迎来了船桅林立人潮涌动的"黄金时代"。

去淘金的人都要备好物资，西雅图成了人们上船之前最重要的一站。食物罐头、采矿工具、御寒布料都得在这里买好，店铺越来越多，商业快速兴起，西雅图的枢纽地位由此奠定。只是这克朗代克河淘金热退烧很快，淘金者跋山涉水，好不容易到达目的地，竟发现当地人已经几乎把金粒淘光了。天气极寒，只有简陋的木屋作为遮蔽，工作环境更是恶劣。但他们既然来了，就不会放过任何一点机会。因此只要一个地方出现了黄金，整座山都会被翻个透，给当地生态带来了不小的破坏。

当年的淘金者中，有个叫约翰·诺德斯特龙（John Nordstrom）的，他原本在华盛顿州的一处伐木营工作。1897年8月的一天，他去城里买报纸，本来当天要回营，结果看到报摊上"ＧＯＬＤ"四个大字，忽地动了心。早上还与朋友在吃早饭时说起此事，此刻他心潮澎湃。诺德斯特龙把报纸一把拍在桌上说：我决定去阿拉斯加了，你要不要跟我一起？他的朋友思考了一分钟，没有答应。诺德斯特龙独自回到营地拿了东西，说走就走，当天下午四点就已经上路。他在淘金热中，靠售卖开采权得到了第一桶金，然后带着这一万三千美元回到了西雅图，与朋友一起开起了鞋店。退休后，他的儿子们买断了他的利权，把这笔营生做大做强，百货商店品牌诺德斯特龙由此诞生。

我是在西雅图城里一个不起眼的街角偶遇了这座淘金博物馆（克朗代克河淘金热国家历史公园）[63]的，塞在局促室内空间里的淘金营地让人出戏，但博物馆里记录的这则诺德斯特龙的故事，倒是让我想起比尔·盖茨辍学创业的事。这则故事在

---

〔63〕克朗代克河淘金热国家历史公园 Klondike Gold Rush National Historical Park
地点：华盛顿州 西雅图市
【建筑】★★
【丰度】★★
【趣味】★★
这个打分是不公正的，因为我参观的不过是这个历史公园在西雅图的访客中心。此地主要介绍了淘金热的历史，也对其生态影响进行了反思：淘金者带去了各种疾病，原住民的猎场鱼塘都被冲垮，传统农作被彻底摧毁。淘金不但破坏了河流生态，令鱼群数量锐减，也加速了森林砍伐。淘金用水渗透到土壤，进入食物链，造成重金属富集。正式的历史公园面积要大得多，包括了多栋旧式的功能性建筑，如旅馆、商店等，可惜位于阿拉斯加，实在是难以成行了。

中国，救了不少中学作文。盖茨辍学是在哈佛，但却是土生土长的西雅图人。创业者的第一品质，就是得很舍得放弃。这么看来，华盛顿州可算是人杰地灵、传统深厚了。曾经是港务大楼的历史与工业博物馆[64]里，更显出当地对创业传统的骄傲。今日美国乃至世人的许多线上消费方式，如网络购书、网上看房、网约机票，它们背后的创意公司（Amazon、Zillow、Expedia）都诞生于信息科技大潮中的华盛顿州。

拥有计算机文脉正统之一的西雅图，有着全美最好的计算机主题博物馆（活的电脑：博物馆+实验室）[65]，名为Living Computers，似乎译作"活的电脑"最为合适。一楼有许多卡通风格的可爱机器人，明显是吸引低龄受众用的。展区看似画风面向儿童，实则另有深意。例如，在一片以粉色为主题色的区域，墙面上挂着三面"魔镜"，上面写道：

你童年时期的玩具如何塑造了你今日的兴趣爱好？

你认为芭比娃娃是如何对女性进入计算机行业起到积极或消极作用的？

---

[64] **历史与工业博物馆Museum of History & Industry**
地点：华盛顿州 西雅图市
【建筑】★★★
【丰度】★★★
【趣味】★★★
此地原是港口灯塔，下部空间被改造为博物馆。正厅内展示一架波音B1飞机，这是威廉·波音在一战之后设计的小型双翼飞机，用于邮政，也是波音公司的第一款商用飞机。博物馆陈列聚焦西雅图的历史，其城市史约等于一部创新创业史。位于顶层的灯塔可供赏景，是了解西雅图的入门级博物馆。

[65] **活的电脑：博物馆+实验室Living Computers: Museum + Lab**
地点：华盛顿州 西雅图市
【建筑】★★
【丰度】★★★★
【趣味】★★★★
【加成】技术史 ★★ 计算机 ★★★★★
这座博物馆的创始人是保罗·艾伦（Paul Allen），微软的联合创始人，线上平台建于2006年，线下博物馆建成于2012年。其所展示的古董计算机中有不少仍可进行操作互动，其中也包括一台放置在二十世纪八十年代复古居室中的任天堂FC"红白机"。

你会如何解决计算机行业的性别鸿沟问题？

　　面对这三个严肃的问题，观众可以把答案写在留言区。显然，有一些观众并不觉得女生玩芭比娃娃就必然对学习计算机有害，不过也有人提出可以给芭比娃娃一个职业设定，去做网络开发，这样芭比以后也好找个实惠工作。最尖锐者提出，只有"摈除称兄道弟的哥们文化"（Get rid of the Bro culture），才能让计算机行业真正向女性敞开大门。

　　博物馆的二楼是个夹层，放不了太多东西，有一些互动游戏设施。除了动手拼装和投影感光这些传统的游戏外，更抓人眼球的是古董游戏机。譬如网球游戏，它

图6-11　活的电脑：博物馆+实验室里，展示了二十世纪八十年代的家庭与家庭计算机任天堂FC

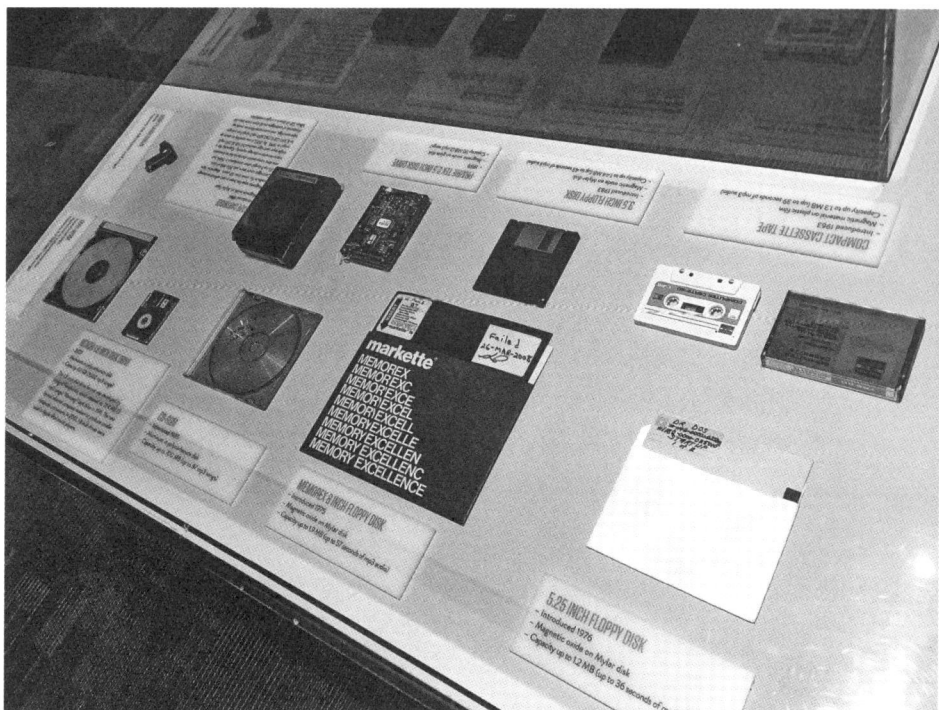

图6-12 活的电脑：博物馆+实验室里，不同年代的信息载体呈现出生物谱系演化的秩序感

是一个名叫威廉·海金博塞姆（William Higinbotham）的程序员于1958年在布鲁克海文国家实验室工作时开发的，这款游戏被认为是世界上最早的电子游戏，海金博塞姆也因此被称为"电子游戏之父"。在这座博物馆里，这款游戏被移植到了1972年产的Tektronix 465示波器上，可算是对年代感的双重致敬了。

三楼收藏着计算机行业的过去，各种历史上有名的机型一应俱全。这里有IBM MODEL SYSTEM 360 MODEL 91，1966年开发制成，是当时最快最强大的计算机，被用于最高新的科技探索，例如航天工程、理论天文、原子物理、全球气象预测，等等，一天可以解决包含2 000亿步计算的1 000个问题。个人电脑时代的轨迹也被记录，从1978年的Apple IIe，到1980年的Apple Ⅲ，再到1998年的iMac，计算机逐渐走进千家万户。使之成为可能的,是越来越小的存储设备,1974年产的DEC RP06P硬盘老大一块,只有200 M容量,后来从八寸盘、五寸盘、三寸盘、光盘、移动硬盘,一种进化论式的史观图谱铺陈眼前,叫人怎能不对未来充满希望。

曾经,一切都在向前,一切都在向上。

如同太空针[66],也如同那一年西雅图世博会的Logo,一个向上的箭头,太空时代的"正能量"让人觉得人类的征途是没有止境的。1962年2月刚刚成为环绕地球第一人的约翰·格兰(John Glenn),几个月后就成了西雅图世博会上最重量级的贵宾。他代表的是冷战期间一个国家的荣耀,也代表了全人类所共有的全新可能。今天,站在太空针眺望西雅图沉闷的天际线,只叫人觉得平庸。信息时代的降临让这里的人们失去了用水泥构建伟大的兴趣,也重新定义了强大与财富。手里是西雅图土生土长的星巴克咖啡,脚下是流行文化博物馆[67]的神工天巧,让我想起西雅图的

---

[66] 太空针 Space Needle
　　地点: 华盛顿州 西雅图市
　　【建筑】★★★★
　　【丰度】★
　　【趣味】★
　　【加成】博览会 ★★
　　建筑的美感仍经得起时间考验,但是内部的陈列就非常平庸了。太空针高184米,原先观景台是没有设置围栏的,但是1974年的3月与5月,接连有两人跳塔自杀,此后便安装了铁丝网。今天这些铁丝将本来就乏善可陈的景色切割得更加破碎,十分败兴。

[67] 流行文化博物馆 Museum of Pop Culture (MoPOP)
　　地点: 华盛顿州 西雅图市
　　【建筑】★★★★★
　　【丰度】★★★★
　　【趣味】★★
　　【加成】流行文化 ★★★★
　　MoPOP聚焦西雅图对摇滚乐和流行文化的贡献,其缘起是保罗·艾伦2000年创立的"体验音乐"活动。正因为如此,博物馆顶层的"声音实验室"(Sound Lab)是最有趣的部分。在这里,游客可以尝试演奏各种乐器,自己编曲,混音制作全流程参与,很有创造性。展厅中央有无数电吉他组成的"漩涡"雕塑。除了音乐,科幻小说、恐怖电影、电子游戏等也是展出内容,收藏有不少有名的电影道具,比如《电锯惊魂》中的锯子、《布莱尔女巫》中的巫蛊小人等,还有《终结者》《星际迷航》中使用的模型等。建筑从外部看是起伏的金属波澜,由弗兰克·盖里(Frank Gehry)设计,他善用金属平面构型,著名的古根海姆毕尔巴鄂博物馆就是他的手笔。

图6-13　西雅图流行文化博物馆内景

另一项发明——垃圾摇滚Grunge。

　　说起来，音乐作品中充满能量的人大多会从自己不幸的人生中取材。和詹姆斯·布朗一样，涅槃乐队主唱柯特·科本（Kurt Cobain）也是九岁时父母离异，安稳的人生从此充满愤怒，必须终日服食药物，与抑郁搏斗。他用刻意失真的吉他创造出不干净的"西雅图之声"，又用最干净的本嗓在歌里反反复复唱着"我发誓，我没有枪，我没有枪，我没有枪"，最后却又在家中用枪结束了自己短暂而闪耀的一生。

　　这大概就是作为发明家的代价，一直孤独，一直孤独。

　　年轻的爱迪生多半也是这样想的：我有一个好主意，为什么你们就是不听呢？

　　1866—1867年，爱迪生住在一个叫"屠夫镇"的地方，那是肯塔基州路易维尔的肉业中心。他当时19岁,在西联公司(Western Union)打工。这家原本叫做"纽约与密西西比河谷电报公司"的企业,五年前刚刚建成第一条跨州电报线路,可见美国基础设施建设空间还很大,愿意聘用爱迪生这样一个小工,想必公司人手也不够。

爱迪生租住的房子(屠夫镇爱迪生旧居)〔68〕很小,原本供一户中产之家居住的一层平房被均匀切割成四个空间,它们整齐地列成一排,连门也都是对齐的,爱迪生住在其中一间。这种房子式样在当时被称为"shotgun house",意思是:如果在屋子一头用散弹枪开一枪,子弹能直接洞穿四扇房门。这样的房型只造成一些令人头疼的问题,例如,进出的门即便加开了一扇也统共只有两扇,里屋的人要离开家,就必得经过外面的房间,这是何等尴尬。所以里屋的房租也会略高些,因为私密性要好上那么一点,而爱迪生当时住的就是靠外的。

群租生活不易,尽管每一个小间都配有床铺、书桌、橱柜,功能还算齐全,但没有抽水马桶,内急的问题都在自己的居住空间里解决,再提着出去自己倾倒。然而,爱迪生当时却乐在其中。白天,他是在西主街58号工作的一个电报发报员;晚上,他步行经过八个街区,回家做各种化学实验,常常整夜不眠。有一天,或许是因为意犹未尽,他带上了试剂箱去上班。本想上班间歇忙里偷闲再做点实验,结果箱内的酸

---

〔68〕**屠夫镇爱迪生旧居 Thomas Edison Butchertown House**
地点:肯塔基州 路易维尔市
【建筑】★
【丰度】★ ★ ★
【趣味】★ ★ ★
【加成】技术史 ★ ★ ★
爱迪生的蜗居之地今天变成了一座小博物馆,主体是当年的生活空间,其余的空间被改造成一个小型的陈列室,里面添设了许多他的早期发明。最完整的系列是蜡筒留声机,那是爱迪生1877年的发明。一位志愿者老太太向我们依次展示了世纪之交的各款留声机,并现场运作以为展示,它们都需要一管缓缓转动的蜡筒来播放刻录其上的声音。一个可乐瓶大小的蜡筒,记录的时间也就2—4分钟而已,太占地方。面对竞争压力,固执的爱迪生终于妥协,先是将扬声器置入外壳内,再逐渐放弃蜡筒转向唱盘,终于了成了今人所熟悉的留声机的样子。

图6-14　路易维尔的爱迪生旧居,"屠夫镇"气质从未消失

液不知怎地流了出来,溶穿了皮箱,也溶穿了地板,引起好大一番动静,爱迪生随即被电报公司解雇。

　　后来的故事大家都知道,他北上新泽西州,在那里将白炽灯的工艺技术完善,成了大发明家。由于爱迪生曾从业于电报行业,他早期的发明很多都是与电报机理相似的信号传输设备。1868年,他人生中的第一项专利就是一台给美国国会设计的投票记录仪,此后一生中也有125项与电报相关的专利。1883年,36岁的爱迪生再次来到路易维尔,白炽灯商品化之路才刚刚开始,爱迪生还需要多做宣传。在那次南方博览会上,爱迪生用4 600个灯泡,点亮了这座曾经让他失意的城市。

！

任何发明问世，都得经历斗争。

飞机刚刚出现的时候，被视为奇技淫巧。第一次世界大战时，很多人认为飞机又脏、又吵、又没用，还不如一匹战马来得实在。一位法国将军1914年曾说："飞机驾驶作为一项运动是不错的，但对于军队来说，它一文不值。"加拿大某任国防部长曾说："飞机是恶魔的发明，在正经事里绝不可能占有一席之地，比如保卫国家这样的事，我的老天。"德国方面虽然欢迎，但主要是用它来代替骑兵作侦察之用，认为大众想象的攻防空战乃是天方夜谭。世界上第一架战斗机，收藏展示在西雅图飞行博物馆[69]。那是1914年意大利造的单翼飞机Caproni Ca.20，前部装置一挺机枪。这件历史珍宝虽然在制造商家族手中流转80余年，但却常年被弃置在一座修道院里，1999年才被飞行博物馆购得，经过原地拆解、越洋运输、异地组装之后，成为今日所见的镇馆之宝。

铁路刚刚出现的时候，也被视为奇技淫巧。1830年8月28日，马里兰州的巴尔

---

[69] 飞行博物馆Museum of Flight
　　　地点：华盛顿州 西雅图市
　　　【建筑】★★★
　　　【丰度】★★★★★
　　　【趣味】★★★★
　　　【加成】飞机 ★★★★★ 技术史 ★★★★
　　　建成于1965年的飞行博物馆是西雅图最具吸引力的博物馆。收藏飞机包括波音737、747等著名客机，洛克希德D21、M21等著名侦察机，也包括一些早期飞机如Curtiss JN-4D Jenny，还有尼克松的"空军一号"和著名的"协和号"等露天展出。在一侧的"红谷仓"，也就是最早的波音厂房的旧址里，展出了木机床组，显示了这家行业巨头初创时期的平凡。此地对王助的贡献也有呈现。他是波音公司前身美国太平洋飞机公司的首位工程师，王助设计的Model C训练机成了波音的第一架飞机。王助16岁就留学英国，学习海军事宜，后来又到MIT学航空。Model C完工之后，王助按计划于1917年回到中国，就任中国首家飞机工厂马尾船政局海军飞机工程处的副处长，成了我国航空工业的奠基人。

图6-15 巴尔的摩—俄亥俄河铁路博物馆的扇
形车库

的摩—俄亥俄河铁路公司(参见巴尔的摩—俄亥俄河铁路博物馆)[70]测试了第一台火车头,黑黢黢的"汤姆拇指号"敦实可爱。这个划时代却又不成器的火车头拖着一节车厢,与一驾货运马车比试速度。说它不成器,是因为它比输了;说它划时代,是因为巴尔的摩—俄亥俄河后来成了全美第一条泛用性铁路线。作为当时通往中西部地区的干道之一,它既要与费城—匹兹堡线的陆路竞争,也要与纽约州和弗吉尼亚州的运河水路竞争。宾夕法尼亚州为了袒护自家铁路,百般阻挠马里兰州的西进企图,迫使它改走崎岖的西弗吉尼亚州。所以,当年废奴主义者约翰·布朗在哈珀斯费里兵工厂起义时,是巴-俄铁路公司

---

[70] 巴尔的摩—俄亥俄河铁路博物馆 B & O Railroad Museum
地点: 马里兰州 巴尔的摩市
【建筑】★★★★
【丰度】★★★★
【趣味】★★★★
【加成】铁路史 ★★★★
博物馆的中心建筑是克莱尔山火车站,这里是美国客运铁路事业的起源地——1830年5月22日这里开出了美国历史上第一列客运列车。此地的扇形车库疑似原址重建,一幅幅巨大的美国国旗悬在中央。该博物馆共拥有各类火车头250件,对其性能特点有详细的解说。该博物馆还介绍了那些对于铁路起到革命性作用的管理方式,如电报、时钟等,在一旁停放的冷鲜车中,还记录着美国南北战争期间劫持冰激凌车的趣事。总体上,该馆对一般外行较为友善,也是铁路爱好者的朝圣之地。

最先收到了火车被截的电报，然后才通知的联邦政府。在美国，似乎总是企业先看到第一缕烽火。

钢结构大桥刚刚出现的时候，也被视为奇技淫巧。人类历史上第一座这样的桥建造于圣路易斯，工程师名叫詹姆斯·伊兹（James Eads），所以桥叫做伊兹大桥。伊兹原是圣路易斯的一个小船工，彼时船业正在密西西比河上兴起，大量船只沉没河底，22岁的伊兹发明了一种打捞装置，贩卖河底的铁块煤块和机械器件，为他带来了职业生涯的"第一桶金"。美国内战时伊兹造铁甲舰，战后他造铁桥。伊兹想，如果造一座钢架多拱桥，让火车行驶其上，这样就不用停在岸边来回卸货装货了。少年时期教育的缺失让伊兹饱受讥讽，很多同行视其构思为无稽之谈。驳船业的利益集团驱动各层政客，反复阻挠，甚至刁难伊兹，要求每个桥洞跨度都必须超过500英尺（约合152.4米），才允许这座桥建起来。伊兹做到了，为了说服公众大桥是安全的，他还请了一头大象来试行。然而，1874年的竣工庆典没能带来足够的生意，铁路行业迫于既得利益集团的压力，选择继续使用驳船，伊兹的公司在大桥竣工四年后不幸破产。

今天，伊兹大桥还在，仍然是圣路易斯不可不看的风景，尽管绝大多数在河边折服于其壮丽姿态的人们，早已不记得那些陈年往事。背后就是那道擎天的银色拱门，标记着密苏里州曾是西进门户的历史。

前总统杰斐逊是这个州、这座城不能忘记的英雄。他谈下了路易斯安那购地案，让美国的国土面积翻了番，做成了以圣路易斯作为交通枢纽的棋局。密西西比河西岸随即建起了军事基地。1826年，兵营建成前六天，杰斐逊总统去世。为了纪念前总统对密苏里州的贡献，兵营遂以"杰斐逊"为名。作为西出河关第一站，杰斐逊兵营成了美国西进途中的要塞，在密西西比河西岸定居不久的居民都靠它来保护。美、墨战争，第一、第二次世界大战中，这个营都是训练重镇。1946年退役之后，逐渐发展成为历史公园。

今天，这座历史公园除了成片的墓碑，还有许多小型博物馆藏匿其间。谁能想

图6-16　圣路易斯杰斐逊兵营历史公园

到军营里会有一家电话博物馆（杰斐逊兵营电话博物馆）[71]呢？某个痴狂的藏家

[71]　杰斐逊兵营电话博物馆Jefferson Barracks Telephone Museum
　　地点：密苏里州　圣路易斯市
　　【建筑】★★★
　　【丰度】★★★★
　　【趣味】★★★
　　【加成】技术史　★★
　　兵营与建筑的年代可以追溯到十九世纪末，但是变成电话博物馆则是2016年的事。当时，从西南贝尔电话公司退休的一群员工成立了一个非营利组织，将这栋原本自二十世纪四十年代起就失修的小屋整饬一新，让电话这个展览主题得以进入杰斐逊兵营这样的爱国主义教育基地。杰斐逊兵营内包含墓园、电话博物馆、美国内战博物馆等多个文化地点，走完电话的历史之旅后，也可以再多逛上一个小时。

靠一己之力，搜集了自电话发明以来所有值得留下的机型。从各种卡通人物联名款到街边的电话亭，从壁挂听筒式到打卡式，甚至连旧式转接台也有解剖式的展演，让你看机器内部的原理。镇馆之宝是一件1876年的液体电话（复制品），其原理是在垂直放置的传声筒底部安上一片膈膜，当人对着传声筒说话时，引发膈膜下方的铁针上下振动，在铁针之下是连通在电路之中的一小盒水（为了更好导电往往将其酸化），铁针因振动刺入水中，将电路贯通，电话另一端的接收器由簧片构成，就会以同样的声频振动，这样听者就能听见说话者的声音了。据说，发明家贝尔那句著名的"华生先生，请过来，我需要见你"，就是在

图6-17　圣路易斯电话博物馆

液体电话上说出的。只可惜博物馆里展示的是二十世纪五十年代的复制模型，是庆祝电话发明75周年时重制的，原版已不知去向了。

随后我又去往美国内战博物馆，展陈平平无奇，但我与售票大叔却热烈攀谈起来。我们先是聊起南北战争中密苏里地区的重要性，它若当年游移不定倒向南方，那么美国历史或将就此改写。我们聊起密苏里州今天的政治格局，他告诉我即便是在郊区，红色的共和党阵营里仍有几个顽固的蓝色小口袋，因为在那些地区中，早年来的德国移民比例极高。得知我是中国来的游客，他深情地提起他退休前的职业生活，尤其是二十世纪八十年代出差中国的经验。他说，当时他是一家机器制造公司的职员，上海的工厂买了机器之后，不会使用，必须要美国出人去手把手地教他们。

他说，他至今都记得走在街上的场景，男男女女都会回头看他们一群外国人。他不住感慨那边的员工的无知，啥都要手把手教。

我说："有机会你应该去现在的上海看一看，当年的'学徒'已经很不一样了。"

他说："我很难想象中国能有什么不同，但是有机会我会去的。"

大叔恐怕不能明白，时代变了。

或者说，时代从未变过，只不过是英雄一个个被人"发明"出来，把复杂的事情变得过分简单，大多数人只图个痛快，史书就被歪嘴念成了爽文。

这就跟人们来到可口可乐世界[72]时看到的一样。明明是心狠手辣的行业巨头、商业帝国，可只要广告做得够可爱、够动人，它就能说服大多数人：我们成功，因为我们卖的是快乐。

美国曾经的锐意进取，得益于各种各样历史条件的交叠，是很有几分幸运的。十九世纪中期，英国的工匠过度抱团，行业阻挠创新，使得熟练技工缺乏的美国弯道超车，把机床工业做新做强了；十九世纪晚期，美国内战终结，铁路的兴建和石油的发现让经济活力激增，财富以托拉斯形态浓缩于少数人手中，寡头们的创业神话由此写起；二十世纪前半叶，美国不断接收逃难而来的欧洲科学家，补齐了科学方面的短板，继而靠着第二次世界大战一锤定音，摆脱了二十世纪土财主暴发户的肖像；二十世纪后半叶，信息科技萌发于此，计算机与互联网走进千家万户时，说服了每个美国人："我们天生卓越，我们与众不同，因为这里是美国。"

---

[72] World of Coca Cola 可口可乐世界

地点：佐治亚州 亚特兰大市

【建筑】★★★

【丰度】★★

【趣味】★★★★★

可口可乐世界说起来是博物馆，实则更像是巨型的、实体的、沉浸式的广告体验。从1886年诞生于亚特兰大一位药剂师之手，到2008年赞助北京奥运会，品牌的历史在博物馆中有所回顾。最吸引人的应当是可口可乐在全世界各地针对地方文化习俗推出的各种子品牌饮品，它们在二楼汇集于一处，游客可以拿着空杯子，往返于五大洲之间，挑选各种奇特或奇怪的饮料，就仿佛是环游了世界一样。无论是候场时播放的广告长片，还是结尾处琳琅满目的纪念品商店，可口可乐都将品牌的生命力寄托于无限的创意之中，确实是令人快乐的体验。

图6-18　亚特兰大可口可乐世界，展示着可口可乐公司在世界各地销售过的不同饮料包装

这话克林顿也说过："美国之所以伟大，不是靠运气，而是靠奋起。"

我无意否认后半部分，只是运气的那部分，也不应该藏起来不说。

一个天生伟大的"美国"就这样被发明出来，成为了神话。无论是眼前的对手，还是历史的证据，只要是挑衅的存在，都必须要排除。苏联解体之后，世人信了，美国人自己也信。结果，信着信着，忘性就大了。

比如，早期建国者对工业化大资本是最为恐惧的，可"洛克菲勒"们却成了名垂青史的一代枭雄，甚至成了美国的名片；比如，早期建国者最渴望这片新大陆能有互帮互助的集体精神，革除欧洲人的油滑市侩，可在冷战疑云下，这却是要惹来反美通共的罪名的。又比如，来自韩国的流行音乐。过去几年里，它在美国青少年里变得太受欢迎了，这直让保守人士担心，觉得国将不国了。殊不知"韩流"本就是美国流行音乐的忠实继承者，甚至比美国还更美国。

一个人只要有一点可取，便可成为某种"担当"，占一席之地，这不就是美式民主吗？一个人如果有很大的才能，他就可以站在C位，让队友作配，成为最耀眼的明星，这不就是个人英雄主义吗？不断降低音乐生产的成本，让艺人和乐曲都变成彻头彻尾的流水线产品，直到便宜到可以走入千家万户，这不就是美式规模经济吗？以流行文化为载体，附着努力就能成功的梦想，不断地锤炼自己，这不就是大众传媒中的"美国梦"吗？粉丝们大为不解，我们喜欢的音乐这么草根，这么向上，这么美国，有什么可怕的呢？

可是他们不知道，西部片里孤行的牛仔唯有不断杀敌，拯救苍生，他的存在才有意义。神话故事最害怕的不是敌人，而是没有敌人。

成为魔鬼

!

　美国历史上经历过两次"大觉醒",一次在十八世纪初,一次在十八世纪末。

　在那个世纪里,启蒙运动在欧洲兴起,还未立国的美洲殖民地受到影响,知识分子开始崇尚理性与逻辑,上帝被新世界渐渐遗忘。神职人员虽然信仰分支各不相同,但都不忍目睹此般堕落,各门各派奋发起来,致力于"唤醒"众生。早期的美国民众因为生活环境蛮荒艰苦,维系生存的俗务已是应对不暇,即便要与神有联系,也只能从简从快:

　　人,生来罪恶,唯有经神救赎,才能免于堕入地狱之难。

　　人神之间不必非得有教会,因信便可称义,方便快捷,没有那么多程序要走。

　十八世纪新大陆宗教领袖们摸索出的这一套理论,几乎占据了美国人非世俗精神生活的全部。既斥责了对上帝的漠视,又把责任落实到个体身上。地广人稀,社群残缺,"大觉醒"中的宗教领袖推广这样的路数也实属无奈。我曾驾车行驶在中部乡间,一条小路蜿蜒起伏,屋舍如孤岛时隐时现,所以当白色的尖顶浮现于地平线上,确实是如绿洲一般令人激奋与喜悦的,连天空都要被点亮。

　美国国父之中,如富兰克林、麦迪逊、汉密尔顿、亚当斯、华盛顿,几乎都是自然神论者。自然神论者相信世间有神,它是造物主一样的存在,但它在创造完成之后就退场了。所以,人的现实世界中并没有超越物理与逻辑的所谓"奇迹"。他们相信,大千世界自有其规律,宣扬那些反常事件的人,才是在蔑视神的创造。他们还相信,教会和任何既成的传统与习俗都是挡在人与真理之间的阻碍,唯有正本清源才能让人真的贴近造物主的伟大。

　为此,杰斐逊曾写过一部"理性版"《圣经》——《拿撒勒耶稣的哲学观》。用时16年,页数84,不可谓不用心。杰斐逊重整了经文,凡是不符合物理常识的,都被他剔除了。他用希腊文、拉丁文、法文、英文四种语言,严谨描绘了耶稣作为人的一生。于是,感天而孕、海上行走、化水为酒、受难复活,这些经典桥段全部不见影踪。《圣经》(圣经博物馆[73])从特效动作大片变成课堂教学纪实,只剩下了老气横秋的教诲谆谆。

杰斐逊有句名言:"我自己一人便是一个教派。"奈何智者的快乐不是人人能懂,国父们苦心孤诣筑造新世界的理性宗教观,到头来仍然败给对孤独的畏惧。教会与教堂在美国的社会生活中,无论是在农村还是城市,都并非绝对神圣的。它的作用更像是街道办和居委会,是人们定期碰面攀谈的场所。就像篝火,点着了,就自然有人围过来。谁真的会稀罕一个蓝领大叔对经文的解读呢,不过是他家乐于助人,烘焙甜点又做得格外诱人,所以才有威信。可这就也足够了。宗教在美国开的头虽然清高,最后还是不能免俗地成为社交工具,甚至沦为人群间互相排挤压迫的借口。

比如,打压黑人自由的三K党。游击是它的行动方式,信仰是它的动力源头。田纳西州博物馆[74]收藏有二十世纪初存留下来的两面三K党旗帜之一,旗子上是一条黑色恶龙,体态和头身比怎地呈现出狗的模样,当真是画龙不成反类犬。旗面上

---

〔73〕圣经博物馆 Museum of the Bible

地点:华盛顿特区

【建筑】★★★

【丰度】★★★★

【趣味】★★★

【加成】宗教 ★★★

主题虽然古旧,博物馆却是建成于2017年。此地除了将《圣经》作为宗教典籍来诠释外,更多其实将其作为古代文献来处理,因此收藏并展出了多种版本、多种来源的各类《圣经》,其对大众文化的影响也有整层楼面加以展示。该博物馆倾尽建筑面积,提供走入式的多媒体声光电"时光旅行",回顾了旧约、新约的主要故事,颇具新意。六楼的玻璃观景层可以俯瞰不远处的华盛顿中轴线。

〔74〕田纳西州博物馆 Tennessee State Museum

地点:田纳西州 纳什维尔市

【建筑】★★

【丰度】★★★★★

【趣味】★★★★

我探访时,这座博物馆还在它位于纳什维尔市中心的旧址,陈列空间主要都在地下,那段叫人目不暇接的历史之旅当时就令我印象深刻。2018年,田纳西州博物馆换了新的馆址,空间设计感与展陈手段更上一层楼,是了解美国物质文化史变迁的不二去处。

书拉丁文字"Quod Semper, Quod Ubique, Quod Abomnibus",意思是:永是,永在,永信。这是公元五世纪法国天主教会对抗各种异端学说时用的一句话,足以见得密西西比河尽头处法国文化的辐射之广。如果给非白人以权利是违背神的旨意的,那么也就不存在谁非不给黑人政治权利,是上天的秩序里本就没有这条。

又比如,堕胎。1973年1月22日,美国最高法院宣布得州禁止堕胎的法律违宪,在六七十年代女性主义运动的大潮中,这则史称"Roe v. Wade"的判决,让孕后头三个月内的堕胎在全美都成了合法选项。最高法院指出,头三个月内堕胎完全是怀孕女性的个人选择,堕胎权是隐私权的一种,是受宪法第十四修正案保护的。在许多人眼中,这个判决是个不幸的错误。今天南部的福音派基督徒坚决反对堕胎,寻求各种各样的法律手段,企图推翻历史定论。名义上是因为造人神圣,人力岂能毁坏,可仔细想来又有点不太对劲。

首先,既然要讲宗教信仰自由,那么你有信的自由,别人就也有不信的自由。珍视胚胎的生命如果是某个教派的信念,那么便在内部用教规和纪律来干预信众便是了。法律是公器,怎么能如此偏向一己之私而用?其次,福音派是新教教派,相比起天主教对堕胎问题的执念,他们以前本是不太在意的。二十世纪七十年代,种族矛盾在南部已熬过矛盾最尖锐的冲突期,肤色畏惧劝票劝不动,共和党人不得不寻求新的议题动员选民。堕胎,这个城乡之别的象征,成了南北分庭抗礼的新支点。

像葛培理(Billy Graham,参见葛培理图书馆[75])这样的福音派布道大家,很懂

----

〔75〕**葛培理图书馆 The Billy Graham Library**
地点:北卡罗来纳州 夏洛特市
【建筑】★★★
【丰度】★★
【趣味】★★★★
【加成】宗教 ★★★
葛培理是全世界最负盛名的福音派牧师。这座2007年开放的图书馆/博物馆采用了谷仓牛棚的建筑形式,很接地气。内部陈列展示了葛培理的生平事迹和职业生涯中的高光时刻,他凭借二十世纪的各种新媒体扩大影响,广播电视互联网一步不落,单次听众就可达百万人。理念较为宽容世俗,每一任美国总统都与他有合影。博物馆之外是葛培理的故居,还有他与夫人钟路得(Ruth Bell)的墓碑。钟路得生于中国江苏淮安,父亲是传教医生,中国文化对她影响至深。博物馆中有一中国展区,馆外钟路得墓碑上也刻有"義"字。

得如何平衡众议。他几乎从不谴责堕胎之人，而是在她做出选择前，反复劝导，教她尊重生命的宝贵，为她提供公开领养的平台，以解决问题为主。他甚至默许一些极端情况下的堕胎，比如乱伦和强奸导致的怀孕，这在激进人士眼中就成了"叛变"。他们会说，上帝曾对耶利米说："我未将你造在母腹中，我已晓得你；你未出母胎，我已分别你为圣。"因此所有腹中的生命皆神圣，强奸犯的孩子也必须生下。可《马太福音》里也讲："无论何事，你们愿意人怎样待你们，你们也要怎样待人，因为这就是律法和先知的道理。"这些关于推己及人的教诲，竟也可以浑忘了。可见信的什么是一回事，抱团起来做的什么，完全是另一回事。

!

既然是个移民国家，美国的精神世界自然也是五花八门的。

东南海岸的萨瓦纳，南欧风情的西班牙建筑群落间，有一座全美最古老壮丽的犹太教堂——米克维·以色列教群圣殿[76]。这座美国唯一的哥特式犹太教堂是米克维·以色列（Mickve Israel）教会所建，他们是最早到达萨瓦纳的一批人。1773年佐治亚创立后数月，42名葡裔犹太人便从伦敦出发来到这里，在新大陆追求信仰的自由。之前在伦敦，他们不得不维持信奉罗马天主教的表象，因此有"加密的犹太人"之称。在这个以家族为纽带的会众中，诞生过参与美国独立战争的军官，虽然被俘，仍跻身开国元勋之列。华盛顿就职之时，会众首领机智地去信祝贺，收到了开国总

---

〔76〕**米克维·以色列教群圣殿 Congregation Michve Israel Temple**
　　地点：佐治亚州 萨瓦纳市
　　【建筑】★★★
　　【丰度】★
　　【趣味】★
　　该教会最早的建筑是1820年建成的，1876年扩建，形成了今天高大气派的哥特式建筑。犹太人非常重视历史资料保护，1733年当这个教会的创始成员离开伦敦的时候，当地教堂赠送了他们一卷旧约经文。这件来自18世纪前叶的临别赠礼，至今仍保管在教堂里。

图7-1　萨瓦纳街景,热带植物丛中的教堂

> 　　愿将希伯来人从埃及压迫者手中解放出来的、将他们置于应允之地的、在合众国独立建国时彰显天意的这位创造奇迹之神,继续以天堂之露浇灌他们,让所有教派的信众都能承蒙耶和华子民所享的恒久与灵性的福佑。

　　1790年11月20日,佐治亚州执政官授予这一教会以正式合法身份。或许是因为与华盛顿有过书信往来,此后多任总统都曾来信,庆贺光明节的到来。在教堂里骄傲展出的13封贺信中,有10封是来自二十世纪以后。从罗斯福开始,除了杜鲁门,每一位总统,甚至是只做了半个任期的福特,都有过来信,该教会的政治影响力恐怕是深不可测。

　　纵欲之都新奥尔良,密西西比河第一港的风采早已不见,如今只是个充满套路的旅游城市。水手不在了,水手们寻欢作乐之地反倒昌盛,法国人当年留下的二层小洋楼,现在尽数变成了酒肆饭馆。新奥尔良是全美唯一允许行车时车内有酒精饮料处于开瓶状态的城市,出了城,即便是在路易斯安那州内,车里有开口酒瓶也是违法的,可见新奥尔良的夜是酒阑人不散,只要不坐驾驶座,就还能提溜着瓶子罐子在路上继续喝的。

不起眼的巫毒博物馆[77]就在路旁，不大的博物馆里容纳着文明间的大碰撞。天主教传统与黑奴带来的西非巫术在此融汇，于是十九世纪的新奥尔良港人，一边顶着火盆起舞，烧尽一切不洁之物，一边用圣母玛利亚的塑像和白色的蜡烛将舞者环绕。巫毒博物馆的建筑内部就是普通民居粗略改造而成，本就不适合做展览，偏偏东西还很多，陈列更是毫无章法。鳄鱼头标本制成的面具之上，是用人类胻骨交错做成的十字架，西非木雕人像嘴里嵌着真实的人牙，欧式木棺里莫名其妙放着一叶干枯的棕榈，纸糊的咬尾蛇被刷成彩虹的颜色，身上覆着数不尽的一元纸币……这些异教徒们庸俗的崇拜仪式是如此怪异，真的要

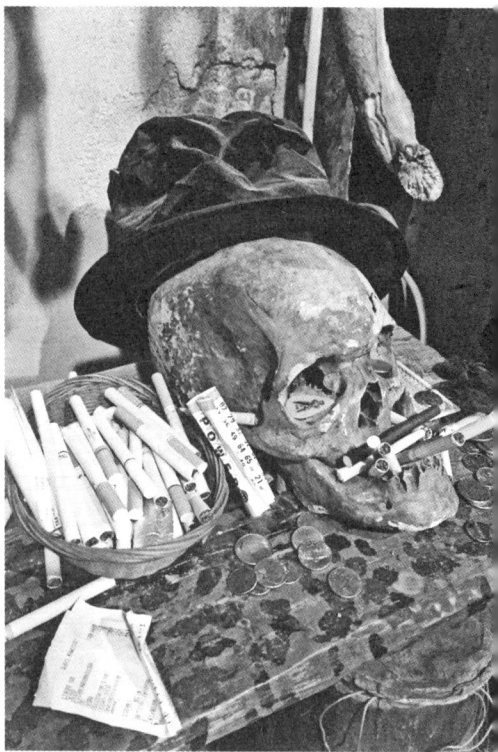

图7-2　新奥尔良巫毒博物馆里令人费解的迷信

叫外头那座规规矩矩正气浩然的圣路易斯大教堂蒙羞了。可见人们为达目标是无所不用其极的，管他是哪路神仙，管用就行。

西海岸的圣何塞，有座建于1902年的教堂，叫做圣何塞佛教堂别院。这座教堂外部采用了传统日本寺庙建筑，庑殿屋顶，门口立着两盏石灯，厚重的木门紧闭。绕

[77] 巫毒博物馆 Voodoo Museum
　　地点：路易斯安那州 新奥尔良市
　　【建筑】★
　　【丰度】★★
　　【趣味】★★★
　　空间很小，需要门票。图个新鲜可以，不要奢望太多。

到建筑旁侧是简素的日式园林，在佛堂与周围建筑之间起到了过渡作用。尽管外部的装饰风格如此东方，建筑内部却像极了一般的西式教堂，两排长椅一直延伸，只是放耶稣像的地方放了佛像而已。

加州多日裔移民，除了佛寺之外，就是圣何塞日裔美国人博物馆[78]值得一看了。外形是一座日本传统建筑，里面也是平房居室草草改良，一进门便是一地农具装备，好似在仓库里堆放着，它们象征着早期日本移民最值得夸耀的高超农艺。早先，日本送人来美国时格外小心，精挑细选外形上佳者，还要教导礼仪，免得出来之后给国家丢人。第二次世界大战对日宣战后，美国政府将日裔居民收归到集中营管理，博物馆采集了许多口述历史与影像资料记录此事。一个加州大学的毕业生，日裔美国人，在珍珠港事件之后不得不在杂货店门前挂起了一块大牌子，写着"我是一个美国人"，用爱国心苦苦保住饭碗。

最值得一提的是，在这座博物馆提供的史料里，美国被描绘成珍珠港事件中主动的挑衅者，说是罗斯福为了参战决定激怒日本，诱其发动战争。所以先是在日军沿途的英属荷属岛屿上都部署了美军，切断日军的油气供给，又派遣海军包围日本岛屿，珍珠港这才看着"诱人"起来。看似猝不及防的偷袭，其实都在罗斯福的算计之中。圣何塞的日本城不大，街头也清冷，店里面生意不好。路边一角是画在变电箱上的达摩娃娃，缺了个为他点睛的人，显得愈发孤独可怜了。

犹他州首府盐湖城，摩门教是这座城真正的主人。为了方便来回于两座国家公园之间，我选择了一座位置偏远的宾馆下榻。它几乎是在无人之地了，得要开车十分钟才能找到吃饭的地儿，窗边随便飞来一只蛾子都有巴掌一般大。这里没有手机

---

〔78〕圣何塞日裔美国人博物馆 Japanese American Museum of San Jose
地点：加利福尼亚州 圣何塞市
【建筑】★★
【丰度】★★
【趣味】★★★
【加成】移民史 ★★
建筑采用和风，从外部就一目了然。这里原本是一处医院，后来成了日本"一代移民"(Issei)的纪念馆。此后主题逐步拓展，对大湾区的日裔移民艺术历史与生活有了更为广泛的关注。

图 7-3 圣何塞佛教 "教堂"

信号，只有座机线和微弱的 Wi-Fi 勉强支撑与外界的联系。床头柜不带抽屉，两本书册从桌肚里冒出来，取出一看，一本是《圣经》，一本是《摩门之书》。在非此信仰的人看来，《摩门之书》和一本科幻小说别无二致，如同一本《圣经》的 "同人本"。

《摩门之书》记录了一支希伯来人为了寻找世界另一端的 "应允之地"，在先知利希的带领下，从耶路撒冷一路探索至美洲大陆的故事。利希家族繁衍生息，后来逐渐分裂为两个部族。其中之一叫拉玛奈特，他们逐渐遗忘了自己的信仰，变成了崇拜多神教的异教徒，也就是美洲印第安人。另一个部落叫尼夫艾特，他们没有背弃信仰，复生后的耶稣曾专程来教导他们，使他们拥有了伟大的文明，建设了壮丽的城池，却最终在公元五世纪被拉玛奈特灭族。先知摩门及其子急中生智，将耶稣之前的教诲记录于金版之上。《摩门之书》被埋在地下长达 14 个世纪，等待着再度现世的机会。后来，一个名叫约瑟夫·史密斯（Joseph Smith）的木工发现了它。一日劳作辛苦，史密斯溜到树林里躲懒，一觉醒来看见耶稣和耶和华出现在眼前，他们告诉史密斯金版所在，又教了他许多别的，史密斯由此创立摩门教，1830年《摩门之书》首次印刷。

对于十九世纪的美洲殖民者来说，《摩门之书》在试图以美洲视角解释土著人种因何存在，解释中美洲的复杂文明因何消逝。有胆量声称《圣经》是不完整的，是因为那里面确实对于美洲之事只字未提。可即便是在宗教环境相对宽松的美国东岸，摩门教仍是不被容忍的，史密斯及其后继者一路西行，最终来到犹他州站稳脚跟。此处多山，红色的石崖被风销蚀成各种形状，天边云层滚滚，阳光被挤成细细的几道洒将下来。那情景叫人看了，确实也禁不住要相信天外有神灵存在了。

盐湖城是犹他州的首府，城中央的大型建筑皆为摩门教所有。鉴于信众收入的十分之一要交给教会，摩门教看着确实不缺钱。教会办事处如同东部城市常见的现代主义风格摩天楼，气派而低调。门前一方草坪延伸至不远处的摩门圣殿，这座耗时40年才建成的白色教堂，长得既有传统教堂的威严，又有些迪士尼城堡的卡通气质。摩门圣殿顶部站着一尊金色的天使雕像，是先知摩门之子、《摩门之书》的实际撰写者摩罗尼吹响号角的雕塑。圣殿是绝不对外开放的，内里的神秘只有教众才能知道。在周围的展示空间里，陈列的大多只与耶稣相关，对于摩门教的先知们说得不多，只在一旁的博物馆——教会历史博物馆[79]里有多一些历史方面的信息。

我们在参观浏览时，被美女"推销员"截住。她是亚裔长相，询问了我们的来处之后，便开始用带着粤语腔的普通话与我们攀谈，推广入教的各种好处。其实，简单

---

[79] **教会历史博物馆 Church History Museum**
地点：犹他州 盐湖城
【建筑】 ★★★
【丰度】 ★★
【趣味】 ★★★
盐湖城圣殿附近的文化地点，内容多有重合，教会历史博物馆对摩门教的早期历史有着最完整的记载，也有保存如创始人约瑟夫·史密斯死去后为其制作的脸部雕塑这样的关键物件。然而，对于摩门教那些较为秘密的内容，此地依旧只字不提，反倒会有"耶稣画作大赛"这样的活动来模糊焦点，靠拢主流。

的参观并不能说清摩门教与基督教的不同，它比较广为人知的特色是允许一夫多妻制，可在宣传材料里却又只说摩门教众家庭观念极强，对待婚姻神圣，等等。我问起敏感问题，她也语焉不详。更多路过的群众似乎也只是被推销小妹们整齐划一的低胸衣装吸引，大概也没什么人像我一样较真。她要避重就轻，我也就不再深究了。

回到亚特兰大，我去求教于本系一位研究美国早期宗教的老教授，关于摩门教的真相这才渐渐显现。摩门教相信人有来世，只是这来世不必非得是在地球的，而是可以靠着信仰，被上帝"钦点"成为其他星球上的神之代理。正如耶稣以圣子身份来到人间，摩门教众死后重生，在浩瀚宇宙的各个星球都可以成为耶稣"分稣"。之所以需要格外神圣的婚姻，也鼓励一夫多妻制，强烈反对堕胎，是因为受选之家族

图7-4　盐湖城摩门圣殿边博物馆里的圣子像与孩子们

将承担为其他星球繁衍生息的重担,那自然是家族越庞大越好了。

老教授告诉我,摩门教对外只喜欢展示与基督教高度重合的那一面,秘密几乎从不对外人说,毕竟一旦说破,看着就不像个正经宗教,而像是个科幻书迷俱乐部了。这也是为什么摩门圣殿绝不对外开放,仅供信众婚礼之用。想来也对,旁人结婚只是结婚,他们结婚则是组织上重要的人事任免,开个闭门会也是合情合理的。

肯塔基州威廉镇,一群狂热的经文主义者照着《创世纪》,把诺亚方舟按"真实"尺寸造了出来。当然这不是一艘真的方舟,它无法在水上航行,但却可以作博物馆用。"邂逅方舟主题馆"[80]与其说是一座博物馆,不如说是个主题乐园。当你购买了高达75美元的联票之后,就可以乘着一辆接驳小巴进入园区深处。当这艘长度是300个"诺亚手肘"相接(155米)的巨物蓦地出现在眼前时,很难真的不震惊。船体里面的陈列空间分四层,头两层放置的都是大小不一的各种笼子,下层的小些,上层的大些,关着的动物模型也是体量逐渐变大。船底处是回响着啮齿类叫声的小笼子,到了上头,采光好了,就有哺乳动物了,譬如棕熊和长颈鹿,都是一雄一雌成对出现。

最奇特的莫过于恐龙了。大洪水故事人尽皆知,上帝对第一批造物不满意,觉得世间罪恶满盈,唯有推倒重来。获得了神启的诺亚领命造船,地球上各种飞禽走兽各取雌雄一双登船,以便在大洪水退去后重新繁衍生息。恐龙出现于"邂逅方舟"无非是要调和一个宗教文本与科学证据之间长期存在的矛盾,那就是恐龙化石的大量出土。这些证据都指向一个与创世论相违背的事实——上帝并非是在一天之内造人、造动物的,恐龙远早于人类。这个常识在经文主义者看来是造物主故意制造

---

[80] **邂逅方舟主题馆The Ark Encounter**
地点:肯塔基州 格兰德郡
【建筑】★★★★★
【丰度】★★★
【趣味】★★★★★
最具美国特色的文化景观,有机会记得打卡。方舟体内除了动物模型和创世论的解说图文之外,在最上层也展示了诺亚一家在方舟上的工作与起居。尽管用力消解创世论与恐龙化石证据之间的矛盾,甚至借用萌化和漫画双管齐下,然而在它的姐妹博物馆"创世博物馆"中,仍然可以看出经文主义者的咄咄逼人,多少有恫吓威胁非信众之嫌,败了不少好感。

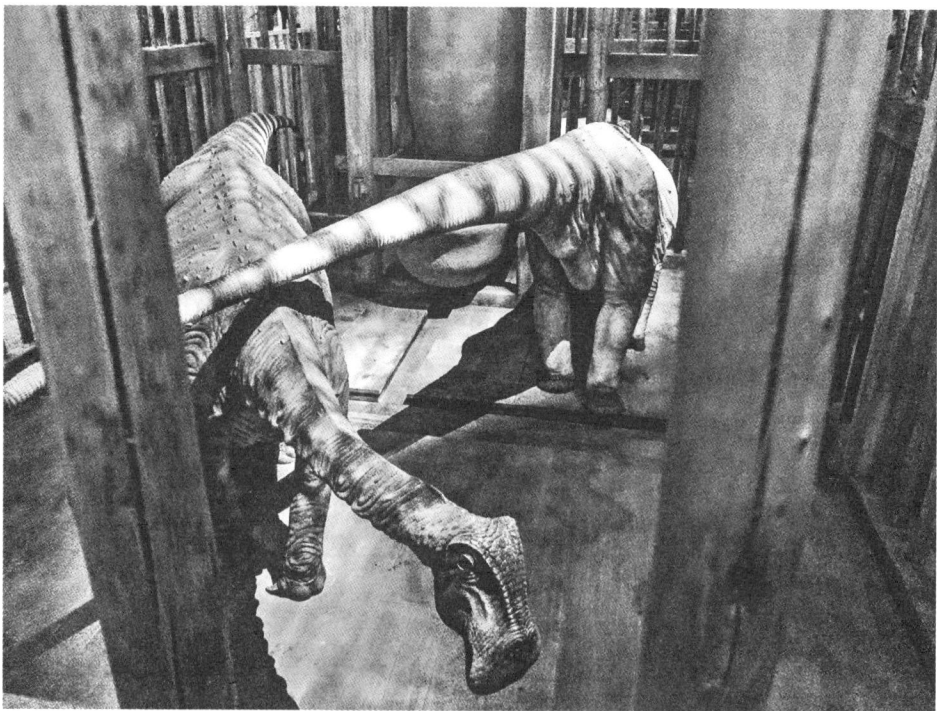

图 7-5　肯塔基州格兰德郡邂逅方舟主题馆方舟笼中的一对恐龙

的谜题，为的就是考验人的信仰。他们坚称，地球的年龄就是 6 000 年，上帝就是在 6 天内造了世间万物，人也好，恐龙也好，应该是同时出现的。所以，诺亚方舟上有恐龙，这不就再正常不过了吗，它们当时也是分品类一双双登船的。今天能挖掘到的恐龙化石，都是死于大洪水中的弃儿。而今天之所以看不到恐龙，是因为洪水之后气候大变，恐龙适应不良，最终灭绝。

　　在第三、第四层，博物馆用了大量的手绘画作，颠覆了过去对创世纪的想象。在描绘人类的残暴与堕落时，屠杀者的手中握着的是三角龙的角，而非犀牛的角；在描绘人类文明如何开始背离神的旨意时，罗马角斗场里与人角斗的是套着钢盔的霸王龙，而非狮子；在描绘被驱逐出乐园的人类如何被迫同"类"相残时，烤肉架子上炙烤的是翼龙幼崽，而非家禽家畜；在描绘人类起源的故事时，亚当夏娃的背影立于水间，瀑布溅起的水雾画出彩虹，远处梁龙群的长脖子列队通过，几乎要分不清这究竟是伊甸园还是侏罗纪公园。

"邂逅方舟"的发起人不是美国人，而是一个叫肯·海姆（Ken Ham）的澳大利亚人。他1951年出生于凯恩斯，获得了昆士兰理工大学环境生物学和昆士兰大学教育学两个学位，随后在一所中学教生物。他发现，课堂上的孩子们都不再信教读经，他感到万般伤心，于是一直在寻找将他的职业与信仰结合起来的方法。海姆创立了一个基金会，用生物学知识解释创世论，这个基金会在澳洲表现得差强人意，海姆于是转战美国，成立了"创世论中的答案"这一组织，建了不止一座主题乐园与博物馆。之所以选址肯塔基州，是因为此地不但信仰基础深厚，而且距离美国人口稠密地带的距离大体相等，被认为在交通方面有地理优势。

可是，海姆当年给肯塔基州开出的空头支票，至今仍无法兑现。排队的围栏码了很长，可是排队的人却不常见，难怪这个博物馆群时常有财务危机的新闻报道传出。肯塔基州还是那个肯塔基州，它没有变成佛罗里达州。所以当我兴致勃勃地告诉我的邻桌，我要去你的故乡度过春假时，她一脸费解地看着我：

"你说你到底图啥？"

!

巫术之城萨勒姆有着美国最不同寻常的"教会"——撒旦神殿（参见萨勒姆艺术馆与撒旦神庙[81]）。

---

[81] 萨勒姆艺术馆与撒旦神庙 Salem Gallery and Satanic Temple
  地点：马萨诸塞州 萨勒姆市
  【建筑】★
  【丰度】★
  【趣味】★ ★ ★ ★
  虽说除了巴弗灭的雕像（参见本章题图，第221页）之外，实在是再无其他值得说道的展品，但还是建议对他们所从事的"游击事业"感兴趣的人们去捧个钱场，你将获得很难复制的体验。

我去萨勒姆时是五月，可马萨诸塞州的春风还是冷的。按照手机导航，沿着一条无人的马路走到一片居民区的尽头，才发现说是神殿，其实不过是一栋普通的二层住宅。这真的是供人参观的吗？我鼓起勇气去叩门，看见原本该是信箱的位置，列出了七条戒律，其中有两条很是反常：

应当尊重他人的自由，包括冒犯的自由。

信仰应当服从对世界最为科学的认知，不应当扭曲科学事实来服务信仰。

推开门进去，一位穿着黑T恤、有着文身、如同金属乐手一般的小哥在前台招呼了我。他发给我几册材料，弄得好像这座"神殿"有许多东西可看的样子，其实不消七八分钟便走完了。二楼算是个艺术空间，放了许多神鬼主题的画作。一楼则偏历史一些，大力批判了"潜意识控制""多重人格失调症""唤醒遗失记忆"等与二十世纪八十年代驱魔热潮有关的争议概念，从科学的角度，主张这种论调的伤害性。看着是在说撒旦，其实是在做科普。

一楼的正厅，放置着这栋建筑里最接近神殿气质的物件，一尊羊首人身的巴弗灭雕像（参见本章题图，第221页）。传说中，巴弗灭是撒旦的化身，但就历史来说，它不过是很多种异教崇拜的杂糅：它的名字来自十字军东征时欧洲人听到的穆斯林祷告声，它的形象来自十九世纪法国神秘论插画家的想象，它的灵魂，则是人与人之间无尽的猜忌。历史上多有被指控崇拜巴弗灭继而被迫害的组织，从十二世纪的圣殿骑士团，到共济会，再到萨勒姆历史上的"女巫"们，凡有脱离社会主流信仰体系的，在暗地里自行组织起来做些常人不明之事的，皆会被扣上异教徒的帽子，进而被摧残屠灭。

可是在撒旦神殿，巴弗灭是以正面形象示人的，看久了就不觉得可怕了。它直身端坐，两条羊腿交错，一手双指指向上方，一手双指指向下方。它的一侧是一个小男孩，一侧是一个小女孩，两人皆仰起头来好奇地看着巴弗灭的山羊脑袋，脑后的倒五芒星作圣光状。它的人身肌肉精干，腰间正中有一个象征神使墨丘利/赫尔墨斯的双蛇杖。上下左右阴阳，巴弗灭四通八达，双蛇杖则象征信息的汇融与对立面的调和，撒旦神殿故而认为巴弗灭是多元主义的象征，是自由表达的保护神。我拍了一连串照片之后，哥特小哥走过来对我说：

"你可以坐上去。"

"坐哪儿去？"我一脸疑惑。

"你可以坐到巴弗灭的大腿上去。"

我笑了："撒旦的腿，也是说坐就能坐的？"

"它象征着平等，所以绝不会因此被冒犯。"

"我可从未做过这样的事，我是说，坐人腿上这样的事。"

"就像小时候在商场里坐到圣诞老人的大腿上许愿那样。"

"我小时候坐过最类似于这个的，是在麦当劳门口的麦当劳叔叔腿上。"

"没错，就是那个意思。"

不客气了，我就真坐了上去。当然没敢多留，让他帮忙拍了照就匆匆下来了。拿过手机一看，就算不是笑得那么尴尬，也是不敢发到网上的。我说，毕竟生活在南部，总是怕冒犯了真的虔信之人。小哥说，你不应为此而担心，你理应有表达的自由。我忽然懂了进门时看见的那条戒律：尊重他人冒犯的自由。

所谓"撒旦神殿"，其诞生便与小哥的这种主张密切相关。这尊雕像，这个组织，都是2015年时出现的，为的是抗议阿肯色州议会通过的一项决议：在议会大楼门前的广场上，竖立一块摩西十诫石碑。按理说这是不合适的，毕竟议会是公共政治机构，美国宪法又规定政教必须分离。保守派人士称，在议会门前放十诫，是言论自由的体现，不应受到阻止。于是，一些左翼青年就也针锋相对起来：既然放摩西十诫是言论自由，那我也放一个表达我的言论自由。

放什么好呢？当然是挑最让对方闹心的放。于是，他们即刻注册了一个非政府组织，铸造了这样一尊铜像出来，把撒旦的化身巴弗灭搬到议会大楼前的广场上。他们围着这尊雕像起舞，穿着过分性感的皮衣皮裤，挥动着手里的皮鞭与狗链，戴着皮头套,做出许多行为艺术来。他们说,如果十诫那块碑要落地,那我们的神像也得落地。既然政教分离,神鬼之间,谁又比谁更高贵呢? 没有什么人理应比其他人拥有更多的自由。

刻意叫人如此不适,才能让人多想一层。虽然美国确实是政教分离,但为什么世俗生活中宗教又无处不在呢? 揭开艺术与习俗的面纱,法律的底线才显现出来。原来我面前的这尊神像,竟真的是一种信念的保护神。

简单参观完二楼画廊,我与哥特小哥告别。时间近中午了,来的人也比之前多了,他忙着招呼游客,三五分钟后才跟我说上话。

我问他:"所以你们是真的教会组织吗,还是只是一个与保守派对着干的游击队?"

他说:"我们真的是,我们四月份刚刚得到了美国税务局的认证,和其他宗教群体一样,都有优惠政策了。"

我问:"所以你们真的信仰撒旦,真的信仰巴弗灭?"

他说:"是不是真的信,是每个人心里的事,税务局看的也不是这个,看的是你做些什么。只要有崇拜的对象、定期的仪式、共享的经文,就能算是合法合规的宗教组织。我们为了前一阵子应付检查,专门确定了经文,还得每周聚一下的。"

我问:"你们能读什么呢?"

他说:"这个税务局也管不到,其实大家就是坐在一起,聊一下最近读过的东西,偶尔也谈谈撒旦的事。"

"所以,你们其实是个读书会!"

他笑了:"不,我们是教会。"

!

2015年,星巴克推出的圣诞款当季纸杯上,没有再用那些典型的圣诞符号与纹饰来装点,比如铃铛、松树、圣诞老人等,而是仅仅用红色底色与自家logo的绿色撞色来体现节日氛围。在一些人看来,极简主义美得很,可在另一些人眼里,这是

"政治正确"对美国传统文化的粗暴践踏，是资本家们油滑的妥协。虽然今日美国仍是教堂林立、圣歌飘扬的，但如何庆贺圣诞已然变成了一个极易"爆雷"的政治话题。

故事要从二十世纪初说起。1927年，时任总统柯立芝开启了一项白宫传统节目，那就是在圣诞节时，向全美国人民致以节日问候，签写一张贺卡，祝贺圣诞快乐。这成了许多人心里社稷宗庙该有的样子。然而，在奥巴马一家的白宫贺卡上，他写的不是"圣诞快乐"（Merry Christmas），而是"假日快乐"（Happy Holidays）。

之所以使用Holiday，而且是复数，是因为圣诞期间恰巧也有一些其他节日，比如犹太人的光明节。另外，穆斯林也是不能过圣诞节的，但既然是国定假日，放假肯定还得放，所以用"假日"而非"圣诞"，更体现奥巴马白宫的包容性。可是，在不少福音派看来，这一"忘本"行径无疑是奥巴马作为异教徒的又一铁证——他就是魔鬼派来毁灭美国的，不然为什么电视里总是拍到他身上叮着苍蝇，或是有苍蝇绕着他飞，因为他散发着地狱的味道！

其实，关于圣诞节与政教分离原则的争议，早在奥巴马上台之前就已经存在了，矛盾的源头要追溯到二十世纪七十年代。彼时美国经济不景气，宾夕法尼亚州（宾州）的一些私立学校里老师工资告急，教育系统人心惶惶。宾州州政府决定出手做件好事，想动用本州财政，去给那些教师支付工钱。然而，宾州的私立学校中，95%都由天主教会创办。政府的钱要是送过去，那便踩了政教分离的红线。此举立刻遭到反对，一位名叫阿尔顿·莱蒙（Alton Lemon）的运动人士将州政府告上法庭，认为纳税人的税金不应该为宗教组织的扩张服务。这个案子打到最高法院，九位法官以8∶1判定莱蒙胜诉。此案之后，要看一条法律是否违背政教分离原则，先要用"莱蒙三叉戟"来测一测：

第一，该法律的立法目的必须是世俗的。

第二，该法律首要的或者主要的效果，不能是发扬或者遏制宗教。

第三，该法律不能导致"政府过度地和宗教搅和在一起"。

宾州政府之所以败诉，就是因为犯了第三条。保障教育是世俗的，但政府与教会学校一旦发生金钱往来，遗患无穷。如何能长时间地确保教育经费都用在了世俗的方面呢？政府是不是得派专人去监管、核查、盯梢呢？这样一来，联邦政府的机制不就与教会学校相渗透了吗？正是基于这样的理由，最高法院才判定原告胜诉。后来在罗得岛州（罗州）又有相似事件发生，法院判决所依据的仍然是"莱蒙三叉戟"。

　　罗州某市购物区有一片空地，40多年来，每到圣诞前夕，这里就会搭建布置起来。1979年也是如此，当地人搭了一个圣诞老人的小屋，立了一棵圣诞树，拉起了一条写着"Season's Greeting"的条幅，另外就是经典的耶稣降生人偶布景。那一年，当地一位居民将当地政府告上法庭，认为耶稣降生的摆设是宗教内容，出资建设这些摆设，并将其放置在闹市区，明显有违政教分离原则。这个案子又一路打到最高法院，四年多后才尘埃落定，牢骚市民被判败诉。最高法院认为，耶稣降生的人偶布景并不构成政府偏袒某一宗教的证据，出资营造这样的点景与公立博物馆中陈列并保护宗教主题的画作是一样的，这并不能代表政府支持的是画作中的信仰。

　　其实，再往早里说，圣诞节的各种习俗本身也不都与基督教有关。把常青树挪到室内欢庆冬去春来的习俗埃及罗马就有了，都是拿来供异教神的。圣诞老人也是欧陆各国童谣传说混杂而成。十七世纪来到美洲的清教徒就是不过什么圣诞节的，花哨浮夸的做派有违教义。1821年的某本插画书，关于圣诞节的描绘里才第一次出现驯鹿拉车的设定。一直到十九世纪中期，圣诞节才开始随着物质财富的累积，逐渐成为广为接受的习俗。到1870年，圣诞节成了联邦法律认可的国定假日。

　　至于驯鹿鲁道夫，它是1930年时芝加哥某家百货零售商炒作出来的吉祥物。可见所谓的"传统"与"正统"，无不是近代消费社会的人工再造。二十一世纪的店家们跟着钱走，想让假期节日更世俗一点，却又让那些人恼了。撒旦神殿的七条戒律里，有一条说："侵犯他人的自由，等于放弃你自己的自由。"这说"假日快乐"的可是包含了圣诞节的，但非要说"圣诞快乐"的则是非得要过圣诞节了。这么看来，信鬼的信神的到底哪方更宽宏爱人，还真是说不清楚了。

！

 2016年夏天，我去加利福尼亚州（加州）找叔君玩耍。两年前我们各自离开纽约，他去硅谷，我去读博，一别许久，很有的聊。叔君没能如愿买到他心仪的橙色牧马人吉普，只能用一台白色的将就，我们大多数的对话都在公路上展开。加州的道路远而深，总觉得在天边直接连通的是无尽的沙漠。偶尔我们会停下，叔君带我去他平日里常去的馆子。几天下来，凉皮、肉夹馍、臊子面、兰州拉面、孜然羊肉、炒肚子、辣子鸡、麻婆豆腐、鲜蘑菜心、剁椒鱼头……就连打着乔家栅牌子、不知真假的上海菜，都是难得的正宗。反倒是旧金山，远远就看到了家大业大的样子，结果唐人街的粤菜馆却只拿些速冻的点心充数，见了我们这些操着乡音的小同胞脸上倒很有些嫌弃的样子。

 旧金山唐人街上，美国旗、加州旗、中国旗在天空并排飞扬。主街尽头牌坊上写着"天下为公"，一侧是大清货中心的龙旗飘扬，另一侧是名为"共和"的旅店，看来十九、二十世纪之交算是赖在这里不走了。红灯笼挂了满街，四处都看得见龙的形象，商标上、灯柱上、灯柱还做成竹节的样子，仿佛是《成龙冒险记》里抠出来的背景图一般。街边还有民乐团在演出，四个大叔都戴着棒球帽，三把马头琴，一台扬琴，一位戴着紫色小礼帽、搭配荧光蓝豹纹背心的大妈在一旁用铃铛打着节拍。除了传统卖艺的讨钱手法，扬琴上还有个广告位，不知这家华埠律师事务所出了多少钱买下的。

 在渔人码头的餐厅，我问起叔君刚来加州时的情况，叔君提起了他之前的室友。

 "挺好的人，很有意思，爱打游戏，也爱干净，不难相处吧，总体来说。"叔君说。

 桌上是生蚝与煎石斑鱼的空盘子，两米多高的玻璃窗外是港湾，大海鸥们在与游客抢吃的。那一年加州正在经历旱灾，桌上放了一个告示，说根据州长令，只有顾客提出需要才提供饮用水。眼看着对话要徐徐展开，我还是要了水，可是叔君却没有说下去。

下午我们去往市区里的卡通艺术博物馆[82]，在这里展出了如迈克·泽科（Mike Zeck）这样大师级人物的作品。现在年过七旬的泽科是《美国队长》《毒液》等漫威名IP的创作者，影响了一代"美漫"创作者的审美气质。其实，"美漫"并不总是今天我们所见的那样，没有一刻不是肌肉紧绷志气满满的样子。从凯文·伊斯特曼（Kevin Eastman）1984年的《忍者神龟》画稿里就能得见，反派施莱德最初的设定是个瘦小的日本忍者，盔甲上浓烈的武士元素透露着当时美国对日本崛起的惧怕。被搬上电视屏幕后，施莱德的身材健壮了许多，变成了健身房常客的标准体态，原画中盔甲阴影里一双留白的狡狯眼睛，也被卡通化的笨拙所替代，从一个躲在暗影里的杀手变成了憨态可掬、屡战屡败的灰太狼。"美漫"是画师个体的创作，没有许多规矩，各色各异的，但搬上了电视之后都要"消毒"才行，像是怕踩到哪些家长的尾巴一样。博物馆里有一个专门陈列"美漫"中的"性少数人群"的书架，这些角色的出现见证着逐渐开放包容，也是在一些人眼中越来越经叛道的文化创作氛围，即便是在加州，这种进展仍是极为缓慢的。在《青年复仇者联盟》的宇宙里，有一对法师和肉盾的组合，两人暧昧了好几年，可正式的亲吻却也得等到2012年《婚姻平权》法案通过后才能发生。

　　我和叔君说起我与一位办公室同事的趣谈。她是再典型不过的白人中产家庭中成长起来的女孩，但却也有着不同寻常的英雄情结与"中二魂"。她说她小时候爱看《美少女战士》，喜欢水兵火星的潇洒尚武。我和她之前常聊电影，但看的风格太不一致，难得能出现交集，也得亏这"番剧"小时候电视里常放。聊着聊着，我发现她竟然对武内直子的许多设计一无所知，天王星与海王星之间她尚且还能被我一语点醒，但"黑暗四天王"里之三和之四之间，她却大惊。之所以会大惊，是因为该片在被美国引

---

〔82〕**卡通艺术博物馆** Cartoon Art Museum
　　　地点：加利福尼亚州 旧金山市
　　　【建筑】★
　　　【丰度】★ ★ ★
　　　【趣味】★ ★ ★
　　　【加成】"美漫" ★ ★ ★
　　　旧址位于一栋普通办公大楼的一层，新址位于渔人码头。藏品包括约7 000幅作品，包括作者原画稿和具有历史价值的漫画册等，适合资深"美漫"爱好者来此处挖掘独属于你的乐趣。

图7-6 旧金山市政厅里的新人及其家人

进时,将"黑暗四天王"之三直接用配音刻画成了女性,毕竟他所有的招式都与花瓣有关,她只以为之三与之四是男女情侣,却不知作者另有深意在此。

我说:"来美国之前原只以为这里几乎是无法无天之地,什么都能开放地表达,也是与人聊多了才知道形形色色的不准不许并不少。挺好的作品,阉割了那么许多。"

叔君说:"天王星海王星我以前就知道,但另一对我也是今天第一次知道。"

"怎么可能,分明那么明显。"

"可能我从没看到电视上放那一段吧。"叔君说。

我们又驱车来到市中心的市政广场。加州的州议会大厅富丽堂皇,比起东部的许多同类建筑,屋顶上多了许多金饰,不免显得浮夸。大厅里更显气派,一段雕栏玉柱的大理石台阶上,新婚的伴侣们轮换着上去拍婚纱照。大厅外,国旗、州旗、彩虹旗在草坪四周飞扬。亚洲艺术博物馆[83]

───────────

〔83〕亚洲艺术博物馆 Asian Art Museum
　　地点:加利福尼亚州 旧金山市
　　【建筑】★★★★
　　【丰度】★★★★★
　　【趣味】★★★★★
　　容纳18 000件艺术品的旧金山亚洲艺术博物馆是全世界最大的收藏之一。其缘起可以追溯至二十世纪中期一位芝加哥百万富翁的个人馈赠,旧金山亚洲艺术学会便以此为起点,将其不断扩充做大。柬埔寨的石佛雕、中国的玉带钩、日本的陶武士、印尼的木人偶,展出的2 000件藏品年代跨越八千年,精美绝伦,预计参观时间4小时。

就在对面，那是全美最优秀的艺术博物馆。中国的翡翠、玻璃瓶、玉器、青铜树、釉彩颇不寻常的佛像、错金的鸭子状铜壶，等等，有不少都是我此前未见过的。在博物馆商店售卖的漫画里，也很体现亚洲本位的文化逻辑，竟然有穿着京剧服装的超级英雄，帮着清兵和义和团一起杀洋人的情节。

我们走到市政广场的背面去，仅一街之隔，就有扑鼻的尿臊味，那是多少精彩的壁画涂鸦都抵消不了的。幸好加州的风总是很大，走到开阔些的地方就吹散了。太阳渐渐低下去，我觉得手机上的气温与体感极为不符，不得不去附近的纪念品商店买了一件州旗样式的卫衣套上。然后叔君说他知道一个看金门大桥落日的绝好地点，不必和人去挤，又有全景。我们驾车穿越金门大桥，来到对岸的一个山头。彼时阳光正美，贴近海面的天空是一片绯红，一艘快艇正驶出港口。夕阳下的金门大桥，一半被阳光染得更红了，一半沉在山坡的影子里。

叔君忽然接着此前断了许久的话说上了，就像是这期间所有的事都没有发生过一样。他说他和室友关系不错，两人很聊得来，还时不时地看看对方在打什么游戏，后来室友却对他告白，搞得他有点为难。叔君说，新闻看很多，也知道在"政治正确"的语境里该做什么不该做什么，但是这事真的落到自己身上还是很狼狈，不知道什么才是对的，这期间莽莽撞撞多少有说错话的地方，免不了要叫人难过。

"他其实也没有做什么，就是有时候他困了累了，手机上给我撒个娇什么的，还是有点受不了，怎么说也还是个带把儿的嘛……加州这个地方说起来是很包容，可是真的就每个个体来说，或者说，当这件事从远观变成你真实生活的时候，又不一样。在公司，当听说同性情侣要使用婚后蜜月假期的时候，咱中国员工自己私下里还是会拿出来开玩笑的。哦对，还有一种情况很常见，就是听到人家说partner（伴侣）我就默认是wife（妻子）了，会说错一些话，当后续对话中琢磨出来不是，我就会很尴尬。咱就是说，心里面那个假设，总还是根深蒂固的，好在一般人家不会在意。"

我在后续的加州之旅中，确实在看到与想象中的加州不符的声音。在圣何塞艺术馆，展出的画作中有几幅是凯斯·哈林（Keith Harring）的，他是个纽约起家的波普风格画师，许多无脸小人儿排在一起形成远看如迷宫一样的纹样是他的典型风格。在留言簿上，有位观众写道："你们展示的哈林的画作污秽不堪，有小孩子跑来跑去的地方不应该放这样的内容，把这些秽物烧了吧（Burn this filth）。"有人在旁留言："请开放你的观念，孩子有一天也会长大。"还有人写道："很显然，总会有喷子，#hatersgonnahate，就让他们喷吧。"

叔君说："你看我是学统计的，我就觉得人生和贝叶斯公式是一样的。你没有碰到过，你就无法获知关于一个事物的任何信息，但是如果你遇到过了，经验就应该返回去，形成一个后验概率，你对事物的认知就变化了。所以咱也不能一开始就怪人家歧视这个歧视那个，然后给人扣个'政治不正确'的帽子。人有成见很正常啊，谁不是在自己的经验当中成长起来的？但是，如果他拒不接收任何反馈，固执己见，那这个人就有问题了。比如，明明看见身边的黑人同事都很优秀，还是坚持说，'啊，他

图7-7　夕阳中的旧金山金门大桥

们都是靠身份来念大学的'，那这人就不行。这个不行也不是说是'种族主义者'啊'歧视'啊这些有的没的，不是这些问题，是这个人他就不聪明嘛，那他肯定就很没有意思嘛。我甚至最近有时候也会想，如果我室友这事能让我再来一遍，我一定能应对得更好些。"

我笑了："那就等着再来一遍呗。"

"哈哈，再说，再说。"

"所以，后来呢？你的室友。"

"后来没什么，一年合同到期，他也就搬走了。最后还是能维持普通的朋友关系的，没有我想的那么糟，还能一起出去吃吃饭的那种。我们现在还有微信，我也会给他的朋友圈点赞。他工作还挺拼的，有时候看他有点成绩出来，我也会觉得有点高兴。"

"那你人还真的挺好的。"我说。

叔君说："被人喜欢嘛，总是值得高兴的事。不过我就纳了闷了，你看这不也证明我挺有魅力的是不是，怎么就没有妹子看上我呢？！"

!

"性少数人群"在我留美的几年里，去污名化的进度挺快。

早年我接触这些也是通过纸面，譬如我造访华盛顿大学时在学校美术馆（亨利艺术馆）[84]看过的一个展《跨性别人历史的99件物品》，里面提到一位歌手比利·提

---

[84] 亨利艺术馆 Henry Art Gallery
　　地点：华盛顿州 西雅图市
　　【建筑】★★★★
　　【丰度】★
　　【趣味】★★
　　此即华盛顿大学的校园博物馆，建于1927年，是该州最早的公立美术馆。以出资建馆的当地商人亨利命名，亨利自芝加哥世博会以来搜罗的各种画作也成了首批馆藏。今天，这里是一座当代艺术博物馆，以新锐的设计感抓人眼球，展览更新频繁。华盛顿大学校园很有看点，既有东部大学的古老沧桑，又有西部大学的开阔疏朗，这成了打卡亨利艺术馆的另一大理由。

普顿（Billy Tipton），并展示了他1957年的一张专辑。提普顿1914年生于俄克拉荷马城，他的三人乐队在1957年的专辑之后开始走红。二十世纪六十年代，提普顿与一位夜店舞女结婚，两人共同生活20年，抚育三个孩子，可直到1989年提普顿去世时人们才发现，他出生时候的性别其实是女性。之所以伪造身份，是因为当时男性听众不喜欢听女人演奏爵士，所以提普顿就用男性的身份去面试。提普顿的职业生涯里，自相矛盾贯穿始终，他既非常渴望成功，又一直害怕过于成功。这种把秘密带往坟墓的心情，听着就觉得无比沉重。

纸面之后是画面，尤其是当大名鼎鼎的凯特琳·詹娜（Caitlyn Jenner）的画报铺满大街小巷时。詹娜是二十世纪七十年代家喻户晓的奥运田径冠军，从英气勃发的俊美青年，到后来的电视真人秀明星，他多年来一直活在媒体的焦距之内。2015年，原名是布鲁斯的詹娜完成了变性手术，成了女子之身，拍摄了性感的杂志封面。她说，为变性所做的准备，比在奥运赛场上角逐更叫人觉得辛苦。进步派人士讴歌她的勇敢，给她捧不下了的荣誉与奖杯；保守派人士斥其为妖魔鬼怪，多看一眼都是脏了眼睛。可有趣的是，詹娜仍然是个坚定的共和党人，支持共和党的总统候选人，甚至公开表示反对同性婚姻合法化。这下可好，左翼眼中的英雄变成了魔鬼，右翼眼中的魔鬼变成了英雄。

再往后，我自己也遇到了跨性别人士。她是一位业内知名的学者，在学会中非常活跃，承担许多会务工作。她的长发盘在头上，穿着紧身的毛料短裙，但无论是皮肤毛发，还是身板轮廓，仍然一眼便能看出是男子，说话的时候更了，是粗着嗓子的。我在会场与她相遇，说起来也是未见其人先读其书的大人物，心中很是拜服，可真见到了，又觉得无比拘束，生怕自己说错或做错什么。那时候，我想起了叔君提到的那种心情：我成了一台不知该如何处理新数据的图灵机。我与这位教授只此一面之缘，据后辈们说，后来在会场上再次见到她的时候，她似比当年柔美了，更像女人了，这个变化原就是需要过程的。

那几年里，两党为了跨性别人士上厕所的问题争得你死我活，这个边角议题和当年的堕胎一样，成了劝票最有效的"饵食"。当人们在讨论"变性人该用什么厕所"时,所指的到底是谁呢? 如果一个处在变性前期阶段的男性要使用女厕所,确实令人不适,甚至有点危险,可要从法律层面入手,也确实很难界定一个人要看上去多像女人才能使用女厕。于是,一些地方就有了规定:跨性别人士可以根据自己认同的性别身份来选择厕所。反对者觉得此举不妥,坚称歹人会以此为借口随意进出女厕所实施侵害,因此应当以出生证明上的性别作为上厕所的唯一合法依据。

一个原本于情于理是挺容易说清的事,一个原本发生概率极小的事情,一上升到法律层面,就会变得非常难办。按理说,法律切割出的条条块块,本应是协助治理的工具来着,可渐渐地,条条块块却成了治理本身。儒家讲己所不欲,勿施于人,西学也讲这个。《圣经》里讲,卢梭也讲。可见共情应当是比立法更难的,不然便也不用这么反复讲了。

我想起了佐治亚州理工学院校园书店里的一则"厕所文学"。几个笔迹明显不同的人,留下了一番评论区式对话。一个说:"很快,黑人将接管全世界,统治每个种族。"另一个说:"你把这话对西裔说说试?"又一个说:"20亿中国人入场。中国比黑人们更可能占领世界吧。一个李小龙就能把这栋楼里每个人都干翻。你日常用品中的90%都是来自中国。最好不要惹中国人!"下面的说:"楼上这位中国人拼写不太行。"唯有最后一位,风格突变:

"不好意思,没有任何种族能统治任何狗屁。因为所有人都是一样操蛋。"

话很难听,却也有点道理。人干坏事干傻事,多是在自以为是多数时,仗势才能欺人,然后又在变成少数时,哀叹命运的不公。

基督教徒在美国曾经是无可争议的多数,现在他们正在快速变少。1999年的盖洛普调查显示,70%的美国家庭是某个教会组织的成员,这个数据到了2018年则落到了50%。年轻人中,千禧一代尚存有一些对于信仰生活的向往,Z世代则已大多对此不感兴趣,反而渴望更具包容性的性教育和文化政策。相比之下,他们更关心大麻的合法化。无神论者人数在美国持续增加,2018年时已达到13%之多。对于宗教上相较其他西方国家高度保守的美国来说,世俗化进程之快已是前所未见。

2015年10月1日上午10点38分,俄勒冈州一所社区大学里发生了枪击案。凶手是个26岁的年轻人,是该校学生。他持枪走进教室,将英语教师近距离射杀。此次枪击案共十人遇害,包括一个坐在轮椅里的中年女学生。离开教室后,凶手在与警方枪战中被击伤,随后饮弹自尽。他身穿防弹背心,携带六件武器,手枪、步枪、弹匣一应俱全,均是他本人或家人合法购买。他是个白人青年,出生在英国,幼年时来到美国,讨厌各类教会,是暴力民兵组织"爱尔兰共和军"的拥趸。据幸存者说,凶手指着吓得蹲在地上的学生们,询问他们的宗教信仰。一人回答后凶手说:"很好,因为你是基督徒,所以即刻去见上帝吧。"然后就杀死了她。在文化的潜移与法律的骤行之间,曾经的多数派竟也沦落至此,绝望无助,他们心中怎能没有怨恨?

维纳在《人有人的用处》中写道:

> 美国中上层阶级的儿童教育,都是时刻提防死亡感和毁灭感的。儿童在圣诞老人的气氛中长大,当他得知圣诞老人是虚构的之后,就会痛哭起来。在往后的生活中,他会不断费时费力,寻找替代圣诞老人位置的人与物。哪怕生活经验迫使他承认个体终将死亡的事实,他仍然会执意把不幸的现实归于偶然,选择去相信美好事物会不断出现在这个名为"进步"的进程里。

说的没错,对于这些人来说,求知等于成魔。

所以在福音派简简单单的神话观里,下一个给他们盼头的人,就是天使。

而那个需要斩灭的魔鬼,必是留着那样蓬松的发型,才好把她的角藏起来。据说她身上有硫黄的气味,凡是阻碍她的人都会莫名其妙地死去。她的眼神那样呆滞古怪,只有附身之说能够解释。她替那位异教徒总统打过工,如果让她走上权力顶峰,地狱之门也会随之打开。

历史的齿轮缓缓转到了二〇一六。

那些一直在盼望圣诞老人降临的人们,终于等到了他们的金发限量款。

成为总统

！

2015年11月14日，民主党第二次党内辩论，距离2016年大选日不足一年整。

我的美国朋友们邀请我去曼纽尔酒馆一起观看希拉里和桑德斯的辩论。那是亚特兰大市外围的一个著名的酒吧，位置并不在市区里，但也有属于自己的热闹。那一带名叫"小五点"，是亚特兰大除了市中心之外最有生气的地方。叫做"五点"的地方，多半是数条马路交接之处，纽约的便是如此，也是很热闹的。亚城的小五点也是满街的酒吧，天色暗了以后，灯红酒绿，街上总有勾肩搭背的友人，三五成群，攘往熙来。他们是亚城最酷的一群人，他们足够年轻，但又不至于是非法饮酒的年纪；他们足够富有，却还保留着顽皮。曼纽尔酒馆是小五点边缘的一家酒吧，旁边有一片不大不小的停车场。我停车下来寻找时，费了好一番工夫才确定眼前这家其貌不扬的，就是乔纳君口中的"亚城民主党选民大本营"。

还不知道该推哪扇门，出来的人就给我辟出了一条道。初极狭，转个弯后豁然开朗，层高一下拉到了五六米，有几张大圆桌散开摆着。找了一圈，发现我的朋友不在这一翼，便折返来到另一边。灯光昏暗，墙上的三台电视照亮了四方。乔纳君和其他同事们在向我招手。

我走过去坐下，乔纳君说："这地方很酷吧？"

我说："我以为能更敞亮些。"

"但这就是风格啊！"

乔纳君告诉我，这家酒吧自1976年卡特选举以来，就是亚城民主党人的据点。卡特是佐治亚土生土长的农人，种的是当地最引以为傲的三大作物之一，花生。那一年寂寂无闻的他靠着独树一帜的策略，在第一个开票、同样以农业为主的艾奥瓦州交出惊人成绩单，舆论大噪，自此以黑马之姿一路杀进白宫，成为第39任美国总统，也成了佐治亚州"出产"的独苗总统。乔纳君说，那一年的选举之夜，亚特兰大人都挤到了曼纽尔来看选举结果，自那以后这里就成了民主党人追踪选举的固定地点。

我看了看周围,除了一般酒吧里常见的本地各种球队的队服、队徽、吉祥物之外,确实有不少新闻剪报挂在墙上,还有知名与不知名的政客的照片,乔纳君所言不虚。在一台坏掉的电视机下面,店家画了一张漫画。特朗普指着电视机说:"我会把它修好,然后墨西哥会来'埋单'。"

CBS电视台的广告正在狂轰滥炸,候选人的政治广告穿插其间。民主党说起来有三个候选人,大家都知道,其实只有两个。第三位姓甚名谁,来自哪个州,我的美国朋友们都不知道,竟然要我去给他们科普。

那一年美国人的眼里只有三个候选人:希拉里、特朗普、桑德斯。在那一晚,自然是希拉里与桑德斯的对决。大厅里每一张圆桌的中央都放了一组调料瓶套装,辣椒酱、青芥酱、芝士粉、大颗粒的胡椒和海盐,调料瓶套装上的把手上,店家弄了个夹子。你这一桌是支持希拉里还是桑德斯,可以选择相应的竞选贴纸夹在上面。我放眼望去,除了其中一桌是希拉里的支持者,其余竟然全是桑德斯的"粉丝"。

立着"Hillary for America"(希拉里为美国)贴纸的那一桌坐着三个人,一个胖乎乎的中年黑人男性、一身红色女裤套装的白人老太太,还有一位看着像是她的先生,留着灰白的络腮胡,戴着黑色的圆边眼镜。看他们的年龄,粉龄应当是自二十世纪九十年代算起了,也就是比尔·克林顿(参见克林顿图书馆[85])当总统那会儿。九十年代的种种丑闻与风波,逆向筛选出了最忠诚的粉丝,他们便是缩影。这对老

[85]克林顿总统图书馆William Clinton Library
地点:阿肯色州 小石城
【建筑】★★★★
【丰度】★★
【趣味】★★
【加成】美国史 ★
从乡下走出来的总统为小石城贡献了最有流量的景点,图书馆(参见图8-4,第264页)建成于2004年。主馆以总统座驾和各种赠礼为点缀,按时序介绍了克林顿治下八年的经济外交成就,也复原了二十世纪九十年代椭圆办公室的模样。主馆的内部构造效仿著名的都柏林三一大学图书馆,据说克林顿以罗德学者留学访欧时一见倾心,故而在自己的图书馆中复现此景,并以一尊白色的奇胡利玻璃雕塑作为点睛之笔。克林顿的性丑闻和弹劾风波在这里也有展出,妻子希拉里九十年代领衔医保改革和两次总统竞选的纪念物也有呈现。

图8-1 亚特兰大曼纽尔酒馆中的希拉里支持者们

大妈的身上,从头到脚都是希拉里竞选的Logo,那个带着箭头的大写字母H。别说常见的棒球帽和胸针了,老太太那一身红色的套装也印着醒目的H,这是在致敬希拉里的标志性穿搭,铁杆程度令人叫绝。我们的这一桌只铺满了大伙儿点的薯条、炸芝士和炸鸡块,但是牌子那块却是空的。

我说:"咱怎么不搞一个牌子呢?"

乔纳君说:"我们几个人没法达成共识。"

同桌的还有一个哥儿们,马里奥君,也是佐治亚州理工学院科技史博士在读。马里奥君个子很高,戴上他标志性的圆框眼镜之后,就会散发出他作为奥地利裔贵族知识分子的气息。马里奥君是一名激进的社会主义者,当然这我也是在选举年才逐渐发现的。平日里，他是大家的开心果，能说一口流利的德语，也很喜欢向我学习那些最不正经的中文。他读书奇快，阅读广泛，我们每周的科研任务，我需要三天，他往往只需一个晚上就能完成。他写小说，在他的想象世界里，丘比特是个黑羽毛的恶魔，每次指定姻缘都会因为一不小心射出真箭而杀了人，为此丘比特苦恼不已。每一年马里奥君的生日，他都会挑一本小说，编成一部剧作，提前分配好所有来宾的台词，然后在人员到齐后，蛋糕奉上前，演上一整部剧，就在他家客厅里。在时而短暂时而漫长的一小时里，马里奥君会确保自己是"舞台"的中心。我们当中有些人背台词背得漫不经心，有些人背得很走心，马里奥君则始终保持着激奋，甚至不需要手上的台词本。他朗诵、吟唱、低语、咆哮、跌倒、站起、歇斯底里，直到他的表哥关掉客厅的灯才算剧终谢幕。

这样的马里奥君，其实并不关心政治，他对美式选举的评价很简单："It doesn't work." ——不管用，没效果。2015年夏天桑德斯宣布参加总统竞选时，马里奥君在办公室里对他的评价是："听说有个老头也参选了，北方哪个州来着，好像还是个犹太人。"这话没恶意，乔纳君就是犹太人，我们都是朋友来着。点出犹太人无非是因为这在美国政坛是个减分项。当时，马里奥君还不知道桑德斯的名字，也不知道他是佛蒙特州的参议员，更不知道他的各种左翼主张。那一年，所有人都认定了民主党党内提名是希拉里的囊中之物，她四月在罗斯福岛上的起跑演说声势如虹，似天命所归。在大家看来，其他人都是陪跑，退出只是时间问题。

同样是这个对艺术充满热爱、对政治漠不关心的马里奥君，到了秋天已经成为桑德斯的铁粉。他一心要把桑德斯的竞选贴纸插在我们桌子中央，可乔纳君公开力挺希拉里，没让他得逞。那个"北方哪个州来着的犹太裔老头"，此刻已是曼纽尔酒馆里当仁不让的"新人王"。印着他名字"Bernie"的名牌如<u>丛林</u>，印"Hillary"的名牌则同<u>丛林</u>里的珍稀动物，这形势颠倒，半年之前任谁都是想不到的。

桑德斯切中了这个时代的痛点。

2008年金融危机后，美国国会用纳税小民们的钱，救了奄奄一息的华尔街巨鳄们。奥巴马上台后通过了道得-弗兰克法案，加强了对金融机构投机风险的管控，但是贫富差距没有好转。作为美国的年轻一代，"马里奥君"们看不清自己的前途了。

曾经的"美国梦"非常简单，好好学习，找到一份稳定的工作，蓝领的也行，好好打工，踏实挣钱，够数了贷款买房，再配一辆车，住和行都是舒舒服服宽宽敞敞的。现如今，这条路上全是尘霾，看不见了。二十世纪九十年代美国经济最蓬勃的时候，电影电视里演的净是热衷于夸耀自己18岁就独居的年轻人，嘲讽和父母同住、蜗居在地下室的同龄人。现在的美国青年人中，和父母住在一起的变多了，合租的人变多了，到了大学毕业前夕仍然仰仗父母医保的人也变多了。总而言之，"美国梦"变得遥远模糊了，这是因为社会出了问题——这是自千禧一代以来美国青年的共识。

然而在两党那么多候选人中，居然是年纪最大的桑德斯，点破了这一点。

辩论里，桑德斯几乎从来不会针对某一项政策展开详细的论述，极少涉及施政的具体举措，在外交方面更是支支吾吾，看着心虚。但桑德斯没有放过任何一个敲打华尔街的机会，但凡话锋与此沾边，他必然要将华尔街批判一番。他施政理念的核心也全部基于对富人征更高的税，他所提的全民医保、公立高等教育免费，凡此种种，没有钱都做不成。

相比之下，希拉里开口闭口都是政策细节，稳中无进，十分枯燥。尽管在外交事务方面，国务卿的资历让她几乎无可匹敌，但内政方面，无论她嘴上显得多么精通个中门道，对于一个旁观者而言，都丝毫感受不到变革引发的兴奋：一切因循旧制，体制没有大问题，只要小修小补就好了。桑德斯则摆出一副要掀翻整个桌子的架势，马里奥君非常喜欢，他常常会在桑德斯的狠辣言论之后鼓起掌来，仿佛自己的球队得分了一样。

回想起来，民主党党内辩论其实只有第一场保留着相对友善的姿态。一来克林顿夫妇在党内独大，没有人敢公开叫板；二来桑德斯初出茅庐，深知民主党选民喜爱希拉里，所以不想一来就见罪于她。但是到了11月，桑德斯在农业为主的艾奥瓦州支持率开始激增，双方基本的体面便都不要了。一方是不想要了，因为他看到了希望；一方是要不得了，因为她不能在同一个地方跌倒两次。

辩论里，桑德斯开始攻击希拉里的政治品格：华尔街的亿万富翁们这些年给你

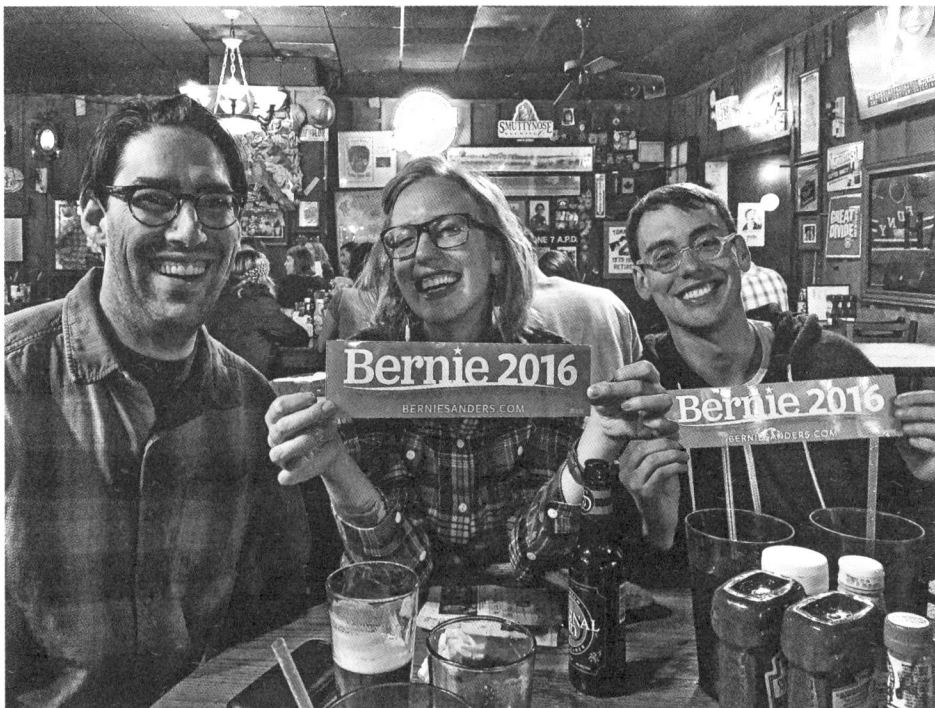

图8-2　亚特兰大曼纽尔酒馆里的乔纳君（左）、马里奥君（右）及其女友（中）

捐了那么多钱，会傻到什么都不索取吗？对此，希拉里的回应只能是：我是纽约州的参议员，不可能不和华尔街打交道，但是我的品格没有问题，2007年次贷危机之前我就提醒过他们你们这样玩下去是不行的，得赶紧悬崖勒马。

这算哪门子回答？当年，在马坠崖之前，有人真的停下来了吗……

电视屏正下方的那一桌桑德斯支持者中，一个白人男子对着正在辩解的希拉里高声喊道："You are corrupt! Go away!"（你腐败透顶！赶紧滚啦！）这不是他第一次放声嘲讽希拉里，没人响应，但他没有停下。那位穿着红色套装的老太太呵斥了他："你能闭嘴吗？！"

滚远点吧，被金钱腐蚀的人。会这样直接说出口的人不多，但是这样想着的人却很多。有一股不安在涌动：民主党选民很清楚，希拉里是他们最强的候选人，但也是最弱的。

"她怎么就不能说些对的话呢？"乔纳君沮丧道。

辩论结束，酒吧里沉重的空气渐渐散了，人和食物都欢喜地流动起来。马里奥君和他的女友成功地在桌子中央立起了桑德斯的标牌，乔纳君没再阻止，他们欢呼起来："来吧！来加入正确的一方吧！"

那一场辩论，希拉里穿着黑色的套装，珍珠项链搭配珍珠耳环，素雅而威严。对于女性候选人来说，穿搭即是讯号，她在淡化女性这张牌。之前试过了，不管用，所以得换上和对手一样的装备，正面硬扛。桑德斯几十年如一日地穿着正装，留着不听话的发型，系着没人会在意什么颜色的领带，嘴里说着几十年如一日的话：

> 我们的问题是富人减税太多，穷人衣食无依，上不起学。
> 我们得让美国的经济为全体美国人服务。

!

2015年10月27日，百无禁忌的特朗普失去了他在党内民调的领先位置，某项权威全国民调显示，卡森26%，特朗普22%。

2015年12月3日，加利福尼亚州南部，两个人闯进圣伯纳迪诺市的民政中心。一场派对正在进行，沉浸在欢乐之中浑然不觉噩运降临的14个人，被自动式步枪夺去了生命。两天后，极端组织宣称，这一男一女两名杀手是他们的人。其中一个是巴基斯坦裔美国人，另一个是巴基斯坦籍的绿卡持有者。

网上的讨论，每一次都是按着同样的剧本走。大家都觉得美国越来越不安全了，分歧无非是一拨人觉得是因为人而不安全，另一拨人觉得是因为枪而不安全，他们的争吵从未有过结果。总统候选人被迫一个个出来对着媒体表态，漫天的愤怒与猜疑却只滋养了其中唯一一个人。

他把所有的大白话都放上了台面,他把直觉作为判断是非的标准,他宣称自己能提供最干脆的解决方案。其他人都做不到,因为他们要么太坏,要么太蠢。

共和党温和派最有力的竞争者卡森在民调中迅速坠落,特朗普一扫初出茅庐的笨拙,开始展现出惊人且坚固的支持率。

美国很急,确实就想要一个简单的答案。

2016年2月2日,总统大选正式起跑,艾奥瓦州率先开票。

共和党的竞选结果有那么些出乎意料,气势如虹的特朗普在一个农业州败给了得克萨斯州参议员克鲁兹。他旋即宣布艾奥瓦州的选举是一场"骗局",他绝不可能输的,是克鲁兹作了弊。克鲁兹则第一时间做了胜选演说,狠狠地扇了对手一巴掌,算是报了辩论场上的仇。

民主党在艾奥瓦州的投票方式比较特殊,不是一人拿着一张选票去投,而是闹哄哄的党团会议,因此比共和党的结果出来得迟。所谓"党团会议",就是一群民主党选民在各自选区的体育馆、学校里集合,支持不同的候选人分为数个阵营站立,人数不足规则要求百分比的候选人支持者,必须就地解散,加入其他阵营,如此反复,直到候选人支持者人数全部过线,再根据人数多寡,等比例分配该选区的党代表数。

按此规则,整个选举现场乱成一锅粥。大候选人的阵营知道小候选人的阵营必然无法自立,就会不断挖墙脚,大声吆喝,把他们拉拢到自己这一边来;但小候选人的支持者们也有骨气,有时候就算全部解散了,也坚决不加入任何大候选人的阵营,不给自己不喜欢的候选人增加党代表数。艾奥瓦州的选举规则效率很低,但却是测试候选人支持者忠诚度的好办法,"站队"就发生在众目睽睽之下,所以"粉头"们在社区里的号召力,就成了候选人的制胜法宝。平日里的邻里关系在这一刻能使得上劲,优质"粉头"确实有以一当十之用。除此之外,艾奥瓦的选举规则还能有效筛选出选民心中的第二顺位,可以为之后党内力量重整提供数据依据。

2008年,希拉里在艾奥瓦州栽过跟头。那一年她以众望所归之姿起跑,却在开票的第一个州就落得个狼狈的季军,被新人奥巴马甩开一截。在这个白人为主的农业州,一个白人女性的吸引力远逊于一个邻州的黑人新手参议员,这让媒体跌破眼镜，希拉里的竞选之路从此跌跌撞撞。2016年这一回，她显然很害怕噩梦重演。桑德斯声势蹿升，从年底到第二年2月，她的民调优势不断萎缩。很显然，白人男性蓝领的心，她横竖是笼络不住，一旦有了其他选项，他们总是第一时间弃她而去。

那一晚一直到10点多才尘埃落定，希拉里急切地在发布会上宣布了盼望已久的胜利，打破了首战不胜的诅咒，给整个团队吃了一颗定心丸。但是所有人都知道，这场"胜利"只是名义上的，因为她只赢了桑德斯零点一个百分点。在桑德斯的发布会上，支持者们同样欢声如雷。在这场平局里，他们看到了胜利的曙光。

2016年2月26日，佐治亚州，距离大选日还剩9个月。

希拉里来亚特兰大了，我在脸书上看到集会信息，打算去亲眼瞅瞅一线政治明星。问了一圈周围的同事有没有想一起去的，无人响应，我只好独自前往。这场集会的地点是在佐治亚州立大学GSU，位于亚城中心，是没有围墙、与市区融为一体的那种学校。中午，我早早地来到网上说的会议厅，发现门锁着，贴了一张告示：希拉里·克林顿的竞选活动地点搬迁至亚特兰大市政大厅。

这对于她来说是好事，说明从网络预约情况看，团队认定人会比预期多。彼时特朗普的竞选活动，每场都能装下半个体育场，虽说输阵未必输人，但总是输阵也不行。我在GSU约上了两个友人一块前往，她们的心思和我是一样的："走，去看看电视里才能看见的人去。"

虽然都在市中心，但得翻过一座立交桥才行，走了20分钟路，终于来到亚特兰大市政大厅。走进一看，确实有市政府大楼的派头，五层的楼房围出一个方形大天井，正午的阳光直直射下来，在大理石地面上投下顶棚钢筋的网格，人们行走其上如棋子。我们正对着的是扶梯怀抱中的通道，看着像是市政要员出来答记者问时走的，今天要从这里走出的，是曾经的第一夫人与国务卿，四五个西装笔挺、戴着蓝牙耳机的特勤局特工在侦察四周。

时间不断流走，人也越来越多，我们刚到的时候，那几排白色木椅就已经坐满了，这会儿外面又围了好几圈人。人群有些焦躁，距离活动预定开始时间已经过去了将近一个小时，明星却仍没有要现身的迹象。粉丝们只好自己给自己找乐子，有的出去买了啤酒回来，有的脸贴脸自拍，有的喊起了"希拉里，希拉里""我挺她，我挺她"的口号。竞选团队推了几块液晶显示屏出来，没有人知道这是为什么。有人小声说，她可能不会来了，说是现场人比预期多，有安全隐患，会通过投屏来跟大家见面。人群中虽然有失望与不满，但是他们似乎对这样的"耍大牌"仍然很包容，甚至有点纵容。

1点19分，前排的人群忽然起立，欢呼声如海浪一般由远及近向我们扑来。明星本人出现了，她从通道里徐徐走出。上一次感受这样的氛围，还是五六年前一场演唱会上，为了一个政客如此雀跃欢腾，还是人生头一次见。当然，平日里电视上才能见到的那个人，现在距离我只有十数米远，我也难免兴奋起来。

希拉里穿着最近常见的麻质外套，打了招呼之后，她开始了演讲中的保留节目：提升最低工资，完善奥巴马医保，带薪产假，和谐种族关系，司法体制改革，移民政策改革，保障通向公民权的合法道路敞开……每一次她把话锋引向这些论点时，还不待她说完，人群就已经蠢蠢欲动，再待到关键词被说出时，达到欢呼的高潮，如此循环往复。如同韩国明星的应援，上下仿佛是早有约定了，有种乏味的默契。我很快意识到，他们和我们一样，不是来听她的施政理念的，不是来寻求解法的，他们也是来"追星"的。

我带着两个朋友跑上二楼，然后又跑去三楼，觉得那里景观更好。希拉里不是什么顶尖的演说家，不只是我们，就连粉丝们也过了兴奋的劲头。我担心活动结束在即，一心想着要抢个好的位置，多拍些好的照片。演说结束时，她终于介绍了一直站在她身侧的人，我才意识到那位挺拔的黑人不是特勤局的特工，而是亚城市长卡西姆·里德。两人相拥，她向再次达到沸点的人群挥手告别，两人转身走入背后的通道里，人群开始逐渐散去。

希拉里短暂现身亚城，是因为3月初的"超级星期二"就在眼前了。那一天，12个州将一齐举行党内初选，其中包括了佐治亚、阿肯色、阿拉巴马、田纳西、得克萨斯、弗吉尼亚等黑人占人口比很高的南部诸州。选择在这个节骨眼短暂现身亚特兰大，正是为了提振自己在黑人选民中的人气。

图8-3 亚特兰大希拉里集会

　　此前4个州的选举中,希拉里和桑德斯互有胜负。希拉里赢下有色人种占比较高的内华达和南卡罗来纳州,桑德斯赢下北部白人劳工众多的新罕普什尔州,两人各自获得的党代表数相差不到30。要在民主党内把领先地位坐实,没有黑人选民支持必然不成。里德作为不久后也要面临竞选的黑人市长,替她站台也是互帮互助,沾点人气。

　　然而,只要对一楼的人群稍作观察就不难发现,来捧场的粉丝中鲜有黑人,印度裔、拉丁裔和亚裔的大学生反倒看上去更多些。好像也不难理解,这是一个周五中午的集会,又是在大学附近,能够有闲来参加的,必然是学生和白领中产。想想这也是很悲哀的,最需要靠选票改变命运的人群,根本没空来参加政治活动。比起追星,他们会把时间花在更值得的事情上。

我们离开时，看见桑德斯的支持者已经准备了一场"伏击战"。大约有五六人，在离场必经的通道竖起了海报标语，拉起了"伯尼2016"的大旗，是准备好要"策反"一些人的。我看到一位黑人妇人与拉扯着"伯尼"大旗的青年男子说起话来，一方说，现在的系统没有好转的可能了，黑人的权益如果要得到实实在在的保障，不做彻底的改革是没有可能的，所以希拉里并不是最好的选择；一方说，我们得要从实际出发，一点一点做能做的事，而不是一觉得不满就说要来一场革命。

是呢，桑德斯要的是一场"革命"。

在被冷战思维支配的美国，政客提革命是很不讨巧的，可他从不讳言革命一词与革命之必要。他的支持者们，正如我们眼前的这位拉丁裔的年轻女子，她举着的海报上写着："为全体劳工阶级谋福利的一场政治革命。"#我们需要伯尼#这个推特话题，是一个政治暗号，使用者一律是美国民主社会主义者联合会（DSA）的成员。DSA创立于1982年，融合了二十世纪七十年代的劳工左翼运动和知识分子左翼运动，是主张工人权益保障、反对金融权贵、推进种族平等的民间组织。DSA虽然没有组建自己的党派，但是对于民主党候选人来说，他们的背书也是不可或缺的。桑德斯参选之后，DSA在新世纪首次和民主党建制派唱起了反调，#我们需要伯尼#的推特话题/运动正是由他们发起，是他们线上串联的一条渠道。

政治辩论其实是很奢侈的。人和人不是在相遇的那一刻才开启关于政治的讨论的，每个人都带着自己的阅历与信念而来，相遇相辩之时，并不是什么理性的碰撞，更多地是两条生命轨迹的碰擦。与其说是意在说服，不如说是明了各自的来处，进而明了各自的去处。这样的话，即便买卖不成，仁义亦可增加。两个年龄不同、肤色相反、立场不一的人，能够在政治集会散场时进行一次平心静气的讨论，是这个势如水火的大选年里不多见的温暖风景了。

2016年3月2日，"超级星期二"当日，希拉里如愿在南部诸州以压倒性优势战胜桑德斯，党代表数差距被拉开。媒体已经宣称，桑德斯在黑人选民间毫无民意基础，算是与党内提名绝缘了。但是网络上桑德斯的支持者却充满信心，此后选战即将北移至"锈带",他们认为新罕普什尔州的战绩已经证明,希拉里在梅森迪克森线以北不是不可打败的。

几天后我发现,我和两位友人出现在了希拉里的竞选广告视频里。那是一则总结南部诸州优异表现的广告,我们是她挥手告别背景中的小人影。我把视频发到了微信群里,截了个屏,画了个红圈。那么模糊,也只有我们自己知道站在那个位置的是谁。

"咱这算进入历史了吗?"一个问。

"这还不算吗?!人都向我们挥手了!"另一个答。

视频下面是特朗普支持者们满屏的讥讽:这么小的会场都坐不满,老太婆铁定没戏了,媒体的民调数字都是编的吧!

确实,工薪族那个点无法抽身是没错,但是来的人真的不够多。

!

2016年3月22日,距离大选日还剩7个月。

一个叫Aaron Mak的人在脸书上给我发了信息,他是美国时政网站Politico的记者。他说,最近在写一篇中国如何看待特朗普参选总统的文章,他读了我最近在澎湃发表的《别急着说特朗普是疯子》,觉得有不少有趣的观点,想要做一次采访。媒体规格很高,我受宠若惊,即刻就答应了。

在家完成了电话采访后,我问Mak,你是从哪里得知我这篇文章的,我知道它在中文圈子里有点反响,但是美国媒体怎么会看到。他说:

"你这篇文章前不久被《华盛顿邮报》援引了你不知道吗?"

……我的天,我真的不知道。

共和党党内初选令特朗普的地位日益稳固,美国媒体开始对世界的态度有了兴趣。据4月YouGov和Handelsblatt的全球民调显示,墨西哥不出意料地"最讨厌特朗普"(希拉里支持率净优势54%),俄罗斯略出人意料地"最支持特朗普"(特朗普支持率净优势21%),中国态度比较居中,希拉里支持率要高12%。和当时大多数国人一样，我更习惯于传统美国政客的面孔，对于特朗普的言论和风格总是持有很多保留，但我也越来越清醒地意识到这个人物的快速崛起，并不是偶然的。

他不是一夜之间横空出世的。原本是娱乐明星的他，自奥巴马首次竞选起，就一直热心选举政治，在线上冷嘲热讽放炮不断，甚至带头质疑奥巴马不是生在美国的合法公民，要求他出示出生证明，线下也频频参加美国保守派一年一度的峰会。可以说，在他踩着自家大楼的电扶梯缓缓杀入政坛之前，特朗普早已经有了十足的人气基础。在一些极端保守派的眼中，他的形象和背景天然地具有强烈的象征意义，这一仗不是没有准备的。

大众媒体对美国人的心理，有着不可估量的影响。一旦一个人的形象确立起来，就很难再用零零散散的证据翻转。希拉里团队想要让人们相信：特朗普其实不是个成功的商人，他冠名的大楼其实都不是他的地产，都是租用冠名权而已；他经常拖欠工资，赖账不付；他经营个赌场都能开到倒闭……但这一切都没有用，人们对于特朗普作为成功商人的印象来自真人秀的屏幕构建，来自他坐在皮椅中炒别人鱿鱼的纵情表演。当时，现实中的特朗普负债累累，走投无路才彻底投身电视业，但那虚构的表演却也是本色至极。虚虚实实堆叠起来，筑成了比特朗普塔更为坚固而闪耀的"人设"，任谁都推它不倒。

同样地，希拉里也有一个大众媒体的固定形象，她和丑闻、阴谋、野心、神秘感纠缠在一起，自二十世纪八十年代起便是如此。一个不肯冠夫姓的州长夫人，一个牵头医保改革却一败涂地的第一夫人，一个涉嫌挪用竞选资金的国会调查对象，一个因丈夫婚外情而被出卖给了全世界的妻子……在每一个身份、每一个情境中，希拉里都选择了最让人觉得奇怪的应对方案：她为了助丈夫赢得州长宝座，最后关头改姓，被左右翼一致斥为野心家；医保改革失败后，她周游世界宣扬女权人权，看似风光，实则是为了远离国内媒体避避风头；面对国会调查，她先是开诚布公，后又发觉记者捕风捉影太过，毫无沟通余地，遂变得傲慢封闭，从此与媒体交恶；在莱温斯基案里，她明明是受害者，却表现得意外坚强，坚强到有人相信正是她不断给克林顿输送年轻女子，靠满足他的性欲来为自己的总统梦铺路。2016年大选开跑不久，《纽约时报》爆出了希拉里任国务卿期间用私人电子邮箱沟通国务之事,丑闻热度久久不散,因为与"人设"十分对路:自觉高人一等,等到被查了又遮掩删改,必是有阴谋要隐藏。这故事都不用更多的爆料,希拉里笨手笨脚的傲慢,自己就会让它不断发酵。

相比起来,桑德斯没有偶像包袱,轻装上阵。作为国会议员,自二十世纪八十年代起,他的言论就是连贯的:贫富差距越来越大是罪恶的,企业界的贪婪是需要被制约的,侵略他国的战争是不正义的……这些旧电视里的言论,在社交媒体上被炒出热度。他曾经被视为不合群的怪老头,如今却成了政坛顶流,时代的脉搏终于赶上了桑德斯的大义。

然而,也正是因为没有媒体形象,许多事情他说得再对、做得再多也是徒劳。比

图8-4 夕阳降临克林顿图书馆

如，桑德斯年轻时曾一线参与过民权运动，甚至有与警方缠斗的照片为证，但是黑人选民却全然不记好，一个劲地把选票投给希拉里。克林顿夫妇出身南部深处的阿肯色州，熟悉黑人的耿直爽快，深谙交流之道，比尔·克林顿当时还因为做派太接地气，被媒体戏称为"美国首位黑人总统"。这样经年累月的交情，自然不是桑德斯的星点壮举能够抗衡的，什么都抵不过"克林顿"三个字的号召力。

这令桑德斯的支持者愤怒。

明明职业生涯每一次站队都是站在了正确的一方，明明连在伊拉克战争这样的事情上都能保持清醒正直没有随大流，为什么这么多人能选择性地遗忘，反倒继续寄希望于希拉里随波逐流的油滑？

明明民主党建制派开空头支票几十年，明明改善黑人境遇最可行的方法是将阶级运动和平权运动结合起来，为什么黑人选民还是不愿意相信桑德斯是他们更好的选择？

明明金融危机后美国社会的问题已经积重难返，唯有休克疗法能够将这些顽疾一扫而净，为什么选民还是会因为"社会主义"这么一个词，就对康庄大道敬而远之？

为什么？

这到底是为什么！

!

2016年4月26日，距离大选日还剩六个月。

佐治亚州理工学院停车场，我的车被人"摆了一道"。

故事的开始是这样的："超级星期二"之前，我和乔纳君几乎每天都要在办公室讨论良久。乔纳君虽是犹太人，却并不喜欢桑德斯。他是温和派，平日里为人就中庸谦和，不喜欢激进的、带着愤怒的倾向。他说那天在曼纽尔酒馆的遭遇让他心有余悸，他看着那位桑德斯的支持者对着电视屏幕大吼的样子，说希拉里是腐败分子、是骗子，那场面让他想起特朗普的支持者们。

"你知道吗，"乔纳君说，"在我看来，这两个人的支持者是一样的，但是愤怒不是解决问题的答案啊。"

艾奥瓦州赢了和没赢一样，新罕普什尔又落得个惨败，希拉里的竞选开局便是时乖运拙。当时乔纳君焦躁极了，他说他得做点什么，于是去竞选网站上买了一组价值20美元的套装，包含了两张车贴和四个徽章。这些东西断然值不了20美元，无非是变相给团队捐钱，并成为人肉广告罢了。他网购这些的时候，我也在办公室，我看着他一步步在希拉里的竞选主页上操作，发现竟然连身份验证都不需要，填一个电子邮箱就能过关。

我问乔纳君："这么一来岂不是谁都能买，连我这样的外国人也可以买？这是不是不太好啊……"

乔纳君说："是的呢，我也是第一次买竞选物料，原来这么简单！"

也对，又要怎么样才能核定购买者是不是美国人呢，美国连统一的身份证都没有。说白了，无非是你在购买付款前，需要点选"我是美国公民"这个步骤。如果你不是，回头追究起"干涉美国选举"的罪过来，也是你这个买家说了谎，竞选团队是无责的。在美国最要紧的政治战场上，心能这么大，归根结底还是因为竞选太烧钱了。所以，别问出处，给钱就行。出了事，事算你的；不出事，钱算我的。

乔纳君拿到这些物料之后，分了一半给我，毕竟他要两套一样的也没用。之所以给我，一是因为我和他的个性相近，立场也相近，更喜欢关注政策的技术细节，相对中庸包容；二是因为我是外国人，民主党的态度相对要友善些；三是因为作为一个在电视机前长大的中国八〇后，克林顿夫妇曾经就是美国的门面。即便是在莱温斯基丑闻之后，夫妇二人穿着阔气大衣步步生风的形象，仍然让少年的我们充满向往。所以就说媒体形象真的入脑，带着青少年形成期的这份情结，我其实自始至终无法理解美国人对希拉里的反感。

我把"Hillary for America"的车贴贴在了小本田的屁股上。和欧冠球迷一样，选择一个阵营，是为了更具沉浸感和代入感，让游戏更刺激。当然，选择这么做，也是因为我真的很不希望看着自己儿时的政治明星如此彻底地垮塌。在那段中国终于决定敞开双臂拥抱世界的岁月里，我们都在努力学习英语、听歌看碟、筹谋留学，全因这是那个时代"洋派精英"们都在做的。在亦趋亦步的追随中，我们和他们都慢慢变成了时代的产物，自以为是地和一个被虚构出来的"品牌"联系在了一起。从这个意义上说，希拉里2016年的政治前途，关乎我的过去。如果美国的旧日门面垮了，少年时代的向往就会沦为荒唐，我多少是抗拒的。

说回到4月26日。

那天下学，我朝停车场走去。停车场在健身中心旁边，走进之后，远远地我看见有一对男女正乐不可支，但是离得太远了，我看不清他们取的什么乐。略近一些之后才看清，原来是男的正夹了一瓶矿泉水在裆里，模仿撒尿的样子，朝一辆车的车尾泼水，女的在拿着手机拍摄，笑得前仰后合。我心想这可太低级了，堂堂名校大学生，竟以这种下三路为乐。等我走到足够近，等两人走远不见了，我发现他们方才泼的，竟是我的车。

看着车上飞散的水珠，看着地上深色的印记，我很快就明白了，他们尿的是我的车贴。他们在用这样的方式表达轻蔑，表达侮辱，表达愤怒。那一刻我有一丝气恼，甚至觉得有必要确认一下他们泼的到底是不是水。他们是谁？是桑德斯的支持者吗？还是特朗普的？阵营不同，但愤怒却是如一的，愤怒到要对着这样一个扁平的符号，做出些不体面的事情来。

我把事情的来龙去脉发到脸书上。一天之后，有一个希拉里的支持者私信我，要加我好友，想把此事扩散出去，来征得我的同意，我没有答应。当然，我也不知道他或者她有没有尊重我的决定。

2016年5月，选战进入加速模式。

共和党党内初选普遍遵循"赢家通吃"原则，亦即某位候选人靠普选票数量赢下某个州后，这个州的党代表就悉数归赢家所有。这是为了迅速凝聚党内共识，避免撕扯内耗，为区区几票损坏团结。拿下几个人口大州的特朗普，党代表数已经压倒性领先，基本锁定了提名人位置。

民主党由于是按普选票结果等比例分配各州党代表，仍未能形成定论。首个"超级星期二"之后,媒体一边倒唱衰桑德斯,但桑德斯却说:"比赛才刚开始就要钦定谁获胜,美国难道是王朝世袭制吗?"于是,他寸步不让,战斗到了最后一刻。可是直至胜利在数学上已没有可能,桑德斯仍然没有承认希拉里的胜利。很多人开始埋怨,开始辱骂,他们不能理解为什么他还不退选认输,他们开始怀疑这个以党外人士身份搭民主党便车的老头,打一开始就是共和党打进来制造内讧的楔子。

桑德斯赢下了22个州,1 300万张选票,团队手里握有250万个电子邮箱和捐款人信息,都是尽过绵薄之力的粉丝。是否要把这些人的信息交给民主党,他说他得再看看希拉里和民主党的走向。桑德斯不是党员,民主党之所以由着他搭便车,是希望他的主张能吸引新人,拓宽民主党的基本盘,并在党内选举结束之时,将这些新粉丝的身份信息一并收入囊中。美国的选举政治背后是一场大数据的硬仗,竞选团队对一星半点的选民数据都如饥似渴,桑德斯手中的这份粉丝清单,成了他与民主党议价时最大的筹码。

5月,两党候选人大势已定。民调显示,特朗普和希拉里支持者们最大的动力,都是出于对彼此的厌恶,出于坚决不能让对家上位的猥琐心理。桑德斯这时现身说:"我不希望看见美国人民只能两害相权取其轻,我希望美国人民能够投票支持一个充满公正的未来,一个经济、社会、环境、种族方方面面都公正的未来。"和民主党建制派的谈判很不顺利,他索性来了一招釜底抽薪:一直声称自己受到民主党党委会不公待遇的桑德斯,公开支持了党委会主席在地方选举中的对手——你让我难过,我也不会让你好过。

5月23日,特朗普全国支持率高于希拉里的民调结果首次出现,民主党的内斗烂到了外面。次日,希拉里宣布拒绝再与桑德斯进行辩论。一方认为大局已定,不必再给对方攻击自己的机会,一方则认为对方根本没种面对尖锐的批评。眼见党内分歧无以弥合,乔纳君也只有干着急:"桑德斯为什么还不退出,他现在所做的一切都是在为特朗普助攻啊!"

这是当时民主党建制派的普遍共识,他们咬牙切齿,但也无可奈何。

2016年7月12日,距离大选日还剩不足4个月。

桑德斯终于为希拉里背书了。两人首次在竞选活动上同台,地点选在了新罕普什尔州,这里是党内初选第二个开票的州,希拉里惨败于此,这里同时还是桑德斯代表的佛蒙特州的邻居。选择在这里背书,算是给双方,尤其是败了的一方留了面子,也寓意艰难的"团结"。台下是欢呼,台上是假笑,这两个人并不喜欢彼此,显而易见。

桑德斯做了一场半小时的演讲,其间承认了希拉里的获胜,这对他来说是不容易的。他有他的坚持,他是不能看到雄心在自己手里实现了,只能寄望于他人。他也知道,党内初选再这么拖延下去,只会让人渔利,他不想做"历史的罪人"。欢呼声间,也听得到悲鸣与嘘声。说出"背书"一词的时候,桑德斯自己也无法戴上笑容。台下大约是民主党党委会安排的观众,他们用掌声和口哨将他的沉重湮没。桑德斯只能靠夸奖奥巴马这张标签,达成与民主党建制派的某种和解,再用最高法院大法官的提名,来劝说他的支持者们去支持希拉里。在这场本该短暂的演说当中,桑德斯再次提醒美国人:这个国家还有单亲妈妈在为每小时10.75美元的时薪埋头苦干,她们担心未来会如同黑暗的猛兽,将她们的孩子一口吞掉。

希拉里站在他的背后,习惯性地、机械性地点头,时而鼓掌,一直微笑。多年后,她会在一部纪录片里坦陈,她从未喜欢过桑德斯,国会里也没人喜欢他。他只有他的原则,从不懂得妥协与合作,所以在国会几乎一事无成,没有主持过任何拿得出手的法案。可是她不懂,民众就喜欢这样有原则的人,原则之外的妥协才都是狡猾。他们终于等到移动支付变得如此便捷,可以不再通过买一万美元一张的入场券,去募款晚宴来支持自己信赖的人。十几美元和几十美元的涓涓细流,汇成了人民战争的汪洋大海。他们和他一样,厌憎妥协,不屑合作,只坚持自己认为正确的,要一个干脆的结果。

在那场半小时的败选演说里,桑德斯自始至终都没有说出那句"我挺她"(I'm with her)。也是很多年后人们才知道,希拉里的团队非常盼望他说出这句话,在演讲里也替他写好了,但是被拒绝了,桑德斯说他说不出口。

!

桑德斯退出之后，我们便不再与马里奥君谈论政治了，他对这一切失望透顶，其中也包括对乔纳君，甚至对我。所以作为朋友，最基本的礼貌，便是不碰触。

一个夏天之内，共和党和民主党都确定了自己的候选人。特朗普放出了豪言壮语："我一个人就能修正这一切。"（I alone can fix it.）希拉里穿着一身象征女性投票权运动的白色裤装，成为美国历史上第一位由人党推举的女性总统候选人。摩根·弗里曼配音的生平短片，让高高在上的她变得可亲真实了许多。大会之后两人的支持率都有短暂的跃升，但又很快地回落到正常水平——他们都实在是太不招人喜欢了，但又拥有大批铁杆粉丝，等量的爱与恨把他们的支持率一直压在可怜的半数以下。

事情开始变得离谱。

2016年8月19日，全美多地一夜之间出现了多尊特朗普的全裸蜡像。9月11日，9·11事件周年纪念活动上，希拉里因肺部感染高烧昏厥，被人七手八脚像赶尸一样装进车里。当天下午，她硬撑着痊愈的样子，现身其纽约住所楼下，向记者和她的追随者们招手。一些人坚称，真实的希拉里其实一病不起，走在街上向人群挥手的那个是替身，关于替身与真身差别在哪的技术分析一时泛滥。此前就有过她摔倒和手术的新闻，民众对希拉里健康问题的关切陡增，民调数据应声下滑。

既然不能让自家"爱豆"变得更受人喜欢，那么唯一能做的，就是让对家"爱豆"变得更令人讨厌。这场选举开始越来越偏离议题本身，出现越来越多无聊的人身攻击，这一切都让人觉得无比疲劳。

2016年9月27日，距离大选日还剩一个月。

那是第一场两党间总统辩论的日子，乔纳君说："我的天，可算是看到头了，赶快结束吧！"

确实，按照最初的设计，美国的总统大选应该是很短的。党内选举用4个月，两党竞争用2个月，半年之内完事。然而，随着这套游戏规则的日益复杂，随着越来越多政治献金争先恐后地涌入这个赌局，有的候选人会在大选前一年的开春，甚至再往前一年的年底，就宣布竞选，硬生生地把选战拉成将近两年之久。在这期间，他们互相攻讦、拆台、抹黑、造谣、小题大做，迫不及待地给对方扣上"种族主义者""社会主义者"的帽子。为了制造足够的紧张感让支持者们不断捐钱，对手的任何一句错漏都会被写进募款的电子邮件里：特朗普几日几日曾说，如何如何如何，我们一定不能让他得逞！以下是你可以支持希拉里的方式，你可以买这个，你可以捐那个，云云。

我对乔纳君说："选举搞成这样，还能谈出什么名堂来。说白了和球赛是一样的，我支持我的队，'搞死'你，没别的。"乔纳君说："确实是愈演愈烈，不过一般到了两党辩论的时候，民众还是会听一些政策方面的内容的。"于是，我邀请了乔纳君和他在媒体工作的女友来我家观摩这场辩论。投影打在墙上，中秋节刚过，我把月饼切成小块，算是助兴的零食。

几个小时之后，辩论结束。乔纳君兴奋不已，认为希拉里一扫肺炎风波的阴霾，从容稳重，表现优秀。他说，他非常喜欢希拉里对特朗普的称谓，她没有循例叫他"特朗普先生"，而是直呼其名"唐纳德"，特朗普却不得不尊称她为"克林顿国务卿"，气势瞬间矮了一头。他说，甭管前面怎么闹，我还是相信美国民众一定会做出正确的选择的。

然而，辩论后的民调数据几乎纹丝不动。乔纳君喜欢的称谓部分，不少人视为傲慢和狡诈；特朗普稚拙的表现则显示出了他作为华府局外人的新鲜劲，格外招人喜欢。乔纳君说："我可真是看不懂了，明显她是更够格的人选啊！人们到底是怎么回事啊？"进入10月，学校附近电视台的外墙上，已经挂出了希拉里和特朗普的巨幅头像，宣传的是11月8日的大选夜直播。按照历史经验，10月会是个有惊奇的月份。

2016年10月7日，距离大选日还剩一个月。

10月惊奇果然来了，《华盛顿邮报》在那天公布了一段他们调查得来的录影资料。2005年，特朗普在大巴车上与人夸耀起他娱乐圈里的"光辉战绩"。他说："如果你是个明星，你对漂亮女人们做什么都可以，抓哪儿都可以。"

举国哗然。

一周之后，"维基泄密"放出了希拉里竞选团队主席、前任白宫幕僚长的众多电邮通讯。媒体蜂拥而上，有人找到了民主党党委会偏袒希拉里的"铁证"，有人找到了希拉里团队权钱交易的"铁证"。全民"福尔摩斯"，万种铁证如山。

2016年10月16日，距离大选日还剩3个星期。

我和同事们去往郊外的甜水溪州立公园，这里原本有一座小型的棉花工厂依河而建，如今废弃了，只剩下当地建筑标志性的红砖墙，整面立着，却又看着随时会倒。甜水溪公园便是围绕这座遗迹而建，周围林茂水美，红绿交叠，河间的石板像是巨鳄的鳞甲一样微微浮出，四周小山上的土路微微起伏。

我们一行七人，除了乔纳君和马里奥君，还有漆拉和她的丈夫。漆拉是我办公室里的对桌，是个金发碧眼的典型美国女孩，也有着典型的美式灿烂笑容。她的丈夫克里斯君是一名软件工程师，也是流行文化的深度爱好者，各种古早的西部片、科幻片、动画片，他都了如指掌，我们就是聊电影聊成了朋友。

那次郊游恰好是第二次辩论之后、第三次辩论之前，我们在林间走着热了，停下脚就免不了要聊起政治来：谁赢了两次辩论，特朗普的表现是高于预期还是低于预期，桑德斯再过四年有没有胜算，希拉里为什么这么讨人厌，投票日当天究竟是投她还是窝在家里不投票。

乔纳君问克里斯君："什么！你为什么会考虑窝在家里不投票？这都压根不应该成为一个选项。"

克里斯君说："为什么不呢？我是觉得特朗普很糟，但也可能我们投了希拉里，然后我们忽然又不知道去哪个国家发动战争去了，或者来个第三次世界大战。那我们到时候会说：'哦！我的上帝啊，我们当年应该投给特朗普的！'"

漆拉笑说："哈哈哈，非常合理。"

克里斯君说："我没有不喜欢希拉里，而且我对第一个女总统什么的也超级兴奋，不过她确实让我有点害怕。尤其是，我很担心她为了要证明自己女性的身份没有成为她决策路上的绊脚石，会做出些格外强势、格外鹰派的事情出来，这下国家可就糟糕了。"

乔纳君说:"这么说也对。"

我问马里奥君:"所以你觉得奥巴马的八年怎么样?"

马里奥君耸了耸肩:"还行吧,我想。"

"那桑德斯现在不在了,你会投谁呢?"

他又耸了耸肩:"随便啦。"

说了那么许多,他们真的没有在聊政策的。就算是比比两款手机,也不能光论牌子不论性能吧,可他们真的就只论牌子,这令我费解。

记得党内初选时,某天在电视里,我看见记者采访集会上的两位大学生,一个支持桑德斯,一个支持希拉里。记者问他们为什么各自这样选择,一个回答说,我们需要一场"政治革命",另一个回答说,我们需要一个"能做成事的进步派",除此之外再无展开。这些话都是双方竞选团队说了上百遍的广告词,上口,但也空洞。总是被表扬具有独立思考能力具有批判思维的美国学生,到头来也无非就是重复这些段子,各说各话罢了。

所以,所谓的"政治革命"到底是什么呢?早些时候,记者问,如果你成了总统,面对阻挠你法案通过的参议院共和党人,你要如何进行你的政治革命?桑德斯说:我会指着窗外说,你看米切(共和党参议院多数派领袖的名字),窗外是成千上万的人民,他们迫切地需要变革,我们先把党派纷争放在一边,为人民做点事吧。记者追问:你觉得这样的话对米切·麦康纳尔那样的资深政客会有用吗?桑德斯的回答是寄望于政治对手的善意,寄望于国会山外的人山人海。记者笑了,电视机前的我也笑了。一边是嬉皮士,一边是老流氓,一边是苦口婆心,一边是铁石心肠。这样的以卵击石,竟也能算作是"革命"的?

那么,所谓的"能做成事的进步派"又是什么呢?希拉里团队一直攻击桑德斯在参议院是孤家寡人,什么重要的法律都牵不起头来,20多年来一事无成。其实,希拉里任纽约参议员期间主持并获通过的法律也就不过三条,其中两条还都是给大楼给公路命名来着。唯一一条略有技术含量的,是将十九世纪衣领清洁女工的工会领袖凯特·穆雷妮位于纽约州的旧居，从历史地标升格为国家公园。作为国务卿，她确实勤政，但做总统不是当外交官。希拉里凝聚国内共识的能力始终存疑，在极左派的眼中，比如在马里奥君看来，她只是很善于妥协罢了。

那天，克里斯君还有一句话说得在理：

"我们就说希拉里当上了总统，那么共和党在2018年中期选举中的反扑，会比2010年奥巴马当政时赢得更大。这样一来，参众两院什么事情都不会让她做成，连大法官也别想任命。美国就又会这样虚耗四年，甚至八年，这真的没意思。"

2016年10月20日，距离大选日只剩两周。

第三次总统辩论，双方都是背负着"10月惊奇"的丑闻上场。也辩不出什么新东西了，该知道的选民已经都知道了，就连不该知道的，选民也知道了。

深更半夜三点时，特朗普发了条推特，宣布自己是这场辩论的赢家。

2016年10月28日，距离大选日只剩10天。

10月的最后一波惊奇袭来。联邦调查局在调查纽约州议员安东尼·维纳的电子邮件时有意外发现。当时维纳深陷给未成年女性发送阳具照片的丑闻之中，而他的妻子正是希拉里的贴身助理。联邦调查局在调查她丈夫维纳的笔记本电脑时，发现了一些抄送的邮件，希拉里在收发件人之列。

早在7月5日，联邦调查局局长科米就已经宣布，在对"邮件门"所涉全部电子邮件进行调查之后，调查局认为：尽管克林顿国务卿对邮件的处理非常"轻率"，但是他们建议不对她提起控告。当时的这一决定就是两边舆论都摆不平，现如今新的邮件在其他电子设备上被发现，联邦调查局出于之前对国会议员们的承诺，宣布重开"邮件门"调查。

一时间，共和党人弹冠相庆，民主党人捶胸顿足。希拉里出面讲话，厚厚的妆容也难掩暴躁，她说："没有什么可查的，联邦调查局还是会回到他们之前已经得出的结论。"她的那位女助理，在幕后因为懊恼自责，早已哭成了泪人。

特朗普出面说："如果她赢了，那就会诞生第一位带着案底上台的总统；如果我赢了，我会送她去监狱。"

台下支持者呼声如雷，"送她入狱"的口号有节奏地响起。

2016年11月6日，联邦调查局局长告知国会：在查阅了维纳笔记本电脑上的65万封邮件之后，没有发现此前未见的邮件，因此关于"邮件门"的调查结论维持不变。

媒体又一次炸锅。一方说老妖婆一手遮天，一方则长出一口气。

没人知道什么该信，什么能信了。

此时距离大选日两天。

!

2016年11月8日，大选日。

该赢的准备着赢，该输的准备着输。随着最终那天越来越近，人们的情绪也都提前去往了该去的地方。

联邦调查局最后关头的一通操作落幕之后，电视上的评论员们开始正视从一开始便是唯一的可能：希拉里肯定能赢。他们开始说她的好话，开始总结特朗普的表演，开始讨论从这次充满负能量的选战中，美国可以学到些什么。然后他们开始畅想首位女总统上任之后会如何施政。他们说，美国在这一年半的时间里学着探索自己的心灵深处，到最后总还是要抓住自己那个魂的。

他们说，美国的魂，还是那个民主、自由、团结、包容的美国。

就好像过去一年半的一切从未发生。

佐治亚州理工学院的校园也在透露相似的讯号，希拉里的胜利不可避免。只一夜的工夫，学校地面上多出了好多粉笔字标语：#ImWithHer（我挺她），HRC（希拉里全名缩写），Feel the Bern for Hillary（桑德斯粉支持希拉里），Vote！（去投票！），等等，它们都与校内的投票站保持着合法的最近距离。在学校健身房门口，学生们写下"HRC没有一天不练腿"来萌化这个久经沙场的老太太。下方一行#Herstory，则巧妙地将History（历史）一字中的男他换成了女她。很显然，这既是希拉里一个人的故事，也是她们每一个人的征途。

图8-5 亚特兰大佐治亚理工校园地面上的标语

一些州早上就已经开始开放投票，投票之后，选民会贴上一个"I Voted"（我投票了）的小贴纸。人们在波士顿城外的希望山公墓排起长队，那里安葬着美国女性投票权运动的先驱苏珊·安东尼。成群的女性选民，不同年龄的她们，有序地向这座墓碑靠近。她们把那张"我投票了"的小贴纸，贴在冰冷的碑石上。那一刻，历史与现实破壁相连，漫长不在，仿佛从无权投票到成为总统，就只用了一条长队的时间。

我有生以来第一次感受到了球迷的快乐，确实刺激。在过去一年半的时间里，我的精神心力逐渐被这场盛大的狂欢吞噬，它将我溶蚀成一部分，牵动我的一切。我在许多个场合，与美国人，与中国人，赌过这轮游戏的结局。我押上牌桌的，不只是智识，还有我五年的美国生活，我对纽约的记忆，我的善恶之辨，以及我的童年。

现在，历史的车轮要来了，我在目击，而且站得很近。

那天下班的时候，同事们都喜色洋溢。

马里奥君在感慨，这漫长又倒胃口的一程，终于要走完了，赶紧结束吧，有什么好选的，反正横竖都是垃圾。乔纳君托着脸说："我好开心，但又好紧张，我真心希望美国做出正确的决定，可是我总担心会有奇怪的事情发生。"漆拉则完全没有那种紧张感，她兴奋地收拾着桌上的书和电脑，然后露出阳光一般的笑容："辛成，我好兴奋啊！终于，一个女性总统！这个历史欠账欠太久了！"

是啊，有什么好担心的呢？

所有的民调都指向希拉里的胜利，所有具有战略意义的州都扎扎实实地在数字上倾向希拉里，邮件门最后的风波没有对民意造成影响，各种靠大数据支撑的政治预测网站，都把特朗普的胜率稳稳地压在三成，甚至二成。她通往270张选举人票的大路无比宽阔；留给特朗普的却只有一条小道：他必须在东部赢下佛罗里达和北卡罗来纳，或者在中西部拿下印第安纳和密歇根，最后把赌注全部押在宾夕法尼亚，才有可能胜利。

选举日前夜，奥巴马夫妇和克林顿夫妇双双出现在宾州费城的独立宫前，人山人海，声威气势达到了整个选战的巅峰。特朗普怎么可能赢得了宾州呢？绝不可能。

那晚，我邀请了几个在亚城相熟相伴的好友，来家里一起见证历史。四女一男，都是中国人。投影仪的光打在我不大的居所内大大的白墙上，时间接近七点，东海岸一些票站要关闭清票了，我们完全不以为意，坐在地上继续打着牌，仅仅是把新闻中的这场华美谢幕作为背景音乐。

直到八点，佛罗里达州开始统计票数。

佛州经历过2000年戈尔与小布什几乎平票的尴尬，所以点票向来是快的。票数逐步出来，从百分之五到百分之十，从百分之十到百分之二十，选票的分布和民调数据之间的出入越来越明显。原本专心玩牌的我，开始频频回头看向屏幕。

特朗普得到的票数，远比此前估计的多。原本所有的媒体人都在寄望于今晚在佛罗里达就一锤定音，直接宣告选举结束，现在竟然发现两人的票数十分接近，特朗普甚至还占据一定优势。

我开始觉得不安，不过毕竟先出票的都是人口较少的郡县，那里点票容易些，又多是退休的白人，必然倾向特朗普。我确信，等迈阿密、奥兰多这些大城市开票之后，希拉里会很快确立优势。

然而，这样的事并没有发生。

其余东部诸州都逐渐奉上结果，没有太出人意料的，可佛州的拉锯竟然还在持续。大城市的票清点之后，特朗普在城郊地带的优势仍然明显，各大网站上对希拉里胜算的评估指针开始出现动摇。

时间到达九点，宾州、密歇根、威斯康星这些"锈带"诸州也都难分胜负，这和民调显示的希拉里多达两位数的领先明显不符。在那一个小时里，希拉里除了纽约州之外，一个都没能赢下，特朗普在选举人票上则实现了137比104的反超。

我开始变得紧张，不为别的，只为我不能理解到底哪里出了问题。难道真如一些阴谋论者所言，那些民调都是假的，媒体都是吹的，数据都是错的？不可能，这么多家，绝对不可能。可是佛罗里达州有如此之多的拉丁裔人口，他们应该恨极了特朗普才对，怎么可能不踊跃出来投票呢？佛州怎么会胶着呢？！

十点，中部诸州开始计票，毫不意外地全部被特朗普收入囊中。这些州人口稀疏，但是地域广大，电视屏幕上的美国地图开始越来越红。随后，第二个异常出现了，北卡罗来纳。北卡，奥巴马2008年赢了，2012年输了，胜负基本全仰赖该州黑人选民的投票率。希拉里在北卡困顿证明了一个非常致命的问题：出来给她投票的黑人选民不够多。尽管她是奥巴马的国务卿，又是阿肯色的前第一夫人，但是她对黑人选民的动员效率，远不如她丈夫和前任老板有效。她的对手在城郊和农村的催票效率，却比以前的共和党候选人都要高。这一跌一涨之间，就是命运的调换。

我已经无心再打牌，小伙伴们也都察觉到了，我们一起关注着屏幕上的动向。

晚上十一点，西海岸诸州票站一关就立刻出了结果，加利福尼亚、俄勒冈、华盛顿一相加，希拉里的选举人票升至209，反超了特朗普的172，但这个优势毫无意义。至此，没有悬念的州已经尽数清点完毕，剩下的那　些将决定这场对决的胜负。

网站上，希拉里和特朗普的胜率曲线已经发生了逆转。这个曾经被认定为几无可能的结局，这个被各种大数据推算出来的唯一一条窄之又窄的胜利之路，华光尽现。CNN的一溜评论员中，两个阵营的气势也随之反转。那些原本昂首挺胸准备轻松收获胜利的，开始在对方咄咄逼人的攻势之下，沉默地消化这个结局，他们哽咽，甚至流泪。

现在轮到希拉里必须得赢下北卡才能赢了，然后11：07，她输了。

现在轮到希拉里必须得赢下佛罗里达才能赢了，然后11：30，她输了。

特朗普244,希拉里209,剩下的悬念全部系于锈带双雄：威斯康星和宾夕法尼亚。

时间已经很晚了，我依旧紧紧盯着屏幕。我的后背起起伏伏，小伙伴们一直在问我还好吗，还好吗。

我说，我没事，我只是很生气。

我在气什么呢？

气那些不懂自己的利益系于何处的非白人选民？

气那些自以为是的民调？

气那些因为我押错结局而将要失去的面子？

气那些一路反智不讲基本的推理逻辑却偏偏猜中结局的他、她，还有他？

我必须得送一个不开车的朋友回家了，不然时间太晚了，那不合适。我们飞快地行驶在高速公路上，因为我想再立刻赶回去盯着尚未出结果的威斯康星和宾州。那一路上，我自言自语，反复复盘到底哪里出了问题，以至于下错了出口，闯了红灯。副驾上的友人吓得一声不吭，直到告别。

回到家中，时间已近凌晨一点半，我还没有睡意。

电视镜头给到希拉里的集会现场，年轻的女子们在互相拥抱，红肿的眼眶中，还有泪在不断落下。她们原本是来狂欢的，现在却成了开追悼会一样。纽约中城区的贾维茨中心依旧灯火通明，这栋玻璃外壳的建筑原本是希拉里登上权力巅峰的最好舞台，因为这对应的是女性职业生涯中最高最厚的那块玻璃天花板。讲坛之下是一片宝蓝色的美国地图，炽亮的光投在舞台中央，原本她肯定以为这样的排场才配得上这样历史性的时刻，可是直播新闻的大屏幕上，那幅真实美国地图却是截然相反的颜色。

希拉里还没有出来讲话，后来我读了书才知道，奥巴马此前已经给她通了电话，敦促她大方认输，维护国家的团结，但是第一次通话之后她没有这么做。凌晨两点，希拉里竞选团队主席、之前邮件记录遭窃的那位前任幕僚长终于现身。他对已经筋疲力尽的人群说："她还没输，还有些州没有出票，每一票都得算上，这场漫长的竞选，不在乎再长上那么一些。"

特朗普的庆祝地点也在纽约曼哈顿，和能容纳千余人的贾维茨中心相比，这个希尔顿宾馆的会议厅太将就了。要是知道能赢，依特朗普的个性，肯定是要抢个更光鲜亮丽的地方的。两地相隔不过20分钟步行距离，气氛却是天壤之别。一边是功败垂成，一边是喜出望外。特朗普团队的雀跃在电视屏幕上显得有点可爱，这场维持了将近18个月的大戏，没有奉上令他们失望的结尾。还好希拉里那边早早地取消了水上烟花庆典，我想。又或许那并不是出于谦逊，而是他们内部的民调数据里，已经藏了败相。

一时半会儿是不会尘埃落定了，可尘埃其实又早已落定了。

我关了电视投影，躺在床上，没能成眠。

我不知道该怎么消化这个结果。人生中第一次豪赌，输了个精光。

当事人当然更惨，30年的从政经验，行政立法两套人脉，将近7亿美元的竞选资金，全明星阵容的助选团队，最先进的数字分析工具，一路高歌猛进的民调数据，金刚不坏的党委护持，结果最后一刻，她输得连体面都快要不存了。

她找不到走出来大方认输的勇气。

真残酷啊，失败之后的她，难得真实了起来。

凌晨二点四十分，希拉里给特朗普打电话，承认败选。

凌晨三点零四分，威斯康星和宾夕法尼亚双双落定，特朗普达到了胜选所需的270张选举人票，将成为第45任美国总统。

11月9日，我睡到中午才醒，但是我不想起来。

百叶窗外阳光普照，这美国南部的骄阳，无比熟悉，又前所未有的陌生。

!

我到学校的时候已经是下午三点。

我还是决定来一下，我想看一下我的同事们是否安好，他们在"脸书"上没有任何更新。那天去学校的路上，我第一次在亚特兰大市内见到了贴着特朗普和彭斯的助选标语车贴，那是一辆不大不小的深色货车。昨晚揭开了美国的一张封印，让沉默的那些人醒了过来。如今他们可以大方地行在街上，不再需要担心别人嘲讽，嘲笑他们把赌注押在一个疯言疯语的人身上。历史站在了他们这边,历史选择了疯狂一次。

来到学校的停车场,那几辆我熟悉的、贴着希拉里车贴的已经停着了,标语还在,我赶紧用手机拍下这些画面,因为可能再过几天就没了。我家小区门口停着的一辆车便是如此,她是我的邻居,是这个小区里少有的白人中产女性,我常见她出门遛狗。可能是因为上下班时间相对自由,她的车总是靠在最靠近的出入口的那个好位置。大选日第二天,她车上三个希拉里的车贴就都不见了。

那种心情我能理解,现如今带着那些再走到街上,既屈辱,又危险。电视屏幕里的特朗普支持者总是强壮而富有攻击性的,他们大多还有枪。现下他们扬眉吐气了,谁知道他们会做出些什么来。我犹豫了一下要不要把车贴也给揭了,可我没有那么做,大抵是想故作冷静地再坦然几天吧。

佐治亚州理工学院的校园似乎与昨天没有什么差别。地面上那些粉笔字还在,它们往往能撑上个几天,只是对胜利满满的信心如它们褪去的颜色一样,灰蒙蒙的了。学校的空气是寂静与压抑的,一些人在学生中心大楼门前支起了一张长桌子,放些小猫小狗在上面,供路过的学生抚摸,舒缓压力。

我们的研究生办公室是空的,都已经是下午了,还是没有人来学校。原本憋了一些话想找乔纳君或者漆拉吐一吐,事到如今也只能吞下,随便抓起几本书就离开了。

几天后,我终于在办公室逐个遇到我的同事们。

乔纳君捂脸长叹:"美国的制度到底出了什么问题,怎么会选出这么一个怪物出来?"

漆拉无比坚决地摇头:"我已经想清楚了,不,我不会承认的,他不是我的总统。"

马里奥君则还是一耸肩:"我早说了,如果是伯尼的话,必赢。"

一直到选举人团的程序走完前,乔纳君仍然寄望于每一个法律步骤,他希望有人能跳出来,做有良心的选举人,把票投给希拉里。他说,如果国父们设计这个荒唐的制度能有任何好的作用的话,那就是在这种时刻阻止特朗普上台。可最终这一切也没有发生。

我说:"你怎么能做这样的指望呢?选举结束了,有结论了,为什么不把民意当成一个讯号?为什么要选择抗拒呢?难道别人的自以为是,就不如你我的自以为是

高级吗?"乔纳君摇头道:

"辛成,你不会懂的。2008年的时候,奥巴马赢的那一晚,真的让我们相信,小时候教科书上写的一切都是真的,它就真的发生了! 那种对于这个国家的骄傲,那一晚上流的泪……现在被这样的事情取代,这真的很难消化。"

也是。

我想起当年,去到华盛顿特区,就连远远看见国会山的轮廓,都会有一份愚蠢的激动。我在费城时,在国家宪法中心[86]里呆了很久,努力地学习美国政府的架构,努力地记忆每一位总统和他的对手,把所有我看不懂的,都视为高妙的,值得敬仰的。在肯尼迪总统图书馆与博物馆[87],肯尼迪的风采与早逝无不让人感叹,来访

---

〔86〕**国家宪法中心** National Constitution Center
　　　　地点:**宾夕法尼亚州 费城**
　　　　【建筑】★ ★ ★ ★
　　　　【丰度】★ ★ ★ ★
　　　　【趣味】★ ★ ★

悬挂于入口大厅的州旗阵列,揭示了这座博物馆厚重的家国主题。不论用多少戏剧表演、多媒体手段和生动造景,宪法中心里始终没有离开最枯燥和沉重的话题,那就是美国立法、行政、司法制度的具体构成,与历次总统选举的结果与分析图。美国国父们签署宪法场景的群像雕塑是这里的特色展项,游客可以走进去,与革命者们比肩而立。国家宪法中心是少数名副其实的"国字号"博物馆,其理事会的主席经常由前总统或高院大法官担任。它的多媒体剧场也曾经举办过多次竞选辩论,其中就有2008年民主党党内初选时奥巴马与希拉里的辩论。

〔87〕**肯尼迪总统图书馆与博物馆** John Kennedy Presidential Library and Museum
　　　　地点:**马萨诸塞州 波士顿市**
　　　　【建筑】★ ★ ★ ★
　　　　【丰度】★ ★ ★
　　　　【趣味】★ ★ ★
　　　　【加成】**美国史** ★ ★ ★

又是一座贝聿铭设计的建筑(参见本章题图肯尼迪总统图书馆大厅,第249页),钢架与玻璃支起一个水晶魔方,里面呈现的是美国最受爱戴的总统的生平。肯尼迪不是第一位遇刺的美国总统,但是却是第一位在电视上被直播遇刺经过的总统,令他一跃成为传奇。这位风流倜傥、43岁就入主白宫的年轻总统开启了一种前所未有的政治审美,至今仍为民主党所传承,他夫人敏锐的时尚感更是成了所有第一夫人的标杆。肯尼迪治下,是美国追星逐月的蓬勃岁月,他在古巴导弹危机中的冷静决断,使他化身为冷战时期和平的守护神。当然这些符号化的历史印记,都因为他任期的戛然而止而得到永生。他没躲过子弹,却躲过了历史的拷问。

图8-6　费城国家宪法中心，游客们与国父一同商定《独立宣言》

者无一不是充满敬意，尊其为一世之雄。后来我才懂得，活得长的总统，不会有这待遇。

　　我把《纽约无人是客》的书稿交给编辑那天，是2016年11月4日，比合同规定的日期晚了四天。当时还一个劲地给编辑赔不是来着，早知四天之后会发生这样惊天的变化，就该再迟交一阵子，好压一压我字里行间那天真的习气。我曾跟编辑提过让我重写一些段落，别看着跟个二傻子似的。她则说，那一刻之前你就是这样看见这样想见的，你不觉得这样留着也很有纪实的意义吗？

　　是呢，这份慌张无措，我也得懂。

!

2016年11月11日，卡特中心（卡特总统图书馆与博物馆[88]），亚城市郊的深林之内。

尼克松虽是为中美关系破冰的人，但中美正式建交时，总统是卡特。卡特只做了一任总统，在他不长的任期里，中美建交是最浓墨重彩的几笔之一。故而卡特总统图书馆，也就是卡特中心，最喜欢主办承办的就是和中国相关的学术活动。特朗普的当选出人意料，11日他们按照既定计划展开活动，活动主题仍然是特朗普胜选之前就定下的那个："中美关系——从卡特总统到？总统"。问号的位置里，仍然是那个问号。

那天下午，先是看了《邓小平先生到华盛顿去》的国产纪录片，短暂的茶歇之后就进入了学术讨论环节。台上坐着五个人：纪录片的制作人、咨询公司的研究员、《外交官》杂志的编辑、某基金会主席和埃默里大学的一位政治学教授。毫不意外，话题很快就从纪录片转向了当下最热门的话题：特朗普是如何赢得总统宝座的，以及这对中美关系的意义是什么。我坐在那个报告厅并不靠后的位置，也试图很认真地去听他们的见解，但我发现我做不到。

---

[88] **卡特总统图书馆与博物馆 Jimmy Carter Library & Museum**
   地点：佐治亚州 亚特兰大市
   【建筑】★★★
   【丰度】★★★
   【趣味】★★★
   【加成】中美关系 ★★★
   和同行相比，卡特的总统图书馆非常低调，似与山石林木融为一体，甚至连正门入口都很不好找。中央圆厅中环绕展示的是卡特治下的成绩，归还巴拿马运河，与中国建交，这些都被他任期末年的混乱所掩盖。三里岛核事故，苏联入侵阿富汗，还有伊朗人质危机，让卡特与一个混乱动荡的世界和命途多舛的美国永久绑定在了一起。今人有多少还能记得，农民出身、来自南部、海军军官出身的卡特，曾经也是以"华府圈外人"的身份作为王牌的。

他们的声音逐渐模糊成为背景，然后在一个特定的瞬间，我听见枷锁落地。

我忽然就自由了。

一直以来，我对自己的职业定位是一名学者，一个知识分子。

知识、文字、数据、历程，还有规律，这是我阅读这个世界的方式。世界犹如一台精密的仪器，齿轮啮合，吱呀作响，却又令人无比心安。这秩序优美而宏博，它静静地等待我去发现，然后去描摹，去再现，去让人看见。我对自己智识的信心从不过火，但我觉得这个工作，我能做得到。

但我发现我错了，我做不到。

世界从混沌中来，在混沌中如瘟疫一般无边地展开。种种变幻中，凡胎肉眼能看得清几多。看得清星辰的周转明暗，我们便窃喜自己找到了拆解规律的支点。是啊，连天我们都搞懂了，关于人间的答案还会远吗？

多么傲慢。

人们渴望秩序和规律，不全是因为崇尚理性，也是因为人害怕生命无常，所以必须要去寄希望于永恒。但说到底，人生太短了，来不及学，来不及看，更来不及去与别人换。就好比因为校园枪击痛失稚子的母亲，她抱着幼小的尸身号哭，闹着要给个说法，这时候该上前说一句"你的心情可以理解"吗？

你理解个屁，你只是想让她闭嘴。

我忽然觉得眼前这一切都荒谬至极。

这些知识分子安然坐在台上侃侃而谈，守着他们的骄矜，想要说服听众他们早在一切发生之前，就已经看到了特朗普能赢，而且会赢。他们列列数据，讲讲概率，想要用后见之明继续说服自己：我们理解世界的方法没有错。

怎么会没有错呢？

几乎整个知识界都错了！

如果他们获取知识的方式没有错，那么希拉里现在就应该已经在白宫了！

这些人把自己包裹在左倾的象牙塔里，或许毕生都不曾见过一个特朗普的支持者。他们用宠辱不惊来掩盖冷漠，对一切不符合"规律"的人与事都熟视无睹。身为求知之人,竟主动选择无知,这真让人感到恶心。

在那一刻,我忽然明白了那些人对精英的仇恨。

精英用抽象而渺小的东西去揣度人。政客把人看作选票,医者把人看作数据,商人把人看作资产,学者把人看作蝼蚁……一切微小都只有当具备了统计意义的时候,才能获得被"看见"的资格。在此之前,在此之外,个体生命所经历的一切,都无关紧要。

这就是美国最真实的样子了,用无情换来的性价比,支配着每个角落。一些人死了比较划算,便也让他们死去了。一些事政府不管比较划算,便也就不去管了。于是人们跌倒、疼痛、遗忘、跌倒、疼痛、遗忘、跌倒、疼痛、遗忘,最终在这漫无边际的混乱之中,把自己的一生,活成了所谓"规律"。

说到底,我们都还没来得及理解彼此,就忙着理解世界去了。

我提前走出会场。

按议程,还有和讲者们交流的环节,我不想和他们交流。

天黑着,我的车在停车场里,孤零零地伏在灯下,如同一头沉默的小兽。

我走到它背后,缓缓揭掉了那张陪伴了我将近一年的车贴。

这场游戏结束了。

启蒙时代对理性的执迷,结束了。

二十世纪九十年代,电视机里,那个高大俊逸、穿着呢绒风衣、翩翩走进不少中国青年少年心里的美国,结束了。

当年电视机前的那个我,也跟着一起结束了。

我确实不曾真的认识这个国家。

没来之前,美国是一场场惊心动魄的电影,一盘盘百听不厌的卡带。

来了以后,美国是与友人谈笑间的奇闻轶事,是学校里鲜活多彩的口音与面孔,是一家家或好或坏的中餐馆,是韩国超市里忽高忽低的菜价,是新闻里一直搞事、一直出事却又一直没事的那个国家。

我下了个决心。

一直蜷居在气泡里，如今我要捅破它，走出去，去看美国赤裸的模样。

看它的光辉与伤疤，看它的规则与无常。

去到那些连我的美国朋友们都不会去往、也不敢去往的地方。

去，也不是为了寻找答案。

去，是让自己变成答案。

.

跋

我是个以写字为生的人。

写字有两种，一种是能算业绩的，一种是不能算的。

这本书怕是后一种。

2019年7月2日，我结束了在美国八年的学业回国。离开亚特兰大是7月1日，因为忙着旅游，最后时刻手忙脚乱。带不走的东西卖不动，拍不停的照片理不完，想与奋战了六年的工位来一场诀别也没成，因为直到飞机起飞几小时前，我还在挥汗如雨地清理公寓。两张十美元的宜家小茶几在楼前撑起了一座小山，我在一张A4纸上用记号笔描出几个大字，"免费的，随便拿"，等着这座小山在我走后被瓜分干净。

友人的车驶入哈茨菲尔德-杰克逊机场时，全世界最繁忙的空港用两排美国国旗欢送我，我来时不曾记得见过，一场盛大的离别总算有了点仪式感。候机的时候，我把登机牌举在面前，拍了一张和八年前来时一样姿势的照片。

这当然也算不得什么句点，因为公寓的六百美元押金那时还不知道要不要得回来，猫也没来得及打完全部疫苗而暂留在了朋友家，博士证书没来得及拿到手，也不知道什么时候会寄出，会不会被寄丢。

就这样忐忑地离开，一如我狼狈地飞来。当年那个冷得反常的冬天里，我不知为什么穿了一双带洞的拖鞋；如今要回家乡去，盛夏里，飞机上，我脚心依旧发凉。

后来，租房押金成功收到，爱猫也与我团聚，唯独博士证书迟迟不来，让入职上海交通大学的事一拖再拖。被待业的日子里，我把这本书的写作提上日程，信誓旦旦地对我上一本书《纽约无人是客》的责编说，2020年2月我交初稿！责编的丈夫也是一名沪上青年教师，很懂个中门路，故而面上对我的承诺表示欣赏，内心则清楚此事断然不成。半年之后，我果然两手空空，依旧只有夏天时的三页目录提纲在手。

我这类人现在被统称为"青椒"，这是青年教师的缩写谐音。说到"教师"，总该是与灵魂的工程师联系在一起的，更何况是风华正茂的"青年"，当是令人自豪的。但改作"青椒"之后，慢慢地也就不把自己当人了。你是"菜市"上芸芸众"椒"中的一颗，不是你，也会有别的，你得出色光鲜，并要祈求自己不是长得奇形怪状的那颗，好平平整整地被码放，平平安安地被选中，平平淡淡地被用掉。

就这样，论文的写作被提前，书的写作被压后，无限期压后。工作，应酬，工作，一切都要做到最好，害怕极了被人丢弃，直到一切曾经令我废寝忘食的，变得枯燥，一切曾经让我心动的，变得被动。想起出上一本书的时候，有读者说我过的生活令他羡慕，我这才意识到我曾经天南地北的流浪里，值得被人向往的是什么。

于是一年后的一天，我给自己放了假，去看我身边的博物馆。

西岸美术馆在突如其来的暴雨里有最好的江景，铁船驶过一重又一重雨幕，浦江对岸的高楼渐渐插进了云里。刚看过的各种现代主义画作逐渐浮现眼前，填满了这片空白的风景。我久久地开始发呆，有一种不具象的东西闯入了我的生活，让我的身心再度温润起来，像在美国旅行时那样。

那时候，五点的晨光把世间的一切叫醒，但也不急于将任何轮廓和色彩定义。灰蒙蒙的风景被灰蒙蒙的高速公路切开，我就是那刀上的锋刃，把云挑破了，然后橘色的朝阳如美酒一样逐渐盛满。眼前便是看得见的远方，它亮得人心花怒放。

这些七零八落的回忆，在离开美国的时候也和那些临行前被我弃置的杂物一样，在我脑海的一隅被堆成小山，因为不知道现在的我该如何使用它们。但我想如果再不动笔写，那么它们就也会被时间蚕食瓜分，最后剩一张被教育部认证过的文凭。它唯一的用处，就是向用人单位证明我真的曾经那样认真地活过八年。

所以工作再忙，我也要写这本书。

为了纪念学业之外的生活，为了把我的初心安放妥当，为了一段段让惊叹归于平淡的旅程，能被更多人看见。

和上一本不同的是，我没再去一个劲地证明我是个会写作的人。

我已经证明过一次了，这一次，我只想把自己从泥淖里捞出来。

我是个以写字为生的人。

写字有两种，一种是能算业绩的，一种是不能算的。

为生也有两种，一种如烛，一种如炬。

这本书是后一种。

图书在版编目（CIP）数据

美国叹号　美国句号：三百座博物馆里的科技与生
活 / 沈辛成著. —上海：中西书局，2024
ISBN 978-7-5475-2198-4

Ⅰ.①美… Ⅱ.①沈… Ⅲ.①博物馆－介绍－美国
Ⅳ.①G269.712

中国国家版本馆CIP数据核字（2023）第239384号

美国叹号　美国句号
——三百座博物馆里的科技与生活

沈辛成　著

责任编辑	王宇海
装帧设计	梁业礼
责任印制	朱人杰
出版发行	上海世纪出版集团 中西书局（www.zxpress.com.cn）
地　　址	上海市闵行区号景路159弄B座（邮政编码：201101）
印　　刷	上海肖华印务有限公司
开　　本	890毫米×1240毫米　1/32
印　　张	9.375
插　　页	16
字　　数	273 000
版　　次	2024年3月第1版　2024年3月第1次印刷
书　　号	ISBN 978-7-5475-2198-4/G·757
定　　价	49.80元

本书如有质量问题，请与承印厂联系。电话：021-66012351